근대적 통치성을 넘어서: 정책적 측면

다층적 통치성 총서 **6**

근대적 통치성을 넘어서:
정책적 측면

이동수 편

인간사랑

근대는 주체적인 개인들을 토대로 한 국민국가의 형성과 자유로운 시장경제를 바탕으로 한 자본주의의 확산을 통해 '자유주의적 통치성'을 확립해 왔다. 이는 이전 시대 정신적인 일체감이나 물리적인 강제성에 의존하는 것에서 벗어나 새로운 형태의 통치성이 만들어진 것이다. 이런 '자유주의적 통치성'에서 개개인은 자신의 자기지배를 추구하면서도 동시에 자신이 피지배자가 되는 것에 자발적으로 동의하는 자기복종을 받아들임으로써, 개인과 국가는 서로 공존하고 사회의 질서유지와 발전이 가능하였다. 그러나 개인들은 점차 이런 통치성이 진정한 의미의 자기통치(self-governing)가 아니라 여전히 사회적 통치 형태임을 알아채기 시작하면서 근대 '자유주의적 통치성'은 한계에 다다랐다.

이 책은 이러한 문제의식 아래 오늘날의 '자유주의적 통치성'을 해부해 그 장단점을 파악하고, 그 한계성의 극복 및 치유에 대해 고민한 결과물이다. 또한 〈다층적 통치성 총서〉 6권인 이 책은 정책적 차원에서 근대적 통치성의 한계를 살펴보고, 이를 넘어서려는 시도를 모았다. 특히 앞의 3개 장은 미셸 푸코(Michel Foucault)의 '자유주의적 통치성' 개념을 토대로 한 분석을 배치했으며, 그 뒤로는 칼 폴라니(Karl Polanyi)의 사회적경제론과 구성주의 등 새로운 이론에 입각한 분석을 포함하였다. 각 장의 내용은 대략 다음과 같다.

먼저 1장 "주민자치에 대한 이해와 오해: 푸코의 통치성 개념을 통한 시론적 논의"는 우리의 주민자치가 잘못 인식되고 있음을 지적한다. 우리는 지방자치를 단순히 중앙정부의 권한을 지방정부로의 이행으로만 인식하고 있으며, 주민자치는 이런 지방자치의 일부로 간주하고 있다. 그러나 주민자치의 핵심은 푸코의 통치성에서 말하는 바와 같이 주민들의 자기통치를 인정해줌으로써 주민들이 실제적인 통치의 주체임을 자각하게 만드는 것이다.

2장 "재정투명성 및 조세윤리 제고 정책과 통치성: 자유주의 통치성의 심화 관점에서"는 오늘날 '자유주의적 통치성'에서는 재정·예산제도가 국가의 생존과 번영에 필요한 물적 기반을 제공할 뿐만 아니라 국가통치의 핵심에 시민 개개인의 영혼까지 포섭하고 있다고 본다. 즉 공공재정을 매개로 시민들은 납세자이면서 동시에 국가로부터 공공서비스를 누릴 권리가 있는 존재로 끊임없이 재구성되며, 국가와의 호혜적 상호작용 속에서 납세의 의무를 내면화해 자기통치의 기능을 갖는데, 이는 푸코가 말하는 '자유주의적 통치성'을 더욱 심화시킨다는 것이다.

3장 "기본소득의 통치성"은 현대사회에서 복지의 효율성이 문제가 되고 있고, 이에 따라 신자유주의가 팽배하고 있는데, 이런 '자유주의적 통치성'의 연장선상에서 논의해 볼 만한 것이 기본소득 문제라고 주장한다. 즉 기본소득은 사회주의적 통치성의 일환이 아니라 '자유주의적 통치성'의 자기보완이라는 것이다. 왜냐하면 기본소득의 특징인 현금성, 개별성, 보편성, 무조건성은 여타의 사회정책에 비해 개인의 선택권을 확장시키며, 기본소득을 정당화하는 이론인 '공유부 배당이론'이나 '실질적 자유론'은 모두 자유주의적 속성을 갖고 있기 때문이다.

한편 4장 "칼 폴라니의 공동체와 국가, 그리고 사회적경제"는 '자유주의 통치성'의 한 축인 시장경제의 문제점을 폴라니의 '사회적경제론'으로 보완할 수 있다고 본다. 폴라니에 의하면, 서구는 20세기 초 시장경제의 확산으로 경제대공황의 혼란과 파시즘의 창궐, 그리고 두 차례의 세계대전으로 거의 파국적 상황이 되었는데, 사회적경제가 자기조정시장의 추구와 이에 대항하는 사회보호운동이라는 이중운동을 통해 시장의 사회 파괴적인 성격을 지양하고 파시즘으로부터 민주주의와 자유를 지킬 수 있었다는 것이다.

5장 "구성주의 시각을 통한 평화·통일교육의 새로운 접근"은 구성주의적 입장에서 통일정책을 다루고 있다. 오늘날 우리는 '정전체제'에서 '평화체제'로 이행하는 과정에 있는데, 이는 단순히 당위의 문제가 아니라 그 실현을 위한 방법론이 구체화되어야 한다. 그런데 아직도 한국전쟁에 따른 상처가 남아 있으며, 남북은 상대를 악마화함으로써 적대적인 정체성이 형성되어 있는데, 어떻게 새로운 정체성으로 변화시켜야 하는지에 대한 논의가 부족하다. 따라서 '평화체제'를 주장하기에 앞서 선행되어야 할 것은 구성주의적 시각에서 남북이 서로 용서와 화해를 할 수 있도록 '회복적 정의'에 입각한 새로운 정체성을 형성하는 것이다.

6장 "이주노동자 사업장 이동 규제의 통치성과 위헌심사의 역설: 고용허가제 사례"는 우리 사회에 증가하고 있는 이주노동자들에 대한 정책이 여전히 전근대적인 규제 중심이라고 비판한다. 특히 이주노동자들의 사업장 이동을 전면 규제하고 있는데, 이는 이주노동자들의 실존을 생물학적 존재로서의 이방인으로만 생각하는 것으로서, 하나의 인간으로 대하고 있지 않다는 것을 반증한다. 따라서 통치합리성을 새롭게 하려면 이주노동자들의 사업장 이동 규제라는 '통치의 기술'을 차가운 기술합리성의 산물이 아닌 '삶의 기예'(art of life)의 색채를 띨 수 있도록 법을 개정해야 한다.

7장 "선거 이슈와 유권자 선택의 다층성: 제20대 대통령선거를 중심으로"는 최근 치러진 한국 대통령선거를 분석하고 있다. 이에 따르면, 선거 결과는 정치, 경제, 여성 정책 등에 있어서 이슈의 차이보다 결국 세대별 차이가 가장 큰 영향을 미쳤으며, 이념적 차이도 양극화 현상이 두드러졌음을 알 수 있다. 따라서 이런 세대별 차이, 이념적 양극화 현상을 타파하기 위해서는 단순히 정책을 통한 통치의 차별성을 부각시키기보다는 '통합의 정치'가 선결되어야 할 가장 중요한 문제이다.

마지막 8장 "인공지능(AI)은 통치수단일 수 있는가: 인간의 자율성과 기계의 자율성"은 미래의 통치성에 대한 새로운 고려를 검토하고 있다. 과학기술의 발달에 따라 새로 등장한 인공지능이 도구일 뿐만 아니라 궁극적으로 정치적 권리 부여 또는 통치의 수단으로 활용할 수 있느냐는 문제를 다루고 있는데, 이런 일을 할 수 있으려면 의식을 갖고 학습할 수 있는 능력이 필요하다. 지금까지 이런 능력은 인간이 유일무이했으나, 학습하는 인공지능의 탄생과 역할의 확대는 이를 위협하고 있다. 하지만 인간과 인공지능의 근본적인 차이는 인간은 덕을 가진 존재라는 점이다.

이상과 같은 일련의 글들은 모두 오늘날 통치성이 '자유주의적 통치성'으로서 자유와 자율을 중시하고 개인의 주체성에 바탕을 둔 듯 보이지만, 여전히 보이지 않는 규율과 제한이 존재한다는 것을 알려준다. 이런 한계를 넘어서기 위한 새로운 노력이 절실해 보인다.

이 책은 2019년도부터 2022년까지 진행한 〈한국연구재단〉 인문사회연구소지원사업인 "다층적 통치성(governmentality)과 넥스트 데모크라시: 폴리스, 국가 그리고 그 너머"의 1단계 사업 (NRF-2019S1A-5C2A02083124)의 일환으로 출판하게 되었다. 각 장은 프로젝트에 참여하는 분들과 매달 진행되는 콜로키엄에서 발표해주신 분들이 담당해주셨다. 모임에 참석해 좋은 발표와 열띤 토론을 해주신 연구자들에게 진심으로 고마움을 느낀다. 그리고 이 책의 출판을 지원해준 〈한국연구재단〉과

사명의식을 갖고 출판을 기꺼이 수락해준 도서출판 인간사랑 관계자들, 그리고 책 교정에 도움을 준 〈공공거버넌스연구소〉 조교들에게 깊은 감사의 말씀을 전한다.

2023년 7월
경희대학교 공공거버넌스연구소장 이동수

차례

서문   5

1장   **주민자치에 대한 이해와 오해:**
       푸코의 통치성 개념을 통한 시론적 논의 (김태영)   13

2장   **재정투명성 및 조세윤리 제고 정책과 통치성:**
       자유주의 통치성의 심화 관점에서 (김정부)   51

3장   **기본소득의 통치성** (조석주)   87

4장   **칼 폴라니의 공동체와 국가, 그리고 사회적경제** (임상헌)   129

5장   **구성주의 시각을 통한 평화·통일교육의 새로운 접근** (채진원)   151

6장   **이주노동자 사업장 이동 규제의 통치성과 위헌심사의 역설:**
       고용허가제 사례 (한준성)   191

7장   **선거 이슈와 유권자 선택의 다층성:**
       제20대 대통령선거를 중심으로 (송경재)   233

8장   **인공지능(AI)은 통치수단일 수 있는가:**
       인간의 자율성과 기계의 자율성 (고선규)   263

저자 소개   300

1장 주민자치에 대한 이해와 오해: 푸코의 통치성 개념을 통한 시론적 논의*

김태영

I. 들어가는 말

2013년부터 시범 운영되고 있는 주민자치회가 최근 제 역할을 하지 못하고 있다는 비판에 직면해 있다. 이 글은 주민자치회가 제 역할을 하지 못하게 된 근본 원인이 지방자치, 주민자치, 그리고 주민자치회에 대한 오해에 기인한다고 전제한다. 이를 확인하기 위하여 미셸 푸코가 제시

---

* 2022년 12월 『한국지방행정학보』 19권 3호에 게재된 "주민자치에 대한 이해와 오해: 푸코의 통치성 개념을 통한 주민자치의 본질에 대한 시론적 논의"를 수정·보완한 것이다.

한 통치성(governmentality) 개념을 활용했다. 푸코는 통치성을 효과적인 분석 도구로 활용하기 위하여 통치성 개념을 구성하는 6개의 핵심 요소를 제시했다. 통치의 총체성(ensemble), 통치의 주체(relationship of self to self), 통치의 방식(parrhesia; manifestation of truth), 통치의 구현(surface of contact), 통치의 도구(reason; knowledge), 다층성(multilayered)이 통치성을 구성하는 핵심 요소라는 것이다. 푸코의 개념에 근거할 경우 첫째, 현재 운영되고 있는 주민자치회는 자치(self-governing)보다는 지배(being governed)에 더 근접하다고 판단된다. 둘째, 주민자치회 운영과 관련하여 제시된 3개의 모델을 푸코의 기준에 적용해보면 현재의 협력형 주민자치회 운영이 주민자치와 가장 덜 부합된 것으로 평가되어 향후 통합형 주민자치회, 주민조직형 주민자치회로의 전환을 기대해 본다. 셋째, 자치를 위한 인구규모의 적정성을 감안하면 읍·면·동 수준에서보다는 통·리·반 수준에서의 주민자치회 운영이 더 적합할 것이라는 평가다. 요컨대, 푸코의 기준을 원용한다면 적어도 통·리·반 수준에서의 통합형 주민자치회의 설치 및 운영이 기대된다. 이 글은 2022년 12월 한국지방행정학보에 게재된 논문을 이 지면에 재소개하는 방식으로 전개되었다.

우리사회에서 주민자치에 대한 논의가 여전히 생소한 점이 우선 특이하다. 더군다나 주민자치라는 개념 자체가 지방자치의 한 분야 또는 일부로만 간주되는 경향이 있다. 실제 지방자치를 연구하는 학자들 사이에서도 주민자치에 대한 관심은 상대적으로 소홀한 경향이 있다. 1991년 지방자치가 부활하면서 주로 제도자치 또는 단체자치에 대한 관심이 더 컸기 때문에 상대적으로 주민자치에 대한 관심이 덜 했을 수도 있다. 지방자치가 곧 주민자치임에도 불구하고 주민자치를 지방자치의 한 유형으로만 인식한 결과 주민자치에 대한 깊은 오해가 생겨난 것으로 짐작된다. 주민자치를 지방자치의 한 유형으로 인식한 결과 단체자치도 지방자치의 한 유형으로 오해하게 되었다는 것이다. 그 결과 주민자치는 영미권 국가에서만 통상적으로 활용되고 있는 지방자치의 한 유형에 불과하다는 오해를 낳게 된 것이다.[1]

그러나 주민자치는 사실상 지방자치의 다른 이름일 뿐이며, 단체자치를 지방자치로 간주하기 어렵다는 것이 이 글의 핵심 메시지 중 하나다.[2] 단체자치를 지방자치의 한 유형으로 받아들이게 되면 적정 수준의 자치 규모에 대한 논의가 수반될 것이며, 그 결과 소규모로 운영될 수밖에 없는 주민자치에 대한 관심은 줄어들 수밖에 없을 것이다. 단체자치를 지방자치로 간주하게 되면 의결기구인 지방의회의 역할에 대해서도 오해를 하게 된다. 지방의회의 역할에 대하여 부정적 입장이 형성된 것도

---

[1] 임승빈(2021) 등 지방자치론 교과서를 통하여 지방자치 관련 교육에 애쓰고 있는 다수의 지방자치 관련 학자들이 단체자치와 주민자치 관련 개념들을 구분하여 소개하고 있다. 지방자치의 유형으로서 단체자치와 주민자치 방식이 각각 존재한다는 취지로 이해될 수 있다.

[2] 심익섭(2012)은 "주민자치회의 제도화 방안과 발전방향에 관한 연구"에서 주민자치와 단체자치를 구분하여 설명하고 있지만, 단지 미국과 독일에서 다른 용어를 사용할 뿐 지방자치의 본래 개념에 견주어 보면 여전히 단체자치를 자치로 간주하기 어렵다. 그는 최창호(2009, 85)를 인용하며, 주민자치(Buergerliche Selbstverwaltung)와 단체자치(Koerperliche Selbstverwaltung)로 구분하여 소개한다. 후자의 경우 국가로부터 일정한 권한과 책임을 이양받아 지방자치단체가 주도하여 지방행정을 펼친다는 것이다. 이를 자치로 간주하기 어렵고, 단순 지방분권에 해당된다고 보는 것이 더 적절하다. 지방자치단체가 주체가 되는 지방자치를 자치로 간주할 수 있는가? 라는 질문은 여전히 유효하다.

결국 지방자치의 직접 당사자이자 지방자치의 주체인 주민에 대한 홀대에 기인한다고 볼 수 있다. 이 또한 주민자치에 대한 오해에서 비롯되었다는 것이 이 글의 핵심이다. 이 글을 통하여 지방자치는 곧 주민자치일 수밖에 없는 논리적 근거를 푸코의 통치성 개념을 통하여 살펴보고자 한다. 이를 통해 주민자치와 지방자치에 대한 오해를 줄이고자 하며, 이에 근거해서 주민자치회에 대한 오해도 줄이고자 한다. 푸코는 자치(self-governing)의 시발점을 개인의 이성에 두고, 개인의 자기 보살핌(self-care)에 기초하여 이성(reason)과 지식(knowledge)의 확대 과정을 거쳐 통치성이 발휘된다는 입장이기 때문에 가장 적은 단위에서의 자치, 즉 주민자치는 지방자치의 핵심 요소가 될 수밖에 없다.

지난 2020년 12월 지방자치 부활 30여 년 만에 지방자치법 전부 개정이 이루어지고, 바람직한 지방자치를 위한 중요한 몇 가지 논점이 해소된 것으로 평가되고 있는 와중에 주민자치 관련 법안들이 상당 부분 삭제된 것에 대하여 많은 비판들이 이어지고 있다. 이를 보완하기 위한 후속 법안들이 국회에 제출되고 있는 실정이지만 여전히 법통과는 미지수다. 이는 우리 사회가 주민자치를 어떻게 인식하고 있는지를 여실히 보여주는 사건으로 이해된다. 주민자치의 본질과 역할에 대한 오해가 어디에서부터 시작되었는지 정확히 알기는 쉽지 않지만 우리 사회에서 '자기통치'(self-governing)[3]의 개념이 곧 지방자치라는 인식이 부족한 것은 사실인

---

3   미셸 푸코는 1980년 자신의 강연을 통하여 자기통치의 중요성을 언급했다. 그에 의하면 통치는 곧 자기통치를 의미하는 것이며, 이는 층(layer)을 이루며 타인과 상호작용을 통하여 공동체 운영에 참여한다는 것이다. 저자는 이에 착안하여 주민자

듯싶다. 그동안 한국의 지방자치 역사에서 자기통치의 당사자인 주민은 언제나 견제와 감시의 주체일 뿐이지, 통치의 주체 자체는 아니었다. 주민을 대표하는 지방의회 역시 견제와 감시만이 본연의 임무라고 믿고 있을 뿐 자신들이 통치의 주체라는 인식을 하고 있지는 않다.[4] 이 글은 자기통치가 곧 지방자치의 핵심 요소라는 점을 재차 강조하며, 주민자치와 주민자치를 주도하는 주민자치회에 대한 오해를 해소하고 이를 통해 바람직한 지방자치의 정착을 돕고자 한다.

2015년 행정안전부는 지방자치제도 도입 20주년을 맞이하여 지방자치의 초점이 변화되어야 한다고 선언했다.[5] 2015년 기준 지난 20년 동안 지방자치의 발전과 성숙은 주로 중앙정부와 지방자치단체 간에 권한과 책임의 이양, 그리고 제도화 수준과 관련이 있는 반면, 향후 지방자치의 주요 관심은 지방자치단체와 지역주민 간의 관계에 초점을 두어야 한다는 것이다. 행정안전부는 이를 '주민민주주의의 발전'이라고 명명했다. 그동안 소외된 지방자치의 주체인 주민과 일선 지방자치단체 간의 관계

치회의 역할이 곧 자기통치의 시작점임을 확인하고, 바람직한 지방자치는 주민자치회의 적절한 역할과 관련이 있음을 강조한다.

4 지방자치법전부개정에 포함된 제4조의 기관구성 다양성 허용은 기관통합형을 핵심으로 한다. 말하자면 지방의회가 지방자치의 주체가 될 수도 있다는 것인데, 단서 조항 때문에 사실상 실현은 쉽지 않다. 여전히 집행부가 주도하는 소위 단체자치의 문화가 지배적이다.

5 행정안전부 등은 지방자치 부활의 기준연도를 1995년, 민선 지방자치단체장의 등장으로 간주하고 있다. 한편 지방자치 관련 다수의 학자들은 1991년 지방의회의 설치를 기준연도로 삼기 때문에 2011년을 20주년으로 간주하고 있으며, 이러한 시각의 차이는 당분간 지속될 것으로 보인다.

가 개선되어야 한다는 것이다. 일선 지방자치단체란 기초지방자치단체를 의미한 것으로서 현재 226개의 시군구가 이에 해당된다. 중앙정부와 지방자치단체 간 권한과 책임의 적절한 배분이 그동안의 관심이었다면, 이제부터는 지방자치단체와 주민 간의 권한과 책임의 적절한 배분이 주요 관심사가 되어야 한다는 것을 의미한다.

시군구에 대한 주민통제와 주민이 주도하는 지방자치가 정착되도록 노력하자는 행정안전부의 선언은 그 자체 진일보한 것으로 평가된다. 그러나 이러한 시각은 크게 두 가지 점에서 여전히 한계가 있는 것으로 보인다. 첫째, 시군구 아래 주민의 영역에 대한 명확한 이해가 여전히 부족하다. 주민의 영역에는 읍면동 등 행정기관과 주민자치회 등 다양한 의결기구 등이 혼재하고 있는데, 누구를 대상을 하는지 모호하다는 것이다. 둘째, 집행기관으로서의 시군구가 주민과 대응하며, 지방자치를 주도할 가능성이 있다는 것을 전제로 한다. 2015년 대통령소속 지방자치발전위원회는 지방자치발전종합계획을 통하여 구의회의 폐지를 건의 한 바 있으며, 이는 시군구 아래 주민의 영역에 대한 부정적 시각을 반영한 결과다.[6] 주민민주주의라는 구호 아래 선언된 지방자치의 무게 중심 이동에 대한 평가는 대체로 긍정적이지만, 여기에는 큰 오해가 자리하고 있다. 여전히 주민은 집행기관에 대한 견제와 감시자일 뿐이지 통치의 주체는

6　대통령소속지방자치발전위원회(2015)에 의하면 핵심과제 8개 중 7번째 과제(특별시 광역시 자치구 군의 지위 기능개편)를 보면, "특별시 자치구의 경우 구청장은 선거로 선출되되, 지방의회는 구성하지 않는다.…" 이는 광역시의 경우도 대략 동일하다.

아니며, 통치의 대상에 그친다는 시각을 내포하고 있다. 위에 제시된 두 가지 한계는 행정안전부 역시 지방자치를 단체자치와 주민자치로 구분하여 인식하는데서 비롯된다. 지방자치의 한 유형으로서 단체자치를 실시하는 것이 지방자치 정신에 위배되지 않는다는 인식하에 점진적으로 주민자치를 수용해 나가자는 시도로 보인다(행정안전부 2015).[7]

　지방자치 교과서에 등장한 '단체자치'와 '주민자치' 개념 역시 모호하며, 정체도 불분명하다. 임승빈(2021)에 의하면 단체자치란 지방자치단체가 주도하는 지방자치를 의미하며, 주민자치란 주민이 주도하는 지방자치를 의미하는 것으로 쉽게 이해할 수 있다. 그러나 지방자치단체가 주도하는 자치를 지방자치로 분류하는 것은 모순이다. 이는 통치의 주체가 중앙정부로부터 지방정부로 변경된 것에 지나지 않기 때문에 자치라고 규정하기 어렵다. 더군다나 지방의회가 아닌 집행기관이 주도하는 자치는 더욱더 지방자치가 될 수 없다. 자치의 단위는 개인(주민)이기 때문이다. 실제 단체자치를 영어권 언어로 번역할만한 적절한 표현도 존재하지 않는다. 다만, 지방분권이 추진되는 과정에서 중앙정부의 권한이 지방자치단체로 이양되는 과정을 중시한다는 측면에서 '단체자치' 용어가 사용되는 경우가 있긴 하다. 또한 주민이 자발적으로 자치하는 과정을 중시하는 측면에서 '주민자치' 용어가 사용되는 경우도 있다는 점에서 교과서에 등장하는 용어 자체를 부인하기는 어렵지만 단체자치를 지방자치의 한 유형으로 간주하려는 인식은 여전히 잘못된 것이다.

7　2015년 지방자치발전종합계획에 적시된 핵심과제 8개 중 8번째 과제는 공교롭게도 주민자치회의 역할 강화인데, 타 과제와의 불협화음이 발생할 가능성이 크다.

정리하면, 지방자치는 곧 주민자치를 지칭하는 것이며, 그래서 더욱 더 시군구 아래 주민의 영역에 대한 올바른 이해가 중요할 것이다. 자치(self-governing)는 곧 자기통치를 의미하며, 주민들이 모여서 개시하는 자치가 지방자치의 최초 출발점이 되어야 할 것이다. 최근 논의되고 있는 주민자치회는 지방자치의 최소단위이자, 자치의 출발점이 되어야 할 것이다. 이 글은 사각지대로 간주되고 있는 시군구 아래 영역의 거버넌스에 대한 이해를 통하여 오해를 해소하고 바람직한 지방자치의 정착을 도모하고자 한다. 이를 위하여 미셸 푸코의 통치성 개념을 활용하여 자치의 개념을 명료히 하고 동시에 주민자치를 주도하는 주민자치회의 역할에 대하여 살펴보고자 한다. 이에 기초하여 향후 '민초의 영역'[8]이 어떻게 운영되어야 할 것인지에 대한 고민의 공간을 제공하고자 한다.

---

8 곽현근(2022)은 시도, 시군구 영역을 '초대된 영역'이라고 명명하고, 시군구 아래를 '민초의 영역'이라고 명명하며 민초의 영역에서 주민자치회의 역할을 강조한다. '초대된 영역'이란 주민이 주인노릇을 하기 힘든 영역임을 암시하는 한편 '민초의 영역'이란 주민의 적극적인 참여를 통하여 자기통치가 가능한 영역임을 암시한다.

II. 이론적 논의

1. 푸코의 통치성 개념에 대한 고찰

미셸 푸코는 『감시와 처벌』(1975년)을 통하여 개인이 공동체에 의하여 지배되는 과정과 각종 제도들을 소개한 바 있다. '감옥'이라는 소재를 통하여 그가 고발하고자 한 바는 권력의 주체인 개인이 국가로부터 오히려 통제받게 되는 상황을 일깨우고자 한 것으로 짐작된다(Foucault 2016). 푸코는 그 이후 각종 강연을 통하여 통치의 개념을 소개하고, 국가와 개인 간의 관계를 다각도로 설명하고 있다. 푸코의 통치성의 개념을 이해하는데 있어서 중요한 단서는 1980년 11월 다트머스 대학에서 진행된 강의에서 확인된다. 푸코의 강연에 의하면 "개인들이 타인에 의해 인도되는 것이 그들 자신들의 행동양식과 연결되는 접점"이 곧 통치(government)라는 것이다. 즉 통치는 타인에 대한 권력행사와 자기 자신의 행동(conduct)에 대한 관리가 만나는 지점을 의미한다. 이때 통치성이란 "개인들을 인도하는 방식과 자기 자신을 인도하는 방식이 서로 얽히는 접점의 표면(surface of contact)"이라고 간주될 수 있다. 자기 자신을 인도하는 방식이란 곧 자기 자신을 돌보는 것(care of the self)을 의미하며 이는 곧 자기 자신을 돌보는 기술(technologies of the self)로도 볼 수 있다고 한다. 그 이후의 수차례 강연을 통하여 푸코는 통치성의 개념을 발전시킨 것으로 보인다. 통치를 자기 자신에 대한 관계(relationship of self to self)라고 정의하며, 이 과정은 곧 진리를 탐구히는 과정이기도 하며 이는 궁극적으로 성부와 연계될 수밖에 없으며 불가피하게 다층성(multilayered)을 내포한다고 강조했다.

푸코의 강연집을 일목요연하게 요약하기는 쉽지 않지만, 그의 메시지에 의하면 "통치성은 곧 개인의 이성이 타인의 이성과 교호작용하며 여러 가지 문제들을 해결해 가는 과정이며, 이는 복잡한 층(multilayered)을 이루고 있는 것"으로 이해될 수 있다. 다시 말하면 통치는 곧 자신의 문제이며, 자신의 문제가 타인과의 접점을 통하여 공동체 운영에 영향을 주는 것 정도로 이해할 수 있다. 푸코에게서 발견되는 중요한 점은 개인은 통치의 대상이 아니라 통치의 주체라는 것이며, 복수의 통치 주체가 접점을 이루고 이는 다시 계층화된 형태의 복잡한 과정을 거쳐 공동체와 국가를 운영해나간다는 것이다. 문제는 어느 지점에서, 어느 시기에 개인이 통치의 주체가 아니라 통치의 대상이 될 수도 있다는 것이며, 이 경우 우리는 이를 통치(governing)가 아니라 지배(being governed)로 보아야 한다는 것이다(Foucault 1993).

푸코는 개인이 어떤 과정을 거쳐서 '통치의 주체' 지위를 상실하게 되는지를 명확히 설명하지는 않는다. 이는 다소 아쉬운 부분이지만, 그가 역사적 고찰을 통하여 확인하고자 했던 것은 근대에 이르러 개인이 통치의 주체로 등극하기 시작했다는 것이다. 『감시와 처벌』(1975)에서 비유적으로 제시하고 있는 메시지 역시 근대화되면서 개인의 이성이 고도화되고 이를 통해 개인이 통치의 주체가 될 수 있는 가능성을 확보하고 있음을 암시한다. 통치 행위 중 가장 중요한 요소 중 하나는 이성과 지식이다. 근대에 이르러 통치가 가능해진 것도 이성의 고도화에 기인한다고 볼 수 있다. 푸코가 강조한 바는 개인이 통치의 주체로서 역할 할 때 비로소 그 행위를 통치성이라고 할 수 있다는 것이다. 지배의 역사를 지나오면서 교

훈을 얻게 되고, 이제 통치의 역사를 만들어가야 함을 강조하고 있을 뿐이다.[9]

통치성(governmentality) 개념을 발전시켜 온 푸코의 생각을 저자의 이해에 기초하여 정리하면 다음과 같다. 첫째, 통치는 자신의 지적 역량을 확장하는 행위다. 둘째, 자신의 이성은 불가피하게 타인의 이성과 교접하게 되며, 이 접점을 통치의 공간으로 간주할 수 있다. 셋째, 자신을 통치하는 자기통치(self-governing)는 자체적으로 확장되는 과정에서 다층성(multi-layered)을 보이게 된다. 넷째, 다층성이라는 복잡한 구조를 통하여 자기통치가 왜곡될 가능성도 있지만, 이성의 고도화로 조정될 수 있다. 다섯째, 법과 제도 등 구조에 의하여 통치 행위가 제약되어서는 아니 된다. 통치의 주체는 개인이어야 하며, 개인은 쉽게 통치의 대상이 될 수 있으며 이는 지속적인 논의와 이성의 고도화를 통하여 극복해야할 사안이다. 이에 기초하여 다음은 푸코가 강조한 통치성 관련 주요 개념들을 살펴보면서 현실을 분석할 근거를 제시하려 한다.[10]

---

9 이동수 외(2021)는 『지배에서 통치로: 근대적 통치성의 탄생』을 통하여 푸코의 개념을 원용하고 있다. 인류 역사 자체가 근대에 이르러 지배에서 통치로의 전환을 시도하고 있으며, 이와 같은 변화가 가능할 수 있는 근거 중 하나는 바로 이성의 고도화, 지식의 축적 등이라고 한다. 이는 푸코가 언급한 자기통치의 기술(technologies of self governing) 발달과 관련이 있는 것으로 보인다.

10 통치성 개념을 도출할 기본 서적은 Foucault(2007; 2008) 등이다.

1) 통치의 총체성(*ensemble*)

푸코가 애당초 관심을 가졌던 통치성의 개념은 집행기관을 포함한 모든 국가기구의 권력작용과 이에 합류된 개인(인구)들의 지식과 생각이 반영된 총체적 행위를 의미한다. 통치란 공동체 구성원들의 역량이 접점을 이루며 함께 만들어 가는 총체적 행위(conduct)로 간주될 수 있으며 이를 푸코는 *ensemble*로 규정했다. 이는 전통적인 통치 거버넌스를 인식하는 수준으로서 여타 개념과 크게 다르지 않다(Foucault 2017).[11]

2) 통치의 주체(*relationship of self to self*)

푸코는 그 이후의 일련의 강연을 통하여 통치의 출발은 결국 개인들이 자기 자신을 인도하는 방식이라고 규정했다. 이는 근본적으로 개인이 자기 자신을 돌보는 것(care of the self)을 의미하며, 보다 효과적으로 자기 자신을 돌보기 위해서는 기술이 필요하다는 점도 강조했다. 이때의 기술(technologies of the self)이란 이성의 고도화, 지식의 축적을 의미하는 것으로 이해할 수 있다. 지식의 축적은 개인에게 그치는 것이 아니라 통치의 장에 축적되어 결국 통치의 수준이 개선될 것으로 전망했다. 어떤 형태로든 통치의 본질은 개인이 자기 자신을 돌보는 데서 출발한다고 생각했고, 이

---

11 이하의 논의는 기본적으로 해당 강연집을 참고로 했다. 본 강연집은 통치의 총체성, 통치의 주체, 통치의 방식, 통치의 구현, 통치의 도구, 다층성 등의 개념을 도출하는 데 있어서 참고 자료로 활용되었다.

를 푸코는 근대화의 특징으로 이해하려 했다는 점을 상기할 필요가 있다.

3) 통치의 방식(*parrhesia; manifestation of truth*)

푸코의 통치성을 구성하는 여러 개념 중 가장 중요한 요소로 판단되는 '용기 있는 진리 말하기'(parrhesia)는 통치 행위의 핵심을 이룬다. 개인 이성이 접점을 이루며 통치가 이루어지는데, 그 과정에서 개인들의 용기 있는 진리 말하기 또는 용기 있는 이성의 확대 과정이 존재하지 않는다면 유효하지 않은 통치만 남을 것이기 때문이다. 문제는 '용기 있는 진리 말하기'가 가능한 여건을 갖추어 주는 것이다(Foucault 2011). 제도화된 집행부, 국가기관 내에서의 용기 있는 진리 말하기 또는 이성의 온전한 발현이 가능할 것인지는 의문이다. 광장에서 또는 의결기구 내에서 또는 주민총회 등에서 개인의 이성이 접점을 이루며 진리가 고도로 발현될 가능성이 극대화될 것으로 기대한다. 용기 있는 진리 말하기(parrhesia)가 가능한 여건이란 어떤 상태를 의미하는가? 제도권을 예로 들면 의결기구 영역을 의미할 것이다. 푸코는 정부를 집행부로 한정시켜 이해하고자 한 것으로 보인다. 예컨대, 정부화된(governmentalized)이란 표현을 사용하며 집행부에 지식이 축적되는 과정을 설명한다. 용기 있는 개인들의 진리 말하기 행위(conduct)가 용이하게 확보될 수 있는 영역에 대한 관심을 가져야 한다는 것이다. 지방자치에서 지방의회의 영역과 민초의 공간이 중요한 이유이기도 하다는 것으로 해석될 수 있다.

4) 통치의 구현(*surface of contact*)

푸코가 통치성 개념을 새롭게 할 때 가장 먼저 언급한 용어가 바로 접점(contact)이다. 통치성을 하나의 전체, 즉 총체성(*ensemble*)으로 규정할 때 이는 정적(static) 개념이다. 그러나 통치행위가 역동적이며, 현재 진행형이며 개인과 개인의 이성이 접점을 이루어 가는 과정으로 이해된다면 이는 보다 현실적이며 역동적 개념으로 이해될 수 있다. 푸코가 접점의 표면(surface of contact)이라는 용어를 사용하면서 특히 표면(surface)이라는 용어를 강조한 것은 짐작건대 충만을 의미하기도 하며 최전선을 의미하기도 할 것이다. 이는 해석의 문제인데, 통상적으로 표면(surface)은 맨 앞의 3차원 공간 개념으로 이해된다. 경제학에서도 프론티어를 3차원 공간에서 이해하고자 할 때는 표면이라는 용어를 사용한다. 표면은 맨 바깥쪽이란 뜻도 있지만 가장 앞선 곳이라는 뜻도 내포하고 있으며, 자기 자신을 돌보려는 개인들의 이성이 극한 수준(utility maximization)에서 접점을 이루는 것을 통치라고 할 수 있을 것이다. 접점의 표면에서 용기 있는 진리 말하기를 통하여 지배가 아닌 제대로 된 통치가 가능하며, 결국 통치의 시작 공간(initiating point)은 바로 동네, 이웃, 마을 자치 영역일 것이다. 주민자치로 명명된 마을, 이웃자치 공간에서 시작된 통치가 다층적 통치공간으로 확장되어 갈 때 지배가 아닌 주체적인 통치가 가능할 것이다.

5) 통치의 도구(*reason; knowledge*)

푸코에게 인간 이성이란 무엇일까? 일련의 강연을 통하여 푸코가 강조한 인간 이성은 곧 지식을 의미한다. 통치를 위한 지식은 축적되며, 축적이 제도화되며 종국에는 지식이 정부화될 것이며, 이 과정은 매우 복잡하며 자칫 축적된 지식에 의하여 개인(인구)이 통치되는 경우가 발생할 수도 있다. 사실 오랜 기간 정부(government)는 통치의 도구로 인식되어 왔지만, 정부 자체는 통치 그 자체라고 이해할 수 있다. 정부는 통치하다(governing)의 명사적 표현이며, 수단이 아니다. 통치하는 것은 곧 지식의 발현이며, 통치의 수준은 곧 인간 이성의 고도화 수준으로 이해할 수 있다. 정부가 통치의 도구가 아니고, 지식이 통치의 도구라고 이해하는 것이 푸코의 사상이다. 그리하여 푸코는 진리의 현시(manifestation of truth)를 강조했는데, 그 과정을 통하여 통치성이 확보될 수 있기 때문이다.

6) 다층성(*multilayered*)

접점의 표면이 확대되는 과정을 상상해보자. 선형으로 확대된다면 풍선의 안쪽이 계속 확장될 것이며 결국 풍선이 터질 가능성이 증가할 것이다. 표면의 확장은 접히면서 지속될 가능성이 크다. 풍선의 안쪽에 레이어가 생기고 다시 접히면서 확장될 것이라는 생각이 푸코의 아이디어로 보인다. 공동체의 규모가 양적으로 질적으로 커지게 되면 접점의 차원이 복잡하게 구성될 것이며, 이를 푸코는 다층(multilayer)이라고 명명했다. 다층성을 전제로 하는 통치성은 불가피하게 통치의 주체와 객체 간의 구분을 모호하게 할 수 있다. 통치의 시작은 개인이지만 통치의 종착은 구조일 수 있는 이유이기도 하다. 그렇다고 통치되는 것(being governed)이 쉽게 정당화될 수는 없다. 헌법 제1조에 명시된 '민주공화국'이 개인으로부터 너무 멀리 떨어져 있기에 현실성이 없다고 생각한다면 이는 다층성의 문제가 아니라 통치의 '시작' 지점에 대한 오해에서 비롯된 문제일 것이다. 동네에서부터 내가 통치의 주체이며, 통치의 시작점이라는 인식을 확산시키고 심화시킬 기제로서의 주민자치와 주민자치회가 더욱 중요한 이유이기도 하다(Foucault 2014).[12]

2. 푸코의 통치성이 가능할 조건에 대한 담론

가상의 원시사회를 상정해 보면 작은 공동체 운영에 개별 구성원의 이성(reason, knowledge)이 상당 부분 반영됨을 알 수 있다. 모든 의사결정에 공동체 구성원들이 참여하게 되고, 이는 곧 통치, 즉 자기통치(self-governing)를 하게 된다. 그러나 공동체의 규모가 커지게 되면 통치구조가 다층화(multilayered)될 가능성이 증가하게 될 것이다. 복잡한 과정에 개인의 이성이 타인의 인도에 의하여 접점을 향하여 나아갈 가능성도 기존에 비하여 낮아지게 될 것이다. 결국 공동체 운영에 필요한 법, 제도 등 구조에 의하여 개인의 이성이 영향 받을 가능성이 오히려 증가하게 될 것이다. 영국의 문화인류학자인 Dunbar는 실험을 통하여 사람들이 안정적으로 관계하는 공동체 규모가 100명에서 230명이라는 연구결과를 내놓았다. 평

---

12 푸코는 통치의 다차원, 계층성이 자연스럽게 형성될 수밖에 없음을 인지하고 있다. 이 과정에서 누적된 지식이 정부화(governmentalized)되고, 이는 다시 통치의 도구로 활용될 것이라고 지적한다.

균 150명 정도를 안정적으로 타인과 관계할 수 있는 규모라고 하며, 이를 던바의 수(Dunbar's number)라고 규정했다. 그에 의하면 영장류 중 뇌의 신피질 크기에 따라 인간, 침팬지, 오랑우탄, 고릴라, 긴팔원숭이가 각각 150, 65, 50, 33, 14로 확인되었다. 만약 던바의 수가 사실이라면 공동체의 규모가 150명 이상일 경우 자기통치(self-governing)의 어려움이 발생하기 시작할 것으로 판단된다(Dunbar 2022).[13]

2022년 현재 영국에서는 작은 공동체의 경우 인구규모 300명 이상인 경우 법적으로 의결기구를 설치하도록 되어 있으며, 인구규모 150명 이상인 경우 의결기구의 설치를 권고하고 있다. 공동체의 규모가 150명 이상일 경우 개인의 개인에 대한 관계, 즉 이성에 의한 통치가 가능하지 않을 것이라는 염려 때문일 것으로 짐작된다. 이 숫자가 던바의 수와 어떤 관계가 있는지는 분명하지 않다. SNS 기업인 페이스북에서도 안정적으로 교류하는 규모를 측정해본 적이 있는데, 대체로 150명 내외인 것으로 파악된 바 있다.[14] 이들 연구의 시사점은 공동체 규모가 일정 수준 이

---

13 Dunbar는 애당초 Dunbar's Number를 통해 동일한 내용을 공표한 적 있고, 최근 던바의 수에 대한 각종 검증 작업들이 이루어지고 있다. 이는 디지털 시대에 더 큰 규모의 수가 적합할 수도 있음을 암시한다. 그러나 NPR(2011)에 의하면 디지털 시대에도 여전히 Dunbar's Number가 유효함을 적시하고 있다.

14 Ball(2010)에 의하면 Facebook 친구 5천 명이 최대치라는 것인데, 큰 의미는 없고, 실제 안정적인 관계를 지속적으로 맺는 경우는 100명~200명 내외라는 것이다. 중요한 것은 던바의 수를 초과하지 못한다는 것이다. 최근 던바 교수는 신간 프렌즈를 통해서 500명 정도까지의 지인은 인정하면서도 여전히 150명을 넘기면 안정적인 교류의 대상이 되지 못한다는 것을 주장하면서 디지털 시대에도 유효함을 강조했다.

상으로 커지게 되면 개인의 이성이 반영될 통치성은 줄어들고, 공동체로부터 오히려 지배받을 가능성이 증가하게 된다는 것이다. 그리고 공동체 규모의 임계점은 대략 150~300명 정도라는 것이다. 이 주장이 정보통신기술이 발달한 현대에도 그대로 적용될 수 있는지는 의문이다. 다만, 최근 페이스북의 연구에 의하면 5,000명 정도를 최대 규모로 상정하고 있는데, 안정적인 관계를 전제로 하는 수치다. 오히려 정보통신기술이 발달해도 인간의 평균 교류 범위와 수준은 크게 변하지 않는다는 것이 NPR 보고서(2011)의 내용이다.

권력이 개인에게 귀속된다고 명시되어 있는 민주공화국에서 통치성이 효과적으로 확보되기 위해서는 작은 단위에서의 자치(self-governing)가 중요하며, 이와 같은 자기통치 또는 주민자치는 지방자치의 출발점이자, 민주공화국의 정신을 구현하기 위한 필수조건일 것이다. 통치가 아닌 지배가 일반화된 원인 중 하나가 바로 통치의 규모가 증가한 탓이라면 통치의 최소단위를 적절하게 조정하는 노력이 수반되어야 할 것이다. 우리 주민자치회의 규모가 여전히 충분히 큰 연유로 인하여 여전히 자치가 쉽지 않을 수도 있지만 통치의 출발점으로 주민자치회를 설정하지 않으려는 것은 분명 더 큰 문제다. 이는 주민자치회의 본질에 대한 깊은 오해라고 여겨진다. 추후 논의될 주민자치회 운영 관련 몇 가지 모델에 대한 논의도 이와 같은 통치성의 관점에서 진행되는 것이 유효할 것이다.[15]

---

15 주민자치회가 시범운영 되기 시작한 2013년부터 주민자치회를 분석하는 모델은 크게 3가지로 정리된다. 협력형 주민자치회, 통합형 주민자치회, 주민조직형 주민자치회가 주민자치회 운영을 설명하는 모델이다. 주민자치회 관련 각종 논문, 보고

이 글은 푸코가 제시한 통치성의 개념에 근거하여 주민자치회를 둘러싼 오해를 해소하고, 주민자치회의 본질과 역할에 대한 논의의 공간을 제공하고자 한다. 이를 위하여 현재 시범 운영되고 있는 주민자치회를 살펴보고, 어떤 문제점이 있는지를 확인하고자 한다. 아울러 논의되고 있는 주민자치회 운영 모델들에 대한 평가를 푸코의 관점에서 시도하고, 향후 바람직한 주민자치회 운영 모델을 제언하고자 한다. 현재 제시되고 있는 운영 모델은 협력형, 통합형, 주민조직형으로 명명되고 있으며, 단지 이론적 차원에서만 살펴보면, 푸코의 통치성 개념에 가장 부합한 모델은 주민조직형으로 판단된다. 던바의 수가 암시하는 것처럼 현재보다 더 적은 인구규모가 자치에 더 부합할 수 있다는 점을 고려하면 상기 세 가지 모델 공히 큰 의미는 없을 수 있다. 현재의 협력형 주민자치회는 통치보다는 오히려 지배를 정당화하는 수단에 더 근접하다는 평가를 할 수 있다. 다만, 통합형 주민자치회가 통·리·반 등 가장 적은 인구규모에서 활용된다면 자연스럽게 소위 주민조직형 주민자치회로 변모하게 될 것이라는 짐작은 가능하다.

서에서 일반석으로 활용되고 있다. 최인수 외(2020)가 대표적인 연구서이다.

Ⅲ. 주민자치회의 운영 실태와 비판적 고찰

1. 주민자치회 운영 실태

1) 주민자치에 대한 인식 수준

1991년 지방자치가 부활된 이후 관심의 대부분은 중앙정부로부터 지방자치단체로의 권한과 책임의 이양이었다. 이 기간을 제도자치 시기라고 명명할 수도 있다. 지방자치의 안정화를 위한 각종 제도의 정착이 주된 관심이었다. 더 구체적으로 살펴보면 중앙정부와 지방자치단체의 집행부 간 권한과 책임의 적절한 배분에 관한 문제가 주요 관심이었다. 지방의회의 역할은 간과된 측면이 있고, 지방자치의 주체인 주민 역시 자치의 현장에서 소외된 측면이 있다. 지방의회에 대한 관심과 주민에 대한 관심이 본격화되기 시작한 것은 노무현 정부 이후의 일이다. 참여정부가 시작하고 이명박 정부에서 본격화된 지방의회의 역할과 주민의 역할이 지방자치발전과정에서 주목을 받기 시작한 것이다. 그러나 이와 같은 지방의회와 주민에 대한 관심마저 구체화된 것은 최근의 일이다. 2020년 12월 통과된 지방자치법 전부개정에 포함된 주요 내용 중 하나는 지방의회의 역할에 대한 강조라고 할 수 있다. 개정된 지방자치법이 시행될 경우 지방의회가 상당 부분 주도적으로 지방자치를 인도할 가능성이 높아지게 된 것으로 볼 수 있지만 최근의 시행 과정을 살펴보면 여전히 지방자치의 주도권은 집행부에게 있음을 알 수 있다. 예컨대, 기관 구성의 다양성이 허용된다고 명시되어 있지만 지방의회 중심 기관통합형이 실제 구현될 가능성은 거의 없어 보인다. 정책지원관의 활용을 통한 지방의회 경쟁력 제고 역시 제한된 활용으로 인하여 실효성이 높아 보이지 않는다.

더군다나 2020 지방자치법 전부개정에는 주민에 대한 논의는 누락되었다고 보는 견해가 일반적이다. 지방자치의 주체이자, 주권자인 주민의 역할을 강조하는 조항들이 대부분 생략된 채 지방자치법이 통과되었다. 특히 주민자치회 관련 조항들은 통째로 누락되어 지방자치를 바라보는 정치권의 인식 수준을 확인할 수 있다. 지방자치의 현장 자체인 소위 '민초의 공간'에 대한 법적 기반이 미흡할 뿐만 아니라 주민자치회의 역할과 위상에 대한 논의도 생략되었는데, 이는 주민자치를 지방자치의 핵심이 아니라고 인식하고 있다는 반증이다.

2) 주민자치회 운영

주민자치에 대한 관심은 사실 10여 년 전부터 활발히 진행되어왔다. 소위 풀뿌리자치에 대한 요구와 민주적 참여의식 고양이라는 대의명분을 뿌리치기 쉽지 않은 상황에서 지방분권 및 지방행정체제개편에 관한 특별법(2013년 5월 28일 제정)이 제정되는 과정에 몇 개의 조항에 주민자치를 활성화하고 이를 위한 주민자치회의 설치에 관한 내용을 포함시켰다. 동법에 의하면 제27조에 풀뿌리자치의 활성화와 민주적 참여의식 고양을 위해 읍·면·동에 해당 행정구역의 주민으로 구성하는 주민자치회를 둘 수 있다고 규정하고 있으며, 같은 법 제29조 제3항에서는 주민자치회의 실지 및 운영에 필요한 사항은 따로 법률로 정한다고 규정하고 있으며, 같은 조 제4항에서는 행정안전부 장관은 주민자치회의 설치 및 운영에 참고하기 위하여 주민자치회를 시범적으로 운영할 수 있으며, 이를 위한 행정적·재정적 지원을 할 수 있다고 규정하고 있다. 이에 따라 2013년 최초로 전국 31개 지역을 대상으로 주민자치회 시범운영이 시작되었으며, 2021년 말 기준 1,013개의 읍·면·동에서 주민자치회가 운영되고 있었으며 나름 지역별 특색을 보이고 있었다.

애당초 2013년 주민자치회 시범운영 과정에서 3가지 추진 모델이 제시되었는데, 현재는 법적 문제 등 다양한 사유로 하나의 모델만이 운영되고 있다(전대욱 외 2022). 첫 번째 모델은 협력형이며, 통상적인 대립형 기관구성 방식과 유사하다. 읍·면·동은 주민자치센터를 통하여 집행기능을 수행하고 주민자치회는 일종의 견제와 균형 논리에 따라 상호 협력하는 방식이다. 상위 계층으로 시군구가 존재하며, 이 경우 주민자치회는 또 하나의 계층(layer)으로서 역할을 수행한다. 두 번째 모형은 통합형인데, 지방의회 중심 기관통합형과 유사한 방식으로 주민자치회가 읍·면·동 사무직원에 대한 지휘 감독뿐만 아니라 행정사무까지도 관장하는 방식을 취한다. 한편 세 번째 모델인 주민조직형은 읍·면·동 사무소를 아예 폐지하고 주민자치회가 직접 자치사무를 처리하는 것을 의미한다. 이와 같은 세 가지 모델은 주민자치회 시범실시 때부터 제시된 모형이며, 이 과정에서 읍·면·동 아래 통·리·반 단계에서의 자치에 대한 논의는 부재했다. 인구규모를 기준으로 보면, 자치에 가장 적합한 규모는 통·리·반 수준에서의 자치라고 한다.[16] 만약 상기 세 가지 모델에 더 추가한다면 통·리·반 수준에서의 주민자치회 모델을 3개 더 추가하는 것이다. 그렇다고 하면 소위 '민초의 공간'에 추가로 2개의 계층(layers)이 형성될 수 있다. 시도, 시군구에 2개가 추가되어 총 4개의 다층성이 형성될 것이다. 읍·면·동과 통·리·반을 구분하여 전자를 주민자치회, 후자를 마을자치회로 명명하는 경우도 있지만, 내용은 동일하다.[17]

3) 주민자치회의 문제

현재 운영되고 있는 협력형 주민자치회 모델이 운영상 여러 문제를 노정하고 있는 것으로 알려져 있다(김찬동 2014; 김필두·최인수 2018; 최인수 외 2020). 주민참여의 부족, 주민자치회 취지에 부합한 역할 수행 미흡, 읍면동 주도 운영 등 통상적으로 예견되는 문제들이 나타나고 있음이 확인되었다.[18] 그간의 평가를 보면 주민자치회는 본연의 역할을 충분히 수행하지 못한 것으로 보인다. 그러나 동법 제28조에 명시된 기능이 주민자치회의 본래 기능이어야 할까? 만약 그렇지 않다고 하면 주민자치회는

---

16 곽현근(2022)의 연구에 의하면 읍, 면, 동, 리(읍), 리(면), 통(동)의 평균 인구규모가 각각 21,523명, 4,128명, 20,115명, 561명, 179명, 732명이라고 한다.

17 다만, 최근 법안 제출로 논점이 되는 마을공동체의 경우 초점이 다소 흐리기 때문에 주민자치회와의 수평 비교가 쉽지 않다. 주민자치회, 마을자치회(통리반을 대응으로 하는 의결기구)와 달리 마을공동체는 주민이 주체가 아니라 불특정 다수의 비공식 모임까지 포함하는 기구로서 자칫 의결기구의 역할을 상쇄시킬 가능성도 있다는 점에서 면밀한 논의와 정밀한 법안 작업이 필요하다. 최철호(2022)의 발제에 의하면 마을공동체의 경우 통상적인 주민대표기구로 간주하기 어렵다는 것이다.

18 지방자치분권 및 지방행정체제개편에 관한 특별법 제28조에 의하면 주민자치회는 다음 3가지 업무를 수행하도록 되어 있다. 첫째, 주민자치회 구역 내의 주민화합 및 발전을 위한 사항, 둘째, 지방자치단체가 위임 또는 위탁하는 사무의 처리에 관한 사항, 셋째, 그 밖에 관계 법령, 조례 또는 규칙으로 위임 또는 위탁한 사항이다.

어떤 역할을 수행해야 하는가? 주민자치회에 보다 많은 분들이 참여하도록 하려면 어떤 조치가 필요할까?

협력형을 기본모델로 삼고 있는 주민자치회는 사실 큰 역할을 수행할 수 없는 구조다. 기존 읍면동별 주민센터를 존치하고, 기타 각종 민원, 복지, 행정서비스 등도 기존대로 수행하도록 되어 있다. 주민자치회 위원 수는 30명 이상으로 구성하되 지역에 따라 최대 50명까지 자율적으로 구성할 수 있도록 되어있다. 위원의 자격은 비교적 열려 있고, 지방의회 의원의 경우 제한되어 있는데, 이는 중복 활동을 방지하기 위함이다. 현재의 추첨으로 선정하는 방식에 대한 논란도 있지만 그보다는 추천에 의한 선정 방식이 더 큰 문제로 보인다. 추천은 주로 읍면동장에 의하여 추진되는 경향이 있기 때문이다.[19]

주민자치회가 어떤 문제를 안고 있는지 여부에 대한 판단은 유보되어야 할 것이다. 다만, 현행 협력형 주민자치회가 노정한 몇 가지 문제는 불가피한 측면이 있다. 운영에 관한 표준 조례안에 의하면 주민자치 위원으로 선정되는 분들의 특성을 기초로 판단하면 그들의 역할이 제한될 수밖에 없을 것이다. 주민자치회는 명예직으로 운영되고 있지만 명예로움을 향유할 수 있는 여건이 갖추어져 있는 것으로 보이지도 않는다. 주민자치회의 설치의 첫 번째 목적은 풀뿌리자치의 활성화, 민주적 참여의식

---

19 「주민자치회 설치 운영에 관한 표준 조례 개정안」(2020)에 의하면 제1조 주민자치회의 목적에서부터 제21조 지방자치단체의 지원에 이르기까지 세세한 운영 지침을 포함하고 있는데, 통치성 관점에서 보면 여전히 주민자치회는 전반적으로 제도화된 정부기구로 여겨진다.

고양이다. 주민자치회 위원으로 선정되기 위한 경쟁이 수반되어야 하는 것은 주민자치회 운영의 제1덕목이 되어야 할 것이다. 주민자치회는 여타 주민들의 관심과 이해를 적극 반영하는 역할을 수행해야 할 것이다. 주민자치회가 제 역할을 수행하는 것은 표준 조례안에 적시된 몇 가지 업무를 수행하는 것이 아니라, 주민자치회 위원이 아닌 주민들의 대표로서 그들의 이해를 적절히 잘 대변하는 것이다. 참여의 극대화가 제1의 덕목이기 때문이다.

2. 주민자치회 운영 분석

1) 주민자치회 분석 대상

주민자치회의 역할을 분석하기 위하여 푸코의 개념을 원용하려 하는데, 현재의 협력형 주민자치회가 1차 분석 대상이 될 것이다. 전대욱 외(2022)의 연구에 의하면 협력형 주민자치회 모델의 한계를 극복하기 위하여 통합형 주민자치회를 권고한다고 하는데, 그렇다면 통합형 주민자치회는 푸코의 기준에 의하면 어떤 평가를 받을 수 있을까? 주민조직형 주민자치회는 어떤 평가를 받을 수 있을까?[20]

---

[20] 분석을 위하여 주민자치회 운영과 관련된 각종 연구보고서를 참고하되, 기본적으로 행정안전부가 제공한 "주민자치회운영표준조례안"(2020)에 기초하여 미셸 푸코의 일부 통지성 개념을 적용했다. 전대욱 외(2022) 『주민자치회 모델 재설계 방

우선 3개의 주민자치회 모델을 중심으로 푸코의 통치성 개념에 근거해서 비교 분석하고자 한다. 그 이후 바람직한 향후 주민자치회의 양식에 대한 제언을 하고자 한다. 우선 주민자치회 설치는 그 자체로 푸코의 기준으로 보면 자치(self-governing)에 근접해 간다는 측면에서 긍정적이다. 소위 민초의 공간 또는 영역에서 활동할 자치의 주체가 새로 생겼다는 측면에서 긍정적이다. 자치는 가급적 개인 단위로까지 소급해 내려가야 한다는 논리다. 자치의 최소단위를 이론적으로는 '던바의 수'가 맞는다면, 그 수로 정하는 것이 최상이겠지만 현실적으로 우리 사회에서 자치의 단위를 그 수준까지 맞추는 것은 불가능할 것이다. 현실적으로 가능한 수준은 통리반일 것이며, 통·리·반 규모에서의 자치가 가능하다면 푸코의 통치성 개념에 근접할 것으로 짐작된다. 어쨌거나 현재의 시군구의 규모로는 자치가 원만하게 이루어지기 쉽지 않다는 판단이다.

2) 주민자치회 모델에 대한 비판적 논의

푸코의 통치성을 구성하는 몇 가지 개념을 활용하여 주민자치회 모델에 대한 비판적 논의를 정리하면 다음과 같다. 첫째, 통치의 총체성(ensemble) 측면에서 민초의 영역은 일종의 제도화된 중앙집권형 구조로 구축되어 있다. 시군구 아래 영역들이 시군구의 지휘 감독 아래 놓여 있는 것으로 판단된다. 주민자치회 역시 위원 구성 시 각종 추천 등을 통해 시군

안 연구』에 나타난 주민자치회 운영 특성 등도 분석에 활용되었다.

구의 역할이 확인된다.

둘째, 통치의 주체(*relationship of the self to self*)측면에서 살펴보면 적어도 주민자치회는 스스로 무엇인가를 결정할 수 있는 여건을 갖추고 있다. 다만, 집행 기능이 없고, 표준조례안에 적시된 제한된 가능만 수행하고 있는 점을 감안하면 여전히 현행 주민자치회는 여전히 개인의 이성이 발현되고 확산되어가는 과정으로서의 자치와는 거리가 있는 것으로 보인다. 현재까지 주민자치회 표준조례안이 6차례 개정되었지만 여전히 통치의 주체, 즉 자치를 위한 주민자치회의 자기 케어 공간이 엿보이지 않는다.

셋째, 통치의 방식(*parrhesia; manifestation of truth*)과 관련하여 현행 주민자치회에 대한 평가는 부정적이다. 주민자치회 위원뿐만 아니라 여타 주민들도 주민자치회를 통하여 자신의 의견을 용기 있게 개진할 수 있어야 하고, 비록 의견이 반영되지 않더라도 다양한 의견이 최선을 다하여 표출돼서 진리를 향해 수렴되어 가는 과정을 거쳐야 한다. 현행 협력형 주민자치회는 일종의 방관자 역할을 수행하고 있을 뿐이다. 참여도 적극적이지 않고, 참여자 역시 큰 역할을 수행하기 어려운 구조다. 현행 표준조례안의 주요 내용에 근거하면 주민의 범위, 역할 등이 모호하고 민초의 영역에서 용기 있는 진실 말하기 과정이 쉽지 않은 구조다.

넷째, 통치의 구현(*surface of contact*) 관점에서 현행 주민자치회 운영은 제한적이라고 할 수 있다. 산간지역 섬 지역 등에는 별도의 기구를 추가로 설치할 수 있도록 되어 있지만 실제 시행된 바는 아직은 없고, 주민 생활과 밀접한 관련이 있는 사항에 대한 협의권, 심의권 등이 부여되어 있고, 주민자치기능, 위임 위탁 사무 처리 기능이 명시되어 있지만 실제 주민사치회 관련 활동이 활발한 것으로 확인되지는 않았다.[21] 집행기구에 해당되는 사무기구와의 접점보다는 주민 간 접점의 범위를 확대할 조례 안 추가 개정이 필요하다. 개인의 역량을 극대화할 조건을 마련해주는 것은 향후 주민자치회가 정상적인 역할을 수행하여 자치문화가 확립되는 데 있어서 중요하다.

다섯째, 통치의 도구(*reason; knowledge*) 관점에서 살펴보면, 주민자치위 원회는 지역 주민의 지식과 지혜를 구하기 위하여 노력하는 것으로 평가된다. 우선 주민자치위원으로 선정되기 위해서는 일정한 교육을 이수해야 한다. 사실 이 부분도 긍정적이지만, 주민자치위원으로 활동하면서 각종 연구모임 등에 참여할 수 있다면 더 효과적일 것이다. 오히려 교육이수가 참여를 제한시키는 역효과를 유발할 수 있다는 점도 유의할 필요가 있다. 종국에는 주민자치위원회의 지적 역량이 제도화되는 과정을 거쳐서 공동체 전체의 역량 제고로 이어져야 할 것이다. 일반 주민들도 주민자치회를 통하여 자신의 지적역량을 발휘하고 이를 공유할 수 있는 시스템까지 갖출 수 있다면 더 유효할 것이다.

여섯째, 다층성(*multilayered*)의 문제인데 주민자치회는 시군구 지방자치단체 아래 영역에 새로운 계층을 하나 추가한다는 의미를 갖고 있다. 개인의 관점에서 보면, 시군구라고 하는 멀리 떨어져 있는 계층으로 진전되는 중간계층이 존재한다는 긍정적 의미를 갖는다. 푸코의 시각으로 보면, 통·리·반 수준에서의 의결기구로서 가칭 마을자치회 정도의 계층이

---

21 최인수 외(2020)는 주민자치회의 운영 성과분석 과정에서 여러 가지 사유로 주민자치회가 주민들의 활발한 참여와 자치 활동을 적극 독려하는 데 한계가 있음을 암시하고 있다.

추가되기를 기대할 것인데, 현행 읍·면·동 수준에서의 주민자치회는 제한된 범위 내에서 하나의 계층을 추가하고 있다는 의미에서 긍정적이다. 다만, 통치성이 다층화(multilayered governmentality)될 경우에 대비하여 개인(인구)의 자기 케어(care of the self) 또는 자기통치(self-governing)가 여전히 가능하도록 추가적인 조치를 취해야 할 것이다. 소위 용기 있는 진실 말하기(parrhesia)가 가능한 환경을 조성하는 것도 하나의 대안이며, 이는 인구의 최소 단위까지 자치의 단위를 확대해 나갈 필요가 있다. 수직적 분업, 예컨대 위임사무의 경우 읍·면·동이, 자치사무의 경우 통·리·반이 처리하는 지혜가 필요다.

이상의 논의를 기초로 제언을 도출하면 다음과 같다. 읍·면·동 차원에서의 협력형, 통합형, 주민조직형, 그리고 통·리·반 차원에서의 협력형, 통합형, 주민조직형을 푸코의 통치성 개념을 기준으로 판별하면 우선 읍·면·동 차원에서는 통합형이 추천되고, 통·리·반 차원에서는 주민조직형이 추천된다. 첫째, 총체성(ensemble) 관점에서 보면 개선된 협력형 주민자치회도 검토 대상이 될 것이다. 일종의 기관대립형이기 때문에 정상적인 운영을 전제로 한다면 의결기구와 집행기구 간 적절한 역할 배분을 통한 안정적인 자치가 가능할 것으로 전망한다. 둘째, 통치의 주체(relationship of the self to self), 즉 자치 여부를 기준으로 보면 주민조직형이 공히 가장 적합하지만, 사무소 기능의 유용함을 감안할 경우, 읍·면·동 차원에서는 통합형이 더 실효성 있는 것으로 보인다. 그러나 통·리·반 차원에서는 사무소의 기능이 상설화되어 있다고 보기 어렵기 때문에 자치의 수준만을 감안하여 주민조직형이 추천된다. 셋째, 통치의 방식(parrhesia; manifestation of truth)과 관련하여 수민조직형이 통합형에 비하여 十조적으로 더 용기 있는 진실 말하기가 가능할지 의문이라는 측면에서 마찬가지로 읍면동 차원에서는 통합형이, 통리반 차원에서는 주민조직형이 추천된다. 넷째, 통치의 구현(*surface of contact*) 측면에서 주민조직형과 통합형을 비교하면 우열을 가리기 쉽지 않다. 다만, 접점을 최대화하는 방식을 통하여 지식의 공유, 누적을 기대한다면 양자 공히 주민조직형이 더 적합할 것으로 전망한다. 다섯째, 통치의 도구(*reason; knowledge*) 관점에서 보면 통합형이 더 적합한 것으로 판단된다. 지식이 공유되고 누적되기 위해서는 제도화된 구조가 필요하기 때문이다. 이는 통리반 수준에서도 동일하며, 유효한 통치, 즉 자치를 위한 기본 역량 구축은 제도화된 구조를 요구하기 때문이며, 푸코는 이를 정부화(governmentalized)라고 표현했다. 여섯째, 다층성(*multilayered*) 문제와 관련하여 일관성을 중시할 필요가 있다. 이에 따라 읍면동과 통리반 차원 공히 통합형을 취할 필요가 있다. 향후 시군구의 경우도 푸코의 논리대로라면 통합형으로 진화될 가능성이 있다. 이들 논의를 〈표 1-1〉로 간결하게 정리하면 다음과 같다.

〈표 1-1〉 푸코의 통치성과 주민자치회 유형의 적합성

		협력형	통합형	주민조직형
읍면동	총체성	○		
	주체		○	
	방식		○	
	구현			○
	도구		○	
	다층성		○	

	총체성	○		
	주체			○
통리반	방식			○
	구현			○
	도구		○	
	다층성		○	

3) 주민자치회 모델의 진화 방향

푸코의 개념에 입각해서 현행 주민자치회를 평가한다면, 우선 협력형 주민자치회는 통치성이 구현될 가능성을 제한하는 방식이다. 애당초 시군구 아래 영역에서 자치가 가능하도록 또 하나의 기제를 제공한다는 측면에서 긍정적이지만, 형식에 그칠 가능성이 크다. 현재의 지방의회가 집행부를 제대로 견제하지도 못하고, 자치를 주도하지도 못하고 있는 것으로 평가받고 있다. 지방의회의 경쟁력 제고 논의는 수십 년 간 지속되어 왔는데, 이는 구조의 문제가 오히려 더 크다고 볼 수 있다. 지방자치법 전부개정을 통하여 구조를 다소 변경했기 때문에 향후 기대되는 부분이 있기는 하다. 협력형 주민자치회 역시 현재의 지방의회와 유사한 비판을 받을 가능성이 크며, 이미 많은 비판이 그 부분에 집중되어 있다.[22] 주민자치위원회가 자기 주도적으로 자기통치, 즉 자치를 못하고 있다는 것

---

22 전대욱 외(2022)는 현행 협력형 주민자치위원회가 한계를 보이고 있다고 지적하면서 몇 가지 점에 대하여 비판을 집중하고 있는데, 지방의회가 직면한 비판과 거의 유사하다.

이다.

통합형 주민자치위원회는 기관통합형 지방자치단체 기관구성과 마찬가지로 주민자치회가 집행부에 해당되는 읍면동을 지휘 감독하며, 일정 부분 집행의 업무까지 맡는 것이다. 예산권과 인사권의 행사까지 갖게 되는데, 이 경우 읍면동은 위임사무를 제외하면 주민자치회에서 결정되는 업무를 수행하게 된다. 주민자치회 위원이 되기 위한 경쟁이 예견되며, 개인 역시 자기 케어(care of the self)의 확장을 경험할 수 있는 기회가 올 것이다. 동시에 용기 있는 진실 말하기(parrhesia)의 기회가 더욱 많아지게 되고, 이는 결국 접점의 표면(surface of contact)이 더욱 확대되는 결과를 가져오게 될 것이다. 거침없는 진실 표현(manifestation of truth)이 대체로 가능해질 것이고, 이는 보다 많은 주민의 참여를 유도하게 될 것이고, 결국 보다 많은 이성(reason) 간 접촉과 협의가 가능해져 공동체 전체의 지적 역량이 증대되는 결과를 가져오게 될 것이다. 지식의 정부화(governmentalized)가 가속화됨에 따라 통치의 주체가 뒤집힐 가능성도 있지만 지속적인 논의와 접촉을 통하여 통치성을 유지할 수 있도록 해야 할 것이다.

이미 소개된 주민조직형의 경우 읍면동 사무소 등을 아예 폐지하고 주민자치회가 모든 결정과 집행을 맡게 되는 구조로서 얼핏 이상형으로 보이지만 사실상 통합형과 크게 다르지 않다. 주민자치회의 역할을 더 강화하자는 것인데, 의결기구와 집행기구 간 차이에 대한 충분한 이해가 수반된다면 통합형과 주민조직형 간 큰 차이를 발견하기 쉽지 않을 것이다. 미셸 푸코의 관심은 의결기구에 국한된 것으로 보인다. 개인의 생각이 공식 의결기구를 통하여 어떻게 제도화되며, 그 제도화된 지식과 역량이 개인에게 영향을 미치는지를 살펴보는 것이 푸코의 주요 관심이기 때문이다. 집행기구로서의 정부(government)가 필요한 것은 당연한 일이지만 정부화된 지식이 의결기구에 영향을 미치는 것은 일종의 지배에 해당될 수 있다. 따라서 주민조직형 주민자치회도 상설 집행기구를 갖추지 않을 수 없을 것이고, 이는 통합형 주민자치회의 사무소와 크게 다를 바 없을 것이며, 집행기구에 누적된 지식과 역량이 개인에게 영향을 미치는 것도 통상적으로 예견되는 바이다.

Ⅳ. 나가는 말

　지방자치 분야에서 주민자치라는 용어가 오랫동안 변방에 머물러 왔다는 사실이 놀랍다. 지방자치를 단체자치와 주민자치로 구분해서 이해하고자 하는 분들 입장에서는 이들을 선택 가능한 선택지로 오해했을 가능성이 크다. 지방자치는 곧 현장 자치를 의미하며, 현장 자치는 곧 자치를 의미한다. 자치의 주체가 누구일까? 라는 근본적인 질문이 더해지면 논의가 더 명료해진다. 자치의 주체는 개인이고, 개인이 합해진 지역사회가 곧 자치의 주체다. 지역사회에 존재하는 행정기구는 자치의 주체가 될 수 없으며, 자치의 도구에 불과하다. 지방자치단체는 지방의회와 집행부로 구성되어 있다. 지방의회가 주도하든, 집행부가 주도하든, 지방자치단체는 자치의 주체가 될 수 없다. 굳이 지목하면 자치의 주체는 주민이다. 지방자치는 곧 주민자치의 다른 표현이라는 점이 푸코의 철학을 통하여 일부 확인되었다. 개인으로서 주민이기도 하며, 집단으로서 주민이기도 하다. 그렇다고 한다면 주민자치회는 자치의 주체가 되어야 함은 마땅하다.

　이 글은 단체자치도 지방자치의 한 유형이라고 오해한 지점부터 시작된 오해의 사슬이 주민자치회의 설치와 운영 방식에까지 영향을 미치고 있다는 점을 강조했다. 이에 주민자치와 주민자치회에 대한 오해를 해소하기 위하여 미셸 푸코의 통치성 개념을 활용했다. 오해가 해소되지 않는다면 소위 협력형 주민자치회를 풀뿌리자치의 핵심요소로 간주할 가능성이 크다는 점에서 지방자치의 본질에 대한 이해가 필요했다. 푸코의 개념을 적용하여 분석하면 상기 〈표 1-1〉에 거칠게 정리된 것처럼 적어도 현재로서는 통합형 주민자치회가 소위 민초의 영역에 필요한 기제라고 판단된다. 통합형 주민자치회는 자치의 주체가 누구인지를 비교적 명확히 하고 있고, 개인의 생각이 수렴되는 과정이 비교적 자유롭고, 의결기구와 집행기구 간 역할 차이를 더 명료히 한다. 상대적이지만, 보다 많은 권한과 책임을 전제로 구성원들이 자신의 의견을 더욱 활발히 개진하고 자신의 역량을 숨기지 않고 용기 있게(parrhesia) 과감히 공유하는 정치행정문화가 조성될 가능성이 높다. 이와 같은 통합형 주민자치의 철학을 기초로 통·리·반 수준에서의 주민자치회를 더 적극적으로 활성화할 필요가 있다. 통·리·반 수준에서의 주민자치회의 역할이 활성화된다면 주민조직형으로의 자연스러운 전환도 기대될 것이다. 푸코의 철학이 가장 근접하게 맞닿은 지점이 바로 주민조직형이기 때문이다.

　푸코의 관심 역시 초기와 후기 살짝 달라지기는 했지만, 그가 결국 강조한 부분은 통치성(governmentality)은 곧 자치(self-governing)를 의미하는 것임을 암시한다. 자치는 자신을 스스로 돌보는 것(care of the self)이며, 이 과정에 자신의 지식과 이성이 역할을 한다는 것이다. 타인의 이성과의 접점을 통하여 통치행위가 이루어지며, 이 과정에서 진실을 최대한 현시하여(manifestation of the truth) 통치효과의 극대화를 경험하게 된다. 이와 같은 일련의 과정을 통하여 지식이 누적되며, 누적된 지식과 역량을 통하여 공동체와 국가 역시 더 큰 역량을 갖추어 나간다는 것이다. 주민자치회에 추가하여 통·리·반 차원의 가칭 마을자치회까지 확대하여 소위 민초의 공간을 활성화 시킨다면 역동적인 통치, 즉 자치(self-governing)의 선순환이 기대될 것이다.

곽현근. 2022. "사회적 자본 활성화를 위한 지방정부 역할과 과제." 한국 지방재정공제회 2022 지방재정과 사회적자본 7차 포럼. 서울. 11 월.

김정부. 2022. "푸코의 통치성 개념의 다층성에 대한 고찰: 재정·예산제 도 연구에 대한 시사점을 중심으로." 2022 (사)한국정치평론학회 연례학술회의. 서울. 10월.

김찬동. 2014. "주민자치회 제도의 향후 방향." 『지방행정연구』 28권 3 호, 61-85.

김필두·최인수. 2018. 『주민자치형 공공서비스에 대한 탐색적 연구』. 원 주: 한국지방행정연구원.

대통령소속지방자치발전위원회. 2015. 『지방자치발전종합계획』.

심익섭. 2012. "주민자치회의 제도화 방안과 발전방향에 관한 연구." 『지 방행정연구』 26권 4호, 57-84.

유수동·전성훈. 2017. "주민자치 성과에 미치는 영향요인에 관한 연구: 부천시 주민자치위원의 인식을 중심으로." 『지방행정연구』 31권 3 호, 115-142.

이동수·이화용·김태영·채진원·김정부·이경민·임상헌·조석주. 2021. 『지배에서 통치로: 근대적 통치성의 탄생』. 고양: 인간사랑.

임승빈. 2021. 『지방자치론』. 파주: 법문사.

전대욱·최인수·최지민·유수동. 2022. 『주민자치회 모델 재설계 방안 연구』. 원주: 한국지방행정연구원.

최인수·전대욱·장인성. 2020. 『주민자치회 시범실시 실태조사 및 성과평
가 연구』. 원주: 한국지방행정연구원.

최창호. 2009. 『지방자치학』. 서울: 삼영사.

최철호. 2022. "마을공동체 지원법안과 주민자치회의 충돌과 개선방향."
제14회 주민자치연구세미나. 서울. 4월.

행정안전부. 2015. "지방자치, 주민 품으로 더욱 더 다가간다: 2015년 책
임읍면동제 시범실시 지방자치단체 시행방안 발표회(4.14) 개최."
(4월 14일).

행정안전부. 2020. 『주민자치회운영표준조례 개정』.

Ball, Aimee Lee. 2010. "Are 5,001 Facebook Friends One Too Many?." *The
New York Times* (May 28).

Dunbar, Robin. 2022. *Friends: Understanding the Power of our Most Import-
ant Relationships*. London: Little, Brown UK.

Foucault, Michel 저·오생근 역. 2016. 『감시와 처벌』. 파주: 나남.

Foucault, Michel. 1993. "About the Beginning of Hermeneutics of the Self:
Two Lectures at Dartmouth." *Political Theory* 21(2): 198-227.

Foucault, Michel. 2007. *Security, Territory, Population: Lectures at the Collège
de France, 1977-1978*. New York: Palgrave Macmillan.

Foucault, Michel. 2008. *The Birth of Biopolitics: Lectures at the Collège de
France, 1978-1979*. New York: Palgrave Macmillan.

Foucault, Michel. 2011. *The Courage of Truth (The Government of Self and Others
II): Lectures at the Collège de France, 1983-1984*. New York: Palgrave

Macmillan.

Foucault, Michel. 2014. *On the Government of the Living: Lectures at the Collège de France, 1979-1980.* New York: Palgrave Macmillan.

Foucault, Michel. 2017. *Subjectivity and Truth: Lectures at the Collège de France, 1980-1981.* London: Palgrave Macmillan.

NPR. 2011. "Don't Believe Facebook; You Only Have 150 Friends." (June 5).

2장 재정투명성 및 조세윤리 제고 정책과 통치성: 자유주의 통치성의 심화 관점에서*

김정부

> "This could be Heaven or this could be Hell…
>
> We are all just prisoners here of our own device…
>
> You can check out anytime you like but you can never leave"
>
> *- Eagles (1976),* 「*Hotel California*」

I. 서론

현대국가의 재정·예산제도는 국가의 생존과 번영에 가장 근본적인 물질적 기반을 제공해 줄 뿐만 아니라 국가 통치작용의 핵심적 논리에 시민 개개인들의 영혼까지 포섭시킨다. 공공재정(public finance)을 매개로 하

이 글은 2022년 12월 『한국행정논집』 34권 4호에 게재된 "다층적 통치성, 재정·예산제도, 그리고 영원한 감옥: 재정투명성 및 조세윤리에 대한 시론적 분석을 중심으로"를 수정·보완한 것이다.

2장 재정투명성 및 조세윤리 제고 정책과 통치성 | 51

여 시민들은 납세자이면서 동시에 국가로부터 공공서비스를 누릴 권리가 있는 존재로 끊임없이 구성·재구성되며, 국가와의 호혜적 상호작용속에서 납세의 의무를 내면화하여 자기통치의 기술(technologies of the self)(Foucault 2017)에 통달해야 한다. 동시에 시민들은 국가로부터는 그 재정활동에 대한 알권리는 물론 보다 양질의 공공서비스를 누릴 권리를 이들제도를 통해 보다 구체화하고자 한다. 공공재정을 둘러싼 국가와 시민 간이러한 관계의 본질은 푸코의 통치성(governmentality) 개념의 적용을 통해보다 잘 이해할 수 있다. 즉 납세자-서비스향유자로서의 시민과 국가 간의 대칭적 관계는 그 통치 논리와 제도화의 고도화에 따라 시민 개개인의자아와 국가 차원에서 다층적으로 작용하는 자유주의 통치성을 더욱 심화시킨다. 본 장은 현대국가의 재정·예산제도에 담긴 핵심적인 통치논리인 재정투명성과 조세윤리에 대한 분석을 통해 개개 시민들의 영혼과 사회 곳곳(capillaries)에 뻗은 자유주의 통치성의 진면목을 드러내고자 한다.

푸코는 1978년 2월 1일 Collège de France에서 행한 강의에서 통치성(governmentality) 개념을 처음으로 제시하고 이를 "인구를 그 대상으로 하고, 정치경제를 주요 지식형태로 하며, 안보기구(apparatuses of security)를 필수불가결한 기술적 수단(technical instrument)으로 하는, 매우 특정적이면서도 고도로 복잡한 권력의 행사를 가능하게 하는 제도·분석·숙고·계산·기술(tactics)의 조화롭고 일관된 전체(ensemble)"라고 정의한다(Foucault 2007, 109). 푸코의 통치성 개념은 국가기구 내외의 사회(인구)와 개인들간의 권력작용의 방식, 범위 및 엄밀성에 주목하게 함으로써 사회과학의많은 분야에 활발히 적용되고 있다. 근대국가에서의 자유주의 통치성의형성과 착근, 신자유주의로의 전화·심화를 다룬 푸코의 1977-79년 강의들(Foucault 2007; 2008)은 지식-권력의 프레임워크 안에서 보다 폭넓게 정의된 통치(government)의 문제에 천착한다. 이제 통치는 국가체제 내에서의 집행적 행정적 결정들이라는 전통적 의미뿐만 아니라, '지식의 대상으로 정의되는 사람들을 인도하기 위한, 그들의 행동을 지도하기 위한 메커니즘과 절차들'이라는 보다 폭넓은 의미를 갖게 된다(Foucault 2014, 12). 이로써 푸코는 국가기구와 사회, 개인들 간 권력작용의 논리와 절차·기술 및 장치를 아우르는 통치성 개념을 통해 그 자신이 1960년대 말부터 1970년대 초반에 걸쳐 천착하였던 규율권력과 국가권력의 작용을 일관되게 통합적으로 분석할 수 있게 되었다.

그런데, 푸코는 『생명관리정치의 탄생(*The Birth of Biopolitics*)』이라는 타이틀로 진행한 1979년의 강의에서 주로 독일과 미국에서 등장한 신자유주의 통치성에 대해 다루면서, 이를 생명관리정치에 대한 본격적인 분석을 위한 서막이 될 것으로 보았다(Foucault 2008). 하지만 이후 1980-84년의 강의들(Foucault 2005; 2010; 2011; 2014; 2017)에서는 생명관리권력(biopower) 및 그 정치(biopolitics), 그리고 이를 관통하는 통치성의 문제에 더 이상 머물지 않는다. 대신 그는 권력, 진리현시(manifestation of truth) 및 진리 담론, 자아·주체의 구성 간 관계의 문제에 몰두함으로써 얼핏 1977-79년에 주목했던 국가기구, 정치경제, 인구를 중심에 놓는 통치성의 문제설정(problematic)에서 멀어진 것처럼 보였다.

하지만 1978년에 처음 제시된 통치성 개념은 1980년에 오면 국가기구, 정치경제, 인구를 중심으로 한 권력작용의 논리·기제·기술·관행의 일관된 전체라는 의미에서 나아가, 개인들의 자기 자신에 대한 관계(주체성), 개인과 다른 개인들 간의 관계, 개인과 조직의 관계, 정치체 내에서 통치자들의 권력행사 논리와 방식을 일관되게 통합하는 개념으로 심화되고 있다. 즉, 현대국가에서 통치성은 개인의 영혼에 대한 통치뿐만 아니라 국가통치에 이르기까지 다층적으로 구현되고 있는 것이다. 이에 본 절에서는 이렇듯 다층성을 갖는 통치성 개념이 주체의 구성, 타인과의 권력관계, 개인들(인구)과 국가와의 권력관계, 그 관계를 관통하는 지식·진리의 문제를 이해하는 데에 매우 적실한 개념이 될 수 있음에 주목한다. 이 "다층적 통치성" 개념의 적용가능성을 탐색하기 위해, 본 장에서는 근대국가의 재정·예산제도가 어떻게 재정투명성과 조세윤리 담론을 통해 개인들을 납세자 및 공공서비스의 향유자로 구성하여 국가의 권력작용에 포섭하고 통치하는지에 대한 논의를 전개한다. 근대국가의 재정·예산제도들은 자유로운 개인들을 시민으로서 납세의 의무를 지는 동시에 공공서비스를 향유할 권리가 있는 모순적 존재들로 구성하는데, 이는 본질적으로 국가권력에 대한 아래로부터의 시민적 제한(limitation)의 지평을 넓히는 작용을 한다.

본 장의 이러한 접근법은 푸코의 분석을 조세·징세제도에 적용한 연구들과는 일정하게 구분된다. 그동안 근대국가의 조세·징세제도에 대한 통치성 관점에서의 연구들은 규율권력을 통해 어떻게 개인들을 구분하여(divide) 납세의 의무를 지면서 동시에 특정한 사회적·경제적 행동을 해야 하는 존재로 구성하는지에 주목해 왔다(Bogenschneider 2015; Bujaki et al. 2017; Lamb 2001; Likhovski 2007; Yeomans 2018). 즉 국가기구에 의한 규율권력의 작용방식과 그 효과만 일방적으로 강조하였다. 가령, 세무조사나 벌금부과 등 탈세를 방지하고 처벌하려는 국가의 권력작용은 개인들을 스스로 감찰하는 정상화된 주체들(self-policing, normalized subjects)로 구성하는 효과가 있다(Lamb 2001; Likhovski 2007). 또 징세관료제는 중소기업 및 개인 세금체납자와 대기업에 대한 차별적 세무조사 관행을 통해 이들을 다르게 구성하기도 한다(Bogenschneider 2015). 중소기업 및 개인 체납자는 문제적 사회계층(delinquent social class)으로 구분된다. 근대국가의 개인소득세 보고(tax return)의 관행은 남편은 기업가(entrepreneur), 아내는 피부양자(dependent)의 정체성을 갖는 존재로 구성하는 효과가 있다(Bujaki et al. 2017). 또 국가는 개인들에게 조세체제를 통해 바람직한 행태규범을 강제할 수도 있는데, 즉 주류에 소비세(excise)를 부과하여 필요한 세수를 확보하면서도 개인들에게 바람직한 소비행태 규범을 주입하는(inculcate) 미시적 규율권력을 작용시키고 있다(Yeomans 2018). 이렇듯 푸코의 접근법을 적용한 조세제도 및 징세관료제에 대한 연구들은 대체로 그 권력작용의 효과에 주목하면서 구분하고 차별하는 규율권력에 초점을 두고 있다. 이와 달리 본 장에서는 과세에 대한 타협으로서 재정·예산제도들이 정착되었다는 점에 주목하여, 재정투명성 및 조세윤리에 대한 논의를 통해 국가권력의 거시적·미시적 작용에 대한 시민들의 대항행동(counter-conduct)의 지평이 확장하면서 동시에 심화하고 있음을 보인다.

이하 제Ⅱ절에서는 근대국가의 등장과 더불어 새롭게 나타난 "공공재정"(public finance)에 대한 관리를 둘러싸고 제기되는 제도적 이슈와 근본적인 지향(orientation)을 근대국가의 통치성 관점에서 다룬다. 특히 근대국가의 개인들이 어떻게 국가와의 재정관계를 매개로 하여 납세자이면서 공공서비스의 향유자로서 구성되어 근대국가의 통치성에 포섭되고 탁월하게 통치가능한(eminently governable) 존재가 되는지를 보인다. 이어 제Ⅲ절에서는 근대국가의 재정·예산제도를 관통하고 있는 통치성의 근본적인 통치논리인 재정투명성과 조세윤리가 개인들을 어떻게 납세자이면서 동시에 공공서비스의 수혜자로 구성하는지를 관련문헌에 대한 분석을 통해 밝힌다. 이를 통해 재정투명성 및 조세윤리가 납세자-공공서비스 수혜자들의 자기통치, 공공재정에 대한 진리 및 시민들의 자기진리의 현시, 나아가 이들에 대한 국가의 권력작용 등 세 가지 층위에서 자유주의 통치성을 심화시키고 있음을 보인다. 이어지는 제IV절은 결론이다.

II. 근대국가의 재정·예산제도와 다층적 통치성

1. 근대국가 재정·예산제도의 기본지향

근대국가의 형성과정은 생존을 위한 전쟁으로 점철되었다. 전쟁수행을 위한 군대의 유지, 전쟁수행에 필요한 재원의 확보를 위한 기술혁신 및 자본주의적 경제발전, 세금의 부과·징수·사용을 위한 관료제의 구축 과정이 동시적이고 상호보완적으로 진행되었다(Tilly 1975; 1985). 이러한 과정에서 세금의 부과와 사용에 대한 납세자들의 권한을 정치적으로 보장하기 위한 대의 민주주의 체제가 등장하였다(Bates and Lien 1985; Herb 2003; Webber and Wildavsky 1986; Yun-Casalilla 2012). 근대 재정국가는 대의 민주주의 체제를 전제로 하여 재정민주주의 및 재정책임성을 확보하기 위한 기제들을 제도화하였다. 즉, 조세의 부과에 대한 납세자의 동의, 조성된 재원의 사용결정에 대한 납세자의 참여, 납세자에 대한 재정집행 결과의 보고, 재정결과에 따른 책임의 추궁을 위한 장치들이 명예혁명 전후 영국을 필두로 속속 도입되기 시작한 것이다(김정부 2021).

전쟁수행을 위한 조세부과의 일반화는 이전의 왕실재정(royal treasury)과는 명확하게 구분되는 공공재정(public finance)의 영역(domain)을 탄생시켰다(Schumpeter 1991[1918]; 김정부 2021). 왕실소유의 토지 등을 통해 마련되던 왕실재정은 국왕의 소관으로서, 전쟁이 없는 평시에는 그 규모가 경제 전체에 비해 상대적으로 크지 않을 뿐만 아니라 재원의 조성을 위해 달리 귀족의 동의를 구할 필요가 없으며, 그 재원의 조성·운영 등 관리를 위한 방대한 조직·전문성을 필요로 하지 않는다. 또한 재원의 조성과 사용이 경제활동 전반의 상황과 직접적으로 관련되지도 않는다. 이는 재원의 소유자·조성자·사용자가 모두 왕실이기 때문이다. 이러한 삼위일체(trinity)는 공공재정에서는 더 이상 유효하지 않다. 먼저, 공공재정은 세금으로 조성된다. 세금은 기업과 가계, 개인들의 정당한 경제활동이나 그 결과물에 대해 아무 직접적인 대가를 지불하지 않으면서 강제력으로 뒷받침된 국가가 부과하는 것이다. 일단 징수되고 나면 세수는 재산세이든 소비세이든 누가 납부하였든 구분없이 일반재원으로 국고에 귀속된다. 다시 말해 그 재원의 당초 소유자나 향후 사용처가 특정되지 않는다. 둘째, 재원의 조성자는 재무부 및 재무부의 통제를 받는 징세기관들이다. 재무부는 경제전반에 대한 조망 및 정책개입의 역량과 함께 징세관료제를 구축하고 있다. 하지만, 재무부가 재원의 주요 사용자는 아니다. 셋째, 조세수입의 사용자는 관료제의 원리를 따르는 일선 국가기구들이다. 물론 납세자들이 세금으로 조성된 공공재원의 용도를 직접 결정하지도 못한다. 넷째, 재원사용의 수혜자는 대체로 재원의 부담자와 일치하지 않는다. 더 많은 세금납부가 반드시 국가로부터의 더 많은 공공서비스 혜택으로 직접 연결되지 않는다. 마찬가지로, 세금을 내지 않고도 공공서비스를 향유할 수 있다. 즉, 공공재정에서는 재원의 부담과 서비스의 향유가 반드시 비례하지 않는다.

이렇듯 공공재정은 비용부담자, 조성자, 사용자, 수혜자 간의 다중적 괴리(multi-dimensional decoupling)가 특징이다. 즉, 납세자, 정치인, 재정관료제, 지출부처 및 관료들, 이익집단, 일반시민 등이 서로 상이한 지향(orientation), 동기(motives), 이해(interests)에 따라 공공재정 관리과정 전반에 다양한 방식으로 개입하게 된다. 이에 따라 공공재정은 자연의 공유지 또는 공유재원(common-pool resources)과 비견되는 재정공유지(fiscal commons)로 기능하게 된다(Brubaker 1997; Raudla 2010; von Hagen 2002; Wagner 1992). 그리고 공공재정의 관리는 희소하면서도 재충전(replenishment)이 어려운 공공재원의 본질적 제약에 무제한적인 공공서비스 수요를 맞춰야하는 근본적인 도전을 다루어야 한다. 이 과정은 필연적으로 공공서비스의 부담은 회피하면서 편익은 최대한 누리려는 행위자들 간의 치열한 경쟁으로 점철될 수밖에 없다.

근대국가에서 등장하여 일반화한 재정·예산제도들은 이러한 근본적인 특성을 갖는 공공재정에 대한 민주적인 통제 및 책임성의 확보를 위한 장치들이다. 민주적으로 선출된 의회에 의한 조세의 부과 및 지출 승인(조세법률주의 및 지출법률주의), 중앙집권화된 재무부를 통한 예산편성 및 예산집행, 연도별 회계기록 및 이에 대한 결산감사 등은 근대국가 재정·예산제도의 근간을 이룬다. 이러한 제도를 통해 행정부는 매년 의회의 승인 없이는 예산을 확보할 수 없는바, 지출부처는 예산확보를 위해 매년 어떤 재정사업들을 얼마의 재원을 써서 어떻게 집행할 것인지에 대해 의회에 보고하고 그 승인을 받아야 한다. 재정의 전모를 시민들의 대표자인 의회가 제대로 파악할 수 있게 하기 위해, 행정부는 매 회계연도의 모든 수입과 지출을 예산서에 계상하여야 할 뿐만 아니라, 하나의 계정(일반회계)을 통해 수입과 지출을 기록하여야 한다. 이러한 정보를 무기로 하여 의회는 정기적으로 행정부의 활동에 대해 감사하고 설명책임을 부과할 수 있게 되었다. 근대국가의 일련의 예산원칙들(Smith 1945; Sundelson 1935), 가령 의회에 의한 사전의결(prior authorization), 행정부에 의한 예산편성(executive budgeting), 예산의 단일성(unity) 및 포괄성(comprehensiveness), 연도별예산(fiscal year; annuality), 결산 및 감사(settlement of accounts and audit) 등은 모두 공공재정의 조성과 그 사용과 관련하여 납세자에 의한 재정민주주의를 제도적으로 구체화한 것이다. 이러한 제도적 장치들을 통해 공공재정이라는 재정공유지에 대한 접근권한과 재원의 사용에 대한 일련의 규칙들이 구체화되었다. 즉 공공재정의 관리과정에 참여하는 행위자들의 유형 및 수, 각 행위자들의 권한 및 역할, 재원의 사용, 재정사용의 결과, 이 과정에서 생산되어야 할 정보의 성격, 각 행위자들이 감당해야 할 비용과 편익 등에 대한 규칙[1]이 재정·예산제도를 통해 마련된 것이다.

---

1   여기에서 적시하고 있는 재정관리 과정에 관한 규칙들은 기본적으로 Ostrom(1986)이 제시한 자연공유지들에 대한 거버넌스 규칙을 원용하여 분류한 것들이다.

2. 근대국가의 재정·예산제도와 통치성

얼핏 보면 근대국가의 재정·예산제도들은 공공재정에 대한 납세자-시민들의 통제권을 확립하는 동시에 공공재원을 조성·사용하는 국가기구 및 그 결정자들의 책임을 묻는 장치들이다. 그런데, 푸코의 통치성 관점을 적용하여 재정·예산제도들을 이해하게 되면, 기존의 재정제도론적 주장에서 볼 수 없었던 권력작용과 피통치자에 대한 그 효과의 일면을 확인할 수 있다. 즉, 재정·예산제도들은 개인들을 납세자인 동시에 공공서비스향유자라는 이중적·모순적 존재로 구성하는바, 공공재정(public finance)은 푸코적 의미에서 '경험(experience)의 초점'을 형성한다. 국가의 권력작용을 통해 공공재정은 재정학·공공경제학, 조세귀착 및 조세순응에 대한 지식, 재무·조세 행정, 행동규범(납세의무 및 조세윤리), 주체의 존재양태(납세자, 절세자, 체납자, 탈세자의 구분) 등 광기, 성(sexuality)과 같은 '경험의 초점'이 된다. 우선 재정·예산제도들은 국가기구의 권력작용을 위한 물적 기반을 제공함과 동시에 시민들을 통치의 대상이자 통치자로서 구성한다. 근대국가에서 생명관리권력(biopower)의 작용대상은 인구 및 이를 구성하는 개인들로서 다양한 경제활동에 종사하고 있다. 생명관리권력은 이들의 출생, 건강, 교육, 행복감에 대한 작용을 통해 경제활동을 진작시키고 이에 따른 세수(tax revenues)를 확보하고자 한다. 이렇게 확보된 공공재원은 다시 국가 그 자체의 존속과 경제적 번영, 인구의 복리(welfare)를 위해 사용된다. 즉, 인구와 개인들은 공공재정의 물질적 원천이면서 동시에 잘 관리되어야 할 대상이 되었다.

우선 국가 강제력의 뒷받침을 받는 조세는 구체적 경제활동 및 사적 소유권의 각인이 제거된 채로 공공재원을 구성하므로, 필연적으로 납세자들에게 정당화되어야 한다. 이런 점에서 납세는 납세자들에게 권리를 창출한다. 이는 의회민주주의를 통해 납세자들이 재정과정에 대한 참여 요구로 나타났다. 실제로 일반과세의 확대와 의회민주주의의 정착, 의회에 의한 재정권한의 강화는 궤를 같이한다. 납세자들이 지난한 투쟁과 혁명을 통해 국가와의 관계에서 얼마만큼의 세금을 낼 것인지, 그렇게 징수된 세금을 어떻게 쓸 것인지에 대한 결정에 참여하게 됨으로써, 경제활동의 주체 및 납세자로서의 개인들은 의회민주주의 및 재정입헌주의의 틀 내에서 공공재정 관리의 궁극적인 주체로 자리매김된 것이다. 납세자들은 이제 근대국가의 통치논리와 제도·기술이 구축한 권력관계의 망(networks of power relations)에 통치받는 존재이면서 동시에 스스로도 통치하는 존재로서 포섭된 것이다. 그 결과 납세자들은 그 자체의 존속과 번영을 추구하는 생명관리권력의 핵심적인 주체이자 객체로 이중적으로 구성되었다.

이렇듯 근대국가의 개인들은 납세자-탈세자로 구분적으로 정의될 뿐만 아니라, 국가에 대해 권리주장을 할 수 있는 존재로서 구성된다. 재정·예산제도들을 통해 규율권력의 감시기제가 작동할 뿐만 아니라, 동시에 그 감시의 방향이 전도될 가능성이 열린다. 즉, 학교, 병원, 군대 등 제도단위들에서 개인을 감시망에 묶어두는 규율권력의 작동과는 달리, 공공재정의 장에서는 시민-납세자-공공서비스향유자들이 재정투명성 및 재정책임성의 제도들을 통해 오히려 국가기구 및 그들의 재정활동에 대해 감시하고 책임을 물을 수 있게 된 것이다. 우선 납세는 시민적 의무의 가장 핵심적인 내용을 구성하게 되어, 행태규범으로서 윤리적 의미를 갖는다. 동시에 개인들은 성실한 납세자 또는 탈세자로 구분되어 국가의 감시망에 붙잡힌다. 근대 재정국가에서는 통계기구 및 징세관료제를 통해 시민들의 노동, 여가, 소유, 소비 등 경제활동의 내역이 속속들이 권력의 미시적 감시망에 들어온다. 국가는 세무조사 등 탈세자를 추적·처벌하는 기제를 갖추어 납세자로서의 의무와 순응을 강조하고 그 정도에 대한 정보를 수집하여 보상 또는 처벌에 적용한다. 생명관리권력이 징세체제를 통해 '위로부터 아래로' 미시적 규율로서 작용하고 있는 것이다.

한편, 근대국가에서 재정·예산제도들은 시민들을 정부와 일정한 거래관계에 있는 존재로 구성한다. 여기서 거래는 단순히 세금과 공공서비스를 주고받는 차원을 넘어 시민들의 자기 자신과의 관계 설정에서 윤리적 차원을 각인시킨다. 시민들은 자기 자신이 납세자의 행동규범에 따라 성실히 세금을 내는 존재인지 아닌지에 대한 자기 자신의 진리에 직면해야 한다. 이러한 자기 자신의 진리는 국가와의 호혜적 관계에 대한 비판적 평가에 근거하게 된다. 국가와의 납세와 서비스향유를 매개로 한 호혜적 관계에 대한 판단을 위해서는 국가의 재정활동에 대한 정보가 필요하다. 즉 재정투명성이라는 전제적 조건이 충족되어야 한다. 이하에서는 재정·예산제도에 따른 공공재정의 '경험'을 중심으로 재정투명성과 조세윤리를 통해 현대국가의 시민들이 어떻게 생명관리권력에 포섭되며 동시에 권력행사의 방향을 전도시켜 국가기구를 시민들의 감시망에 두게 되는지를 살펴보고자 한다.

Ⅲ. 근대국가의 재정·예산제도와 다층적 통치성

1. 생명관리권력(biopower)의 미시적 작용과 재정투명성

먼저 근대국가의 재정·예산제도들은 재정공유지와 관련한 제반의 규칙들을 설정함으로써 시민들을 납세의무가 있는 납세자로 구성하는 동시에 공공재원의 조성 및 사용 결정에 참여하고 그 결과에 대해 설명을 들을 권리가 있는 주체로 구성한다. 납세자들은 국가의 재정활동에 대한 책임을 민주적 선거제도를 통해 주요 정책결정자들에게 부과할 권리가 있다. 정부활동의 투명성과 책임성 간의 인과적 관계(Ferejohn 1999; Fox 2007)는 재정투명성과 재정책임성의 관계에서도 적용될 수 있다. 프랑스 혁명 당시(1789년)의 「인간과 시민의 권리 선언」 제4조는 "모든 시민들은 직접 또는 대표자들을 통해 세금의 필요성에 대해 확인하고 자유로이 이에 동의하며 그 사용을 감시할 뿐만 아니라, 세율·세원·징세·과세기간을 결정한 권리가 있다"고 선언한다. 또 제15조에서는 "사회는 공무원에게 그의 행정에 대한 설명을 요구할 권리가 있다"고 천명하였다.

재정투명성은 "정부의 구조와 기능, 재정정책의 목적, 공공계정의 회계, 미래 재정예측에 관해 시민들에게 공개된 정도"를 말한다(Kopits and Craig 1998, 1). 재정투명성은 과거-현재-미래의 국가 재정활동의 범위, 방향, 목적, 규모 및 그 내역, 결과(성과) 정보에 대한 납세자들의 접근가능성을 의미한다. 이때 접근가능성의 수준은 재정정보의 종합화·포괄화, 정보제공의 시의적절성, 이해하기 쉬운 정도 등과 관련되어 있다. 재성투명성은 공공재정의 '진리'를 시민과 납세자들에게 드러낸다. 앞에서 언급한 회계연도제도, 예산의 단일성 및 포괄성 원칙, 의회에 의한 예산안 사전심의 및 결산·감사, 그리고 최근의 성과주의예산제도 등은 모두 국가기구(지출부처)의 재정활동의 내역, 과정, 결과에 대한 정보를 생산하여 이해가능한 방식으로 납세자들에 제공하는 기능을 하고 있다. 가령, IMF(2019)의 재정투명서 코드는 재무적 보고(포괄범위, 횟수 및 적시성, 보고의 질, 정확성), 재정예측 및 예산편성(포괄성, 체계성, 정책지향성, 신뢰성), 재정위험분석 및 관리(위험 공개 및 분석, 위험관리, 재정정책조정), 자연자원세입관리(자원 소유권, 자원세입동원, 자원세입의 활용, 자연자원관련 활동) 등에 관한 규정들을 담고 있다. 즉 이들은 정부의 재정활동 전반에 대한 책임성의 확보를 위한 제도이면서 동시에 그 전제조건인 재정투명성을 제고시키는 것들이다. 그런데, 재정투명성의 제도들은 권력작용이 '아래로부터 위로' 흐르도록 전환시켜 국가의 공공재정이 국민의 감시대상이 되도록 한다. 실제로 이코노미스트지(Economist's Intelligent Unit)의 "민주주의 지수"(Democracy Index), 프리덤하우스(Freedom House)의 "세계자유지수"(Freedom in the World) 등의 지표들은 정부활동의 공개성(openness)을 민주주의의 중요한 척도로 삼고 있다. 또, 세계은행(World Bank)의 "세계거버넌스지표"(Worldwide Governance Indicators)의 한 차원인 "목소리와 책임성"(Voice and Accountability)도 재정투명성 등 정부활동에 대한 정보공개를 중요하게 고려하고 있다. 이렇듯 재정을 포함하여 행정 전반 및 이 과정에서 생산되는 정보가 국민에게 투명하게 공개되어야 한다는 원칙이 현대국가에서의 통치 품질 및 거버넌스에 대한 평가기준으로 자리잡았다. 납세자와 시민에 의한 정부에 대한 감시, '아래로부터 위로'의 상향적 감시는 현대 생명관리권력의 작용, 생명관리정치의 근본적 제약요인(limitation)이 된 것이다.

실제로 재정투명성이 공공재정에 긍정적인 효과를 갖는다는 점이 연구결과에서도 잘 드러나고 있다. 재정투명성으로 인해 정책결정자(정치인)의 행위 및 그 결과들에 대한 정보가 더 많아진다(Prat 2005). 좋은 정치인과 나쁜 정치인 간의 구분이 더 쉬워지고 나쁜 정치인들의 이기적인 지대추구 행태 및 부패가 제약을 받을 수 있다(Alt and Lassen 2006a; Bastida and Benito 2007; Besley and Smart 2007). 시장행위자들이 정부의 의도를 적시에 보다 더 잘 파악하도록 하여, 정부의 정책에 생산적인 규율을 강제할 수 있다. 또 무분별하고 방만한 재정정책이 드러나게 하고 정책결정자들의 정치적 위험부담(political risks)을 증가시킴으로써 정책결정자들에게 허용되는 행동의 범위를 제약하는 효과가 있다. 특히 정치인들이 부채를 통해 유능 이미지를 형성하는 것을 제약하여 정치적 경기순환(political business cycle)에 따른 부채증가를 억제하는 효과가 있다(Alt and Lassen 2006a; Shi and Svensson 2006). 즉, 재정투명성은 시민-납세자들이 정치인들에게 재정규율(fiscal discipline)을 강제할 수단을 제공한다(Hathaway et al. 2019). 재정정보의 공개수준이 높아짐에 따라 국가신용등급이 높아지고(Hameed 2005), 국채의 이자이용이 낮아지며(Glennerster and Shin 2008), 나아가 재정적자, 국가채무의 수준이 낮아진다(Alt and Lassen 2006b; Jarmuzek 2006). 재정투명성이 제고됨에 따라 정부정책과 재임정치인들의 성과에 대한 보다 정확한 관찰이 가능해져 시민들의 정부에 대한 신뢰·지지수준, 납세의향(willingness to pay taxes)이 향상된다(Alt et al. 2002; Ferejohn 1999). 높은 재정투명성은 시민들의 정치과정에 대한 참여도 확대시킨다(Benito and Bastida 2009;

Hathaway et al. 2019).

　　이렇듯 재정투명성을 확대하는 제도들은 생명관리권력이 미시적 규율을 통해 납세자와 탈세자를 구분하여 행태규범을 부과하고 징세의 효과성을 확보해온 그 권력작용의 방향과 기술(techniques)을 전도시킨다. 재정투명성의 제도들 덕분에 피감시자(시민·납세자)가 역으로 감시자(국가기구와 정책결정자들)를 감시할 수 있게 된 것이다. '아래로부터 위로의 감시'는 역감시(inverse surveillance; sousveillance)(Mann 2002; 2004; Thomsen 2019)로 개념화될 수 있다. 공공재정의 과정에서는 재정투명성의 제도들이 통치자들, 재정기구, 재정관료들의 선택과 행동을 납세자들에 드러내는 작용을 하고, 이는 다시 국가의 공공재정 활동, 재정을 통한 통치에 일정한 제약을 가하고 있다. 실제로 재정투명성을 바탕으로 한 이러한 역감시의 효과가 부패감소, 재정규율의 향상으로 나타나고 있다. 이는 미시적 규율권력의 작용이 납세자와 탈세자의 구분에 따른 행태규범의 부과에 그치지 않고, 납세자에게 통치자에 대항할 권리를 부여하였기 때문이다.[2] 이는 '광기의 경험'에서 규율권력이 '정상인들'을 '미치광이'와 구분하고 자본주의 노동시장에 편입하여 순응시킨 것과는 다르다. 정상인들의 순응은 경제활동참여를 통한 물질적 생존확보와 직결되지만, 이와 반대로 납세자의 순응은 그들로 하여금 경제활동 결과를 향유할 권리를 제약한다.

---

[2]　이는 다음 소절에서 논의하는 바와 같이 납세자/탈세자의 구분에 따르는 성실납세의 행태규범이 납세자의 자신과의 관계(relations to self)의 일면에서만 작용하기 때문이다. 다른 한 측면은 정당한 경제활동의 성과를 세금을 통해 빼앗긴다는 사실과 관련된다. 이는 납세자들을 국가에 대해 권리가 있는 존재로 구성한다.

근대국가의 생명관리권력은 미시적 규율을 통해 개인들로 하여금 경제적 순응행동(conduct)을 하도록 하지만, 동시에 재정·예산제도를 통해서는 정치적인 대항행동(counter-conduct), 국가권력에 대한 역감시의 가능성을 열고 있는 것이다.

그럼에도 불구하고, 재정·예산제도를 통해 재정투명성, 재정책임성, 재정민주주의의 원칙이 제도화된다 하더라도, 이것이 대안적인 통치성으로의 전환(transformation)을 의미하는 것은 아니다. 이러한 원칙들 자체, 통치자에 대한 피통치자들(납세자들)의 역감시는 자유주의 통치성의 핵심적 논리인 국가에 대한 내재적 제약(intrinsic limitation)의 본질적인 기술(technique)이기 때문이다. 푸코는 1979년의 강의들에서 국가이성에 대한 내적 제약 요인들로서 법과 규칙에 의한 국가기구의 제한을 들고 있다 (Foucault 2008). 법적·제도적 제약은 통치의 목적 자체에 내장된 것으로서 통치목적을 달성하기 위해서는 반드시 이러한 제약을 준수해야 한다. 이를 벗어나는 국가는 정당성을 상실하게 된다. 푸코에 따르면 이러한 제약은 통치자가 피통치자들에게 일방적으로 부과한 것이 아니라, 서로 간의 갈등과 협상, 상호양보를 거치는 거래(transaction)에서 합의된 것이다 (Foucault 2008, 9-13). 이 점에서 재정책임성과 재정투명성을 강화하려는 재정·예산제도들이 갖는 통치성 차원의 의미가 명확해진다. 첫째, 이들 제도들은 통치자와 피통치자, 국가와 납세자 간의 대립, 협상, 양보의 역사적 과정을 통해 정착하였으며, 그 자체로서 권력관계의 지형(topography)을 반영한다. 이 지형은 끊임없이 재협상될 수밖에 없는바, 근래의 재정투명성 및 재정책임성 제고를 위한 노력(IBP 2007; 2022; IMF 2018; 2019; OECD 2002; 2017)과 그 결실을 고려할 때, 납세자-공공서비스향유자들에게 보다 우호적인 방향으로 균형이 재설정되고 있다고 할 수 있다. 둘째, 재정투명성 및 재정책임성 제고를 통한 생명관리권력의 작용에 대한 내재적인 제약(limitation)은 그 자체로서 자유주의 통치성의 논리와 기술·관행의 한 표현이자 답습으로서, 자유주의 통치성의 심화이지 질적 전환(transformation)으로 보기는 어렵다는 점이다. 이런 점에서 국가이성을 자체적으로 제약하는(auto-limit) 법제도를 권력의 논리와 기술로서 내장한 자유주의 통치성은 통치자와 피통치자 간의 갈등·협상·타협·거래의 양상에 따라 매우 다양한 모습을 띨 수도 있을 것이다. 그리고, 향후 시민과 납세자의 권한이 지금보다 훨씬 강화된다 하더라도, 그 통치논리와 제도·관행은 기본적으로 자유주의 통치성의 표현일 것이다. 즉 재정투명성은 자유주의 통치성에서 권력작용에 필연적으로 결부되는 진리현시가 작동하는 방식인 것이다. 이는 자유주의 통치성이 시민을 납세자-공공서비스향유자로 구성할 뿐만 아니라, 이들이 자기 자신과의 관계에서도 성실한 납세자라는 윤리적 행태규범에 따른 자기진리를 직시하도록 한다.

2. 납세의 '경험'과 조세윤리(tax morale)

앞서 논의한 바와 같이 근대국가의 재정·예산제도를 통한 재정투명성·재정책임성의 강화는 자유주의 통치성을 심화시킨다. 그런데, 재정·예산제도에 따라 관리되는 공공재정을 푸코적 "경험의 초점"(focal point of experience)으로 이해할 경우, 이러한 통치성의 심화가 공공재정 및 납세행태에 대한 진리의 현시(manifestation of truth) 및 납세자 주체성의 구성 차원에서도 진행되고 있음이 드러난다. 이는 현대국가에서 시민들이 왜 세금을 내는지, 즉 조세순응(tax compliance)에 대한 연구들에서 특히 잘 나타난다. 조세는 기본적으로 "일반정부에 대한 강제적이고 보상이 따르지 않는 지급"(compulsory, unrequited payments to general government)이다(OECD 1996, 3). 조세는 징수될 때 납세자들에게 '직접적인' 반대급부를 제공하지 않는다. 조세는 직접적인 대가 없이 국가가 소득, 재산, 소비 등에 대해 강제로 징수해 가는 것이다. 그리고, 누구도 세금을 환영하지 않는다. 세금납부 시점에서 상응하는 직접적인 반대급부가 없다는 점, 조세 세입으로 제공되는(가령 안전한 거리나 깨끗한 공기, 안보 등) 공공서비스의 혜택 향유는 사적 재화의 소비만큼 직접적으로 쉽게 인지하기 어렵다는 점, 공공서비스의 생산함수가 불확실하여 그 조세비용이 저평가되는 경향(재정환상)이 있다는 점, 세금납부는 즉각적인 상실(loss)이지만 공공서비스 혜택은 미래에 향유될 것이라는 점, 그리고 미래 서비스 향유에는 불확실성이 개재되며 그 혜택이 현재가치로 할인된다는(discount) 점 등을 고려할 때, 세금이 달갑지 않다는 점은 자명하다.

조세불순응에 대해 처음으로 범죄경제학적 대답을 제시한 학자는 다름 아닌 Gary Becker이다.[3] Becker(1968)를 필두로 한 탈세(tax evasion)에 대한 범죄경제학적 모델들(Allingham and Sandmo 1972; Srinivasan 1973)은 비용과 편익을 따져 효용을 극대화하려는 합리적 행위자를 가정하면서, 조

---

[3] 푸코는 1979년의 강의들에서 미국에서의 신자유주의 통치성을 분석하면서 인적자본과 교육에 대한 Becker(1962; 1964)의 통찰을 다루고 있다(Foucault 2008).

세불순응은 탈세의 편익과 비용(세무조사 확률 및 벌금의 크기)의 함수라고 본다. 이 모델은 납세자들이 느끼는 세무조사 확률이 매우 낮고, 또 벌금이 크게 무겁지 않기 때문에, 조세불순응이 매우 높을 것으로 예측했다. 하지만 실제로 조세불순응이 이들 모델의 예측보다 훨씬 낮게 나타났다. 이에 따라 사람들이 납세의 비용이 편익보다 훨씬 크게 느껴질 수 있는데도 조세불순응보다는 '조세순응을 하는 이유가 무엇인지'가 이론적 설명의 대상이 되었다(Alm 2019). 이렇게 하여 세무조사나 처벌만으로는 설명되지 않는 조세순응 수준을 설명하기 위해 조세윤리(tax morale)에 대한 연구가 본격화되었다.

조세윤리는 비금전적 동기(nonpecuniary motivations) 등 기대효용이론이 주목하지 않는 요인들이 작용하여 나타나는 내재적인 조세납부 의향(intrinsic willingness to pay taxes)을 말한다(Luttmer and Singhal 2014). 동일한 수준의 세무조사 가능성 및 처벌 조건에서 나타나는 조세순응의 차이는 비금전적인 요인, 즉 조세윤리의 존재를 시사한다. 조세윤리는 공식적 제도와 비공식적 제도의 상호작용의 결과로서(OECD 2010; Walsh 2012), 내생적 동기(intrinsic motivation), 국가와의 거래관계에서의 호혜성(reciprocity), 동료 및 사회의 영향(peer effects and social influences), 문화적 요인 등이 조세윤리에 영향을 미친다(Alm 2019; Horodnic 2018; Luttmer and Singhal 2014). 호혜성의 관점에서 세금은 국가와 개인들 간의 사회적 계약의 일부로서, 정부의 공공서비스에 대한 대가지불이라는 의미가 있다. 이런 점에서 정부지출의 효과성·대응성에 대한 시민들의 평가, 공공서비스에 대한 만족 수준, 공공재정·조세수준·조세행정에 대한 지식, 조세행정의 형평성에 대한 인식, 정부·정치인 및 재정기구에 대한 신뢰수준, 정부부패 수준 등에 따라 국가-개인 간 호혜성의 정도에 대한 평가가 달라질 것으로, 이들 요인들이 조세윤리에 영향을 미친다. 동료효과나 사회적 영향은 다른 사람들의 납세행태가 갖는 신호(signalling), 조세순응에 대한 주위 동료들 및 사회전반의 인식·규범, 탈세자에 대한 사회적 비난(stigma) 등을 의미한다. 문화적 요인은 Hofstede 등의 '권력거리'나 '개인주의-집단주의'와 같이 장기간에 걸쳐 형성되고 지속되는 사회적 규범(Hofstede et al. 2010)으로서 호혜성 및 사회적 영향 요인들과 상호작용한다.[4]

여기서 특히 주목되는 점은 국가와 시민 간의 호혜적 관계 및 이 관계에 대한 평가적 인식이다. 이 관계를 통해 권력이 작용하고, 그 권력작용의 효과로서 시민 각각의 자기 자신과의 관계, 즉 납세자 및 공공서비스향유자로서의 정체성이 정립되기 때문이다. 국가에 의한 '징세와 공공서비스제공'은 시민들에 의한 '납세와 공공서비스향유'와 동전의 앞뒷면과 같은 짝을 이룬다. 이 두 상반된 입장과 시각에 따라 다르게 구성되는 공공재정은 푸코적 의미의 '경험의 초점'이다. 세금을 납부하거나 납부하지 않는 시민들은 공공재정의 전 과정에 걸쳐 국가의 권력작용에 포섭된다. 국가는 시민을 납세자·체납자·탈세자로 구분하고, 징세관료제를 통해 그 경제활동 및 납세행태에 대한 정보를 수집하여 보상·처벌에 적용한다. 국가는 소득·재산·거래 데이터를 축적하는 한편, 세무조사를 통해 세금과 관련한 시민들 각각의 납세행태를 끊임없이 모니터링하고 있다. 재무·징세 행정이 경제활동과 납세에 대한 시민들의 진리를 드러내고 그

---

4   가령, 권력거리가 멀면 조세윤리가 낮은 경향이 있다(Brink and Porcano 2016).

진리에 작용하고 있는 것이다. 그런데 시민 각각의 납세행태의 진리에 대한 국가의 모니터링이 가능한 것은 재정·예산제도에 근거한 재정입헌주의 및 재정의 민주적 통제, 즉 공공재정을 매개로 한 국가와 시민 간 호혜적 관계에 대한 일정한 합의가 있기 때문이다. 이러한 사회계약적 합의에 따라 납세는 국가가 제공하는 공공서비스에 대한 (시장거래에서와 같은) 정당한 대가의 지불이라는 의미를 갖는다. 더불어 납세는 국가공동체의 유지와 발전을 위한 구성원의 최소한의 의무가 된다. 이렇게 하여, 국가는 공공서비스의 제공자로서 납세의 당위성에 대한 윤리담론을 구성할 수 있게 되었다.

이와 달리 시민들은 국가와의 관계에서 '세금을 정직하게 낼 것인가, 내지 않을 것인가'의 윤리적 선택과 함께 "어떻게 절세할 것인가" 하는 경제적 선택에 직면하게 되었다. 권력작용에 따라 납세가 '옳고 그름'의 윤리적 선택의 문제로 설정되었고, 시민들은 자신의 납세에 대한 진실을 마주할 수밖에 없게 되었다. 국가의 감시망이 이 진실에 접근할 수 있는 가능성은 차치하고서라도, 이 납세의 진실은 금전적 상실(loss)을 동반하므로 시민들은 이 윤리적 의무와 금전적 상실을 타협시키는 자아의 기술을 개발하게 된다. 여기에서 시민의 입장에서 본 국가와의 호혜적 관계에 대한 인식 및 타인들의 납세진실이 중요해 진다. 호혜성의 관점에서, 정치인 및 국가기관에 대한 만족도 및 신뢰가능성, 공공서비스의 소망성(desirability) 및 품질, 조세행정 품질 및 이에 대한 만족도, 정부부패 수준 등은 시민들이 직면한 납세의무감의 강도에 영향을 미친다. 시민들이 국가와의 관계에서 호혜성 정도를 판단하기 위해서는 공공재정 전반에 대한 진리에 접근해야 하는바, 이를 가능하게 하는 것이 재정투명성을 높이는 제도들이다.[5] 재정·예산제도를 통한 재정투명성의 제고는 국가권력의 공공재정에 대한 진리현시의 장치이다. 물론 시민들에게는 납세에 대한 윤리적 의무감과 경제적 상실의 타협이 관건이므로, 공공재정의 진리에 대한 접근은 비판적인 시각을 띨 수밖에 없다. 이와 함께, 타인들의 납세행태 및 사회적 규범도 납세를 둘러싼 자기 자신과의 관계에 영향을 미치게 된다. 다른 사람들은 얼마나 세금을 잘 내고 있는가, 성실납세가 얼마나 사회적 평가를 받는가, 탈세에 대한 비난은 얼마나 강한가 등의 요인들이 납세의무와 경제적 상실의 타협·균형에 영향을 미친다. 즉 국가와의 호혜적 관계, 국가 및 그 작용에 대한 지식, 국가에 대한 신뢰, 시민적 참여, 공동체의식, 납세와 관련한 사회적 규범 등이 조세윤리에 영향을 미친다. 이렇듯 시민들은 조세윤리 담론과 관련하여 납세의무와 경제적 상실의 타협점을 찾기 위해 공공재정 전반의 진실에 대한 모니터링, 사회 전반의 납세규범 및 행태에 대한 평가를 자기 자신과의 관계 설정에 반영하고 있다. 그 결과에 따라, 시민들은 성실한 납세, 절세(tax avoidance), 탈세(tax evasion)의 기술을 체현하게 된다. 국가가 제시하는 납세의무의 윤리담론에도 불구하고 시민들은 성실납세자, 절세자, 체납자, 탈세자로서 납세의무와 경제적 상실을 타협시키고 있는 것이다. 이 타협에 작용하는 국가와의 호혜성에 대한 판단을 위한 정보의 수집과 가중(weighting)은 그 자체로서 자아의 기술(technologies of self)을 구성한다.

하지만 조세순응과 조세윤리에 대한 연구들에 따르면 실제로 조세순

---

5 이 점에서 앞 소절에서 논의한 재정투명성의 이슈가 납세자들의 '조세경험'과 조세윤리에 대해 구성적(constructive) 의의를 갖는다고 할 수 있다.

응에 대한 모니터링을 동반한 국가권력의 작용이 시민들에게 조세윤리 담론을 효과적으로 설득시키고 있는 것으로 보인다. 다층적(multilayered) 통치성의 가장 미시적 수준에서, 근대국가의 생명관리권력은 시민들을 국가에 대해 납세의 의무를 지는 존재로 효과적으로 구성하고 있는 것이다. 시민들은 이제 자신이 '세금을 성실히 납부하는 존재인가, 아닌가'라는 자기 진리에 직면하여야 하고, 이 진리에 대면하기 위한 기술들(장치들)을 고안하여야 한다. 국가와의 호혜적 관계에 대한 납세자들의 평가에 작용하는 이 자아의 기술은 근대국가의 통치성을 자아에 내면화시키는 장치들이다. 자유주의 통치성은 시민들에 의한 권력감시의 장치들을 권장하기 때문이다. 조세윤리는 개인이 인식하는 국가 및 그 국가와의 관계가 개인으로서의 자아에 핵심적인 요소, 즉 주체성으로 자리잡은 정도를 보여준다. 재정투명성의 경우에서와 같이, 높은 수준의 조세순응 및 조세윤리는 실제로 현대국가의 자유주의 통치성이 개인들의 자기 자신과의 관계, 자아의 기술 및 자기통치에서도 효과적으로 구현되고 있음을 의미한다. 따라서, 납세자-공공서비스향유자로 구성된(constructed) 개인들에게 다층적 통치성을 구현시키는 현대적 재정·예산제도는 인구의 파라미터들과 행복한 신체를 가두는 영원한 감옥의 신축적이고도 견고한 울타리에 다름 아니라 할 것이다.

IV. 결론

푸코의 통치성 개념은 그동안 일반화시키는(totalizing) 거시적 권력과 구분하는(dividing) 미시적 규율권력의 작용(Foucault 1994)이 근대국가에서 어떻게 일관되게 통합적으로 작용하여 인구와 개인들을 권력관계의 망에 묶어 통치하는지에 대한 이해를 가능하게 해 주었다. 하지만 1978년의 통치성 개념은 권력관계의 망으로 분산된 권력(decentered power)에 주로 초점을 맞춤으로써 '권력과 진리의 관계'나 '자기 자신과의 관계를 중심으로 한 주체의 구성' 문제를 통치의 관점에서 일관되게 분석할 수 없는 한계가 있었다. 푸코는 1980년대 Collège de France에서 행한 일련의 강의들을 통해 통치성 개념을 다층적으로 확장하여 이 문제를 다루고 있다. 이제 통치성은 자기 자신과의 관계 및 자아의 기술, 자기 자신의 진리에 대한 탐색 및 직시, 타인과의 관계에서의 진리검증 및 현시, 정치체에서의 권력행사와 진리의 현시 등 자기통치와 타인통치의 연쇄를 일관하는 논리·제도·기술(technologies)·기법(tactics)의 조화로운 전체를 의미하게 되었다. 통치성 개념의 이러한 다층성(multilayeredness)에 주목하여 본 장은 근대국가의 재정·예산제도들이 다층적 통치성을 구현하고 (신)자유주의 통치성을 자아와의 관계의 기술로까지 심화시키고 있음을 보였다.

우선 근대국가의 재정·예산제도들은 공유지(commons)의 특성을 갖는 공공재정에 대한 접근 및 이용 규칙을 구체화하고, 납세자들에 의한 민주적 재정통제를 가능하게 하는 장치들이다. 재정·예산제도들은 납세자들에 대한 재정책임성을 구현하는 장치들이면서, 동시에 그 전제조건이 되는 재정투명성을 제고하는 기능을 담당한다. 이러한 제도들을 통해 재정관료기구들이 인구와 개인들의 경제활동에 대한 지식과 정보를 수집·축적하고 있지만, 동시에 납세자들도 정부의 재정활동을 감시하고 일정하게 책임을 묻는 것이 가능해졌다. 납세자들은 다만 권력작용 대상에만 그치지 않고, 역으로 공공재정의 전반을 감시할 권리를 요구하고 또 실제로 감시할 수 있게 된 것이다. 높아진 재정투명성은 정치인과 국가기구의 행동(conduct) 범위에 대한 실질적인 제약을 가하여 긍정적인 결과를 낳고 있다. 즉 재정투명성의 제고에 따라 정치인들(정책결정자들) 및 국가기구의 행동(conduct) 및 시민들에 대한 권력작용(conduct of conduct)에 일정한 제약이 생기게 된 것이다. 재정투명성에 따른 감시의 역전은 권력관계의 가변성, 전환가능성, 심지어 역전가능성을 보여준다. 재정투명성의 심화가 권력관계의 테이블을 전도시킬 가능성을 의미하지만, 이는 동시에 자유주의 통치성이 내장한 (국가기구에 대한 법제도를 통한) 자체적인 제약(auto-limitation)의 한 표현으로 이해된다. 즉 재정투명성의 제고는 재정·예산제도가 갖는 통치성 차원의 본질적 의미를 약화시키기는커녕 오히려 더욱 심화시킨다고 할 수 있다.

근대국가의 재정·예산제도들은 시민들을 납세자이자 공공서비스의 향유자로 구성한다. 이러한 제도들을 통해 시민들은 국가와의 관계를 호혜성(reciprocity)의 관점에서 이해할 수 있게 되었다. 국가는 납세를 공공서비스를 향유하는 시민들의 의무로 규정하고, 이들을 납세자와 탈세자로 구분하여, 재정관료기구의 감시 하에 두면서 각각에게 합당한 행태규범과 처벌규범을 적용하고자 한다. 한편, 시민들은 납세를 시민적 의무로 규정한 국가의 규율권력과 경제적 상실(납세) 가능성에 직면하여, 국가로부터의 혜택 및 동료·사회의 납세행태에 대한 비판적 평가의 기술을 조세윤리에 대한 자아의 기술로서 개발한다. 즉, 정부지출의 효율성·효과성, 공공재정에 대한 지식의 습득, 정치인들의 신뢰성 수준, 정부부패 수준, 사회전반의 납세규범, 탈세에 대한 낙인 등을 비판적으로 가중 평가하여(weighting), 스스로를 성실납세자, 절세자 등으로 규정하면서 자기 자신과의 관계를 설정한다. 다만 현실에서 관찰되는 높은 조세윤리나 조세순응의 수준은 국가에 의한 조세윤리 담론이 실제로 많은 시민들을 성실한 납세자로 구성하고 있음을 보여준다. 조세윤리는 국가에 대한 납세의무를 윤리로 내면화한 것으로서 시민들의 주체성(자기 자신과의 관계)의 구성에 있어 중요한 차원을 제공한다. 이는 자유주의 통치성이 자기 자신과의 관계에서 납세자들이 직면할 진리를 정의해 주고, 실제로 감시기제를 통해 이 진리에 접근할 수 있게 되었음을 의미한다. 즉, 자유주의 통치성은 재정투명성과 조세윤리 등 다층적 차원에서 작용하는 통치기술(technologies of power)을 통해 인구의 구성인자인 개인들을 시민-납세자-서비스향유자로 구성하고 그 영혼까지도 국가의 권력작용에 효과적으로 포섭하여 통치할 수 있게 되었다. 결론적으로 재정·예산제도를 통해 작동하는 재정투명성과 조세윤리라는 다층적 통치기술은 복지국가의 위기와 더불어 현대 재정국가가 생명관리정치(biopolitics)를 인구에 구현하는 장치(dispositif)로서 더욱 고도화하고 있다고 하겠다. 이런 점에서 보면, 근래 공직후보자들의 납세기록의 공개는 조세윤리가 자기 자신과의 관계에서 갖는 의미와 정치공동체의 통치에 대해 갖는 의미를 여실히 보여준다.

김정부. 2021. "근대국가 통치성(governmentality)의 형성과 재정·예산제도의 발전: 영국·프랑스·미국의 경험을 중심으로." 『한국행정논집』 33권 2호, 401-436.

Allingham, Michael G. and Agnar Sandmo. 1972. "Income Tax Evasion: A Theoretical Analysis." *Journal of Public Economics* 1(3/4): 323-338.

Alm, James. 2019. "What Motivates Tax Compliance?." *Journal of Economic Surveys* 33(2): 353-388.

Alt, James E. and David D. Lassen. 2006a. "Transparency, Political Polarization, and Political Budget Cycles in OECD countries." *American Journal of Political Science* 50(3): 530-550.

Alt, James E. and David D. Lassen. 2006b. "Fiscal Transparency, Political Parties, and Debt in OECD Countries." *European Economic Review* 50(6): 1403-1439.

Alt, James E., David D. Lassen, and David Skilling. 2002. "Fiscal Transparency, Gubernatorial Approval, and the Scale of Government: Evidence from the States." *State Politics & Policy Quarterly* 2(3): 230-250.

Bang, Henrik and Anders Esmark. 2009. "Good Governance in Network Society: Reconfiguring the Political from Politics to Policy." *Administrative Theory & Praxis* 31(1): 7-37.

Bastes, Robert H. and Da-Hsiang D. Lien. 1985. "A Note on Taxation, Development, and Representative Government." *Politics & Society* 14(1): 53-70.

Bastida, Francisco and Bernardino Benito. 2007. "Central Government Budget Practices and Transparency: An international comparison." *Public Administration* 85(3): 667-716.

Becker, Gray S. 1962. "Investment in Human Capital: A Theoretical Analysis." *Journal of Political Economy* 70(5): 9-49.

Becker, Gray S. 1964. *Human Capital: A Theoretical and Empirical Analysis with Special Reference to Education.* New York: National Bureau of Economic Research.

Becker, Gray S. 1968. "Crime and Punishment: An Economic Approach." *Journal of Political Economy* 76(2): 169-217.

Benito, Bernardino and Francisco Bastida. 2009. "Budget Transparency, Fiscal Performance, and Political Turnout: An International Approach." *Public Administration Review* 69(3): 403-417.

Besley, Timothy and Michael Smart. 2007. "Fiscal Restraints and Voter Welfare." *Journal of Public Economics* 91(3): 755-773.

Bogenschneider, Bret N. 2015. "Foucault and Tax Jurisprudence: On the Creation of a Delinquent Class of Taxpayer." *Washington University Jurisprudence Review* 8: 59.

Brink, William D. and Thomas M. Porcano. 2016. "The Impact of Culture and Economic Structure on Tax Morale and Tax Evasion: A Country-Level Analysis Using SEM." In *Advances in Taxation: Vol. 23,* edited by John Hasseldine, 87-123. Bingley: Emerald Group Publishing.

Brubaker, Earl R. 1997. "The Tragedy of the Public Budgetary Commons." *The Independent Review* 1(3): 353-370.

Bujaki, Merridee L., Stephanie Gaudet, and Rosa M. Iuliano. 2017. "Governmentality and Identity Construction through 50 years of Personal Income Tax Returns: The Case of an Immigrant Couple in Canada." *Critical Perspectives on Accounting* 46: 54-74.

Ferejohn, John. 1999. "Theory of Political Accountability." In *Democracy, Accountability, and Representation 2*, edited by Adam Przeworski, Susan C. Stokes, and Bernard Manin, 131-153. New York: Cambridge University Press.

Foucault, Michel. 1994. ""Omnes et Singulatim": Toward a Critique of Political Reason." In *Power: The Essential Works of Foucault 1954-1984*, edited by James D. Faubion, 298-325. New York: The New Press.

Foucault, Michel. 2005. *The Hermeneutics of the Subject: Lectures at the Collège de France 1981-1982*. New York: Picador.

Foucault, Michel. 2007. *Security, Territory, Population: Lectures at the Collège de France 1977-1978*. New York: Palgrave Macmillan

Foucault, Michel. 2008. *The Birth of Biopolitics: Lectures at the Collège de France 1978-1979*. New York: Palgrave Macmillan.

Foucault, Michel. 2010. *The Government of Self and Others: Lectures at the Collège de France 1982-1983*. New York: Palgrave Macmillan.

Foucault, Michel. 2011. *The Courage of the Truth(The Government of Self and Others II): Lectures at the Collège de France 1983-1984.* New York: Palgrave Macmillan.

Foucault, Michel. 2014. *On the Government of the Living: Lectures at the Collège de France 1979-1980.* New York: Palgrave Macmillan.

Foucault, Michel. 2017. *Subjectivity and Truth: Lectures at the Collège de France 1980-1981.* London: Palgrave Macmillan.

Fox, Jonathan. 2007. "The Uncertain Relationship between Transparency and Accountability." *Development in practice* 17(4/5): 663-671.

Glennerster, Rachel and Yongseok Shin. 2008. "Does Transparency Pay?." *IMF Staff Papers* 55(1): 183-209.

Gürkan, Ceyhun. 2018. "Foucault, Public Finance, and Neoliberal Governmentality: A Critical Sociological Analysis." *Yönetim ve Ekonomi Dergisi* 25(3): 677-694.

Hameed, Farhan. 2005. *Fiscal Transparency and Economic Outcomes.* IMF Working Paper No.WP/05/225.

Hathaway, Alex, Carolyn Bourdeaux, and Emily Franklin. 2019. *Fiscal Transparency and Accountability.* CSLF Working Papers 19-12.

Herb, Michael. 2003. "Taxation and Representation." *Studies in Comparative International Development* 38(3): 3-31.

Hofstede, Geert, Gert Jan Hofstede, and Michael Minkov. 2010. *Cultures and Organizations: Intercultural Cooperation and Its Importance for Survival.* New York: McGraw-Hill.

Horodnic, Ioana A. 2018. "Tax Morale and Institutional Theory: A Systematic Review." *International Journal of Sociology and Social Policy* 38(9/10): 868-886.

IBP. 2007. *Open Budget Initiative 2006: More Public Information Needed to Hold Governments to Account*. Washington, D.C.: International Budget Project.

IBP. 2022. *Open Budget Survey 2021*. Washington, D.C.: International Budget Partnership.

IMF. 2018. *Fiscal Transparency Handbook*. Washington, D.C.: International Monetary Fund.

IMF. 2019. *The Fiscal Transparency Code*. International Monetary Fund, Washington, D.C. Online at: https://www.imf.org/external/np/fad/trans/Code2019.pdf

Jarmuzek, Mariusz. 2006. Does Fiscal Transparency Matter? The Evidence from Transition Economies. *Warsaw, Poland: Center for Social and Economic Research*. Online at: https://www.cerge-ei.cz/pdf/gdn/rrc/RRCV_77_paper_03.pdf.

Kopits, George and Jon Craig. 1998. *Transparency in Government Operations*. Washington, D.C.: International Monetary Fund.

Lamb, Margaret. 2001. "'Horrid Appealing': Accounting for Taxable Profits in Mid-Nineteenth Century England." *Accounting, Organizations and Society* 26(3): 271-298.

Likhovski, Assaf. 2007. ""Training in Citizenship": Tax Compliance and Modernity." *Law & Social Inquiry* 32(3): 665-700.

Luttmer, Erzo F. P. and Monica Singhal. 2014. "Tax Morale." *Journal of Economic Perspectives* 28(4): 149-168.

Mann, Steve. 2002. "Sousveillance, Not Just Surveillance, in Response to Terrorism." *Metal and Flesh* 6(1): 1-8.

Mann, Steve. 2004. "Sousveillance: Inverse Surveillance in Multimedia Imaging." Paper presented at Proceedings of the 12th Annual ACM International Conference on Multimedia in New York, U.S.A. October.

OECD. 1996. *Definition of Taxes*. Negotiating Group on the Multilateral Agreement on Investment(MAI), Organization for Economic Cooperation and Development. Online at: https://www.oecd.org/daf/mai/pdf/eg2/eg2963e.pdf

OECD. 2002. *OECD Best Practices for Budget Transparency*. Paris: OECD Publications Services.

OECD. 2010. *Understanding and Influencing Taxpayers' Compliance Behavior*. Paris: OECD Forum on Tax Administration.

OECD. 2017. *OECD Budget Transparency Toolkit: Practical Steps for Supporting Openness, Integrity and Accountability in Public Financial Management*. Paris: OECD Publishing.

Ostrom, Elinor. 1986. "An Agenda for the Study of Institutions." *Public Choice* 48(1): 3-25.

Prat, Andrea. 2005. "The Wrong Kind of Transparency." *American Economic Review* 95: 862-877.

Raudla, Ringa. 2010. "Governing Budgetary Commons: What Can We Learn from Elinor Ostrom?." *European Journal of Law and Economics* 39(3): 201-221.

Schumpeter, Joseph A. 1991[1918]. "The Crisis of the Tax State." In *The Economics and Sociology of Capitalism*, edited by Richard Swedberg, 99-149. Princeton, N.J.: Princeton University Press.

Shi, Min. and Jakob Svensson. 2006. "Political Budget Cycles: Do They Differ across Countries and Why?." *Journal of Public Economics* 90(8-9): 1367-1389.

Smith, Harold D. 1945. *The Management of Your Government*. New York: McGraw-Hill Book Company Inc.

Srinivasan, Thirukodikaval N. 1973. "Tax Evasion: A Model." *Journal of Public Economics* 2(4): 339-346.

Sundelson, Wilner J. 1935. "Budgetary Principles." *Political Science Quarterly* 50(2): 236-263.

Thomsen, Frej K. 2019. "The Concepts of Surveillance and Sousveillance: A Critical Analysis." *Social Science Information* 58(4): 701-713.

Tilly, Charles. 1975. "Reflections on the History of European State-Making." In *The Formation of National States in Western Europe*, edited by Charles Tilly and Gabriel Ardant, 8: 3-83. Princeton, N.J.: Princeton University Press.

Tilly, Charles. 1985. "War Making and State Making as Organized Crime." In *Bringing the State Back In*, edited by Peter B. Evans, Dietrich

Rueschemeyer, and Theda Skocpol, 169-191. New York: Cambridge University Press.

von Hagen, Jurgen. 2002. "Fiscal Rules, Fiscal Institutions, and Fiscal Performance." *The Economic and Social Review* 33(3): 263-284.

Wagner, Richard E. 1992. "Grazing the Federal Budgetary Commons: The Rational Politics of Budgetary Irresponsibility." *Journal of Law & Politics* 9(1): 105-119.

Walsh, Keith. 2012. "Understanding Taxpayer Behavior - New Opportunities for Tax Administration." *The Economic and Social Review* 43(3): 451-475.

Webber, Carolyn and Aaron B. Wildavsky. 1986. *A History of Taxation and Expenditure in Western World.* New York: Simon & Schuster.

Yeomans, Henry. 2018. "Taxation, State Formation, and Governmentality: The Historical Development of Alcohol Excise Duties in England and Wales." *Social Science History* 42(2): 269-293.

Yun-Casalilla, Bartolome. 2012. "Introduction: The Rise of the Fiscal State in Eurasia from a Global, Comparative and Transnational Perspective." In *The Rise of Fiscal State: A Global History, 1500-1914,* edited by Francisco Comin Comin, Bartolome Yun-Casalilla, and Patrick K. O'Brien, 1-35. Cambridge: Cambridge University Press.

3장 기본소득의 통치성

조석주

I. 서론

지난 세기 후반 이후로 복지국가는 자유주의적 변용을 겪었고 동시에 일국적 불평등은 확대되는 경향을 보였다. 불평등 확대를 주도한 정책적 변수가 신자유주의적 흐름에 의한 사회정책의 후퇴인지, 아니면 그러한 사회정책의 변용을 가져온 복지국가의 비효율에 있었는지에 대한 격렬한 논쟁 속에서 보편적 기본소득(universal basic income: 이하 기본소득)이 주목받는 대안으로 떠올랐다.

잘 알려져 있듯이 기본소득은 모든 사회구성원에게 개인별로, 소득·자산심사(means test) 없이, 노동 여부나 노동 의사와 상관없이 정기적으로 현금 급여를 지급하는 정책 또는 제도를 말한다. 기본소득제도의 아이디어는 수백 년 전으로 거슬러 올라가지만, 최근 들어 기본소득에 대한 논의가 활발하게 된 데에는 몇 가지 구체적인 배경이 있다.

첫째, 기술의 급속한 발달이다. 자동화와 인공지능이 비약적으로 발전하면서 인간 노동이 여태까지의 기술 발전에서 목격했던 것과 비교될 수 없는 규모로 대체될 수 있다는 우려가 생기고 있다. 기본소득은 대량 실업에 대한 가장 보편적 형태의 안전망으로 급격한 자동화로 인한 불안정을 해결할 수 있는 잠재적 대안으로 검토되고 있다.

둘째, 기술발전의 결과 노동시장에서 과거와는 다른 고용형태가 증가하고 있다. 플랫폼 노동, 프리랜서 계약 등의 비전통적 고용이 증가하는데, 기존의 노동법이나 사회보험이 비전통적 고용관계에서 오는 소득 변동성, 실업 위험 등에 적절한 반응성을 보여주는 정책이 되지 못하고 있다. 이에 비해 기본소득은 진화하는 노동시장에서 소득 안정성을 제공하는 유력한 방식이라는 주장이 제기된다.

셋째, 기본소득은 빈곤 문제의 해결을 위한 유력한 도구로 옹호되기도 한다. 자산심사(means test)에 기반한 공적부조 정책은 낙인효과의 문제를 차치하고서라도 사각지대가 생기는 난점을 해결하는 데 한계를 갖는다. 보편적 기본소득은 관료기구가 급여 수급 여부에 개입하는 정도를 최소화함으로써 더 효율적인 빈곤 퇴치 수단으로 기능할 가능성이 있다.

넷째, 기본소득에 대한 논의에 상수로 깔려있는 배경으로는 20세기 후반부터 점증하고 있는 소득 불평등의 문제가 있다. 국내적 소득 불평등 증가 문제의 심각성이 수많은 나라, 특히 복지국가 프로그램을 나름대로 잘 갖춘 사회에서도 나타나면서 새로운 대안들이 모색된다. 기본소득은 모든 개인이 일정 수준의 소득에 접근할 수 있도록 보장함으로써 소득 불평등을 줄이는 수단으로 간주되며, 만약 기본소득을 충분히 높이는 것이 가능하다면 경제적 불평등 해소를 위한 대안이 될 수 있다.

다섯째, 기본소득은 또한 사회 전체에 가해지는 경제적 충격의 대응책으로 주목받기도 한다. 코로나19 팬데믹은 통상적 경기변동으로 예상할 수 없는 변수에 의한 갑작스런 충격이 일국은 물론 세계 경제를 불황으로 끌고 갈 수 있다는 것을 보여주었다. 기본소득은 긴급 상황에서 신속하게 집행되어 외적 충격이 극심하게 가해지는 사회적 부분의 물질적 어려움을 완화할 수 있는 안전망으로 주목받았다. 코로나19 팬데믹 기간에 기본소득 프로그램에 대한 대중적 지지도가 높아졌다는 점은(Nettle et al. 2021) 실제 닥쳐온 큰 위기의 상황에서 기존 사회안전망에 대한 사람들의 신뢰가 높지 못했음을 보여준다. 이에 따라 앞으로 경제 전반의 불확실성 증가에 대한 한 대응책으로 기본소득이 고려될 가능성이 있다.

끝으로 기본소득은 사회 체제 전반에서 인간의 삶과 노동을 대안적으로 재구성하자는 보다 근본적인 논의와도 연결되어 있다. 충분한 수준의 기본소득이 무조건적으로 제공된다면 각 개인은 자신의 선호와 욕망에 따라, 일, 돌봄, 취미 활동, 교육 등의 자기 투자에 대한 시간 배분을 더 자유롭게 할 수 있다. 따라서 개인에게 단순한 경제적 생존을 넘어 다른 선택을 할 수 있는 능력을 부여하여 여가와 노동이 재생산에 갖는 의미를 재조정할 수 있는 정책 수단으로 기본소득이 검토될 수 있다.

나는 이 글에서 이렇게 복잡하고 다양한 상황의 변화 속에서 여러 다른 근거에서 주장되는 기본소득을 미셸 푸코(Michel Foucault)의 통치성(governmentality) 개념에 비주어 해석하려고 한다. 통치성은 푸코 이론에 있어서 근현대 사회에서 권력이 구성되고 작용하는 양태를 이해하는 핵심적 개념이다.

푸코는 콜레주 드 프랑스(Collége de France)에서 행한 1978년의 강의에서 통치성이라는 용어를 처음으로 제시하였다. 푸코에 의하면 통치성 개념은 세 가지 의미를 갖는다. 첫째, "인구를 목표대상으로 하고, 정치경제학(political economy)을 주요 지식 형태로 하며, 안보기구(apparatuses of security)들을 핵심적 기술 수단으로 하는 매우 복잡하지만 아주 구체적인 권력(power)을 행사 가능하게 하는 제도, 절차, 분석과 성찰, 계산, 전술(tactics)로 형성된 앙상블(ensenble)"이다(Foucault 2007, 108). 둘째, "'정부'라고 불릴 수 있는 권력 유형, 한편에서 일련의 정부기구들의 발달과 다른 한편에서 지식의 발달을 가져온 이 권력 유형을 서구 전체에서 오랫동안 주권, 규율 등의 다른 권력, 모든 권력 유형보다 현저히 우월하게 만든 경향, 즉 힘의 노선"이다. 셋째, "중세의 사법국가(state of jusctice)가 15~16세기에 행정국가(administrative state)로 변하고 점차 정부화(governmentalized)되는 절차와 그 절차의 결과"이다(Foucault 2007, 107-108).

엄밀하게 정의되었다기보다 어느 정도 모호하게 묘사된 이 통치성 개념은 푸코 특유의 정치이론의 산물이라고 할 수 있다. 푸코는 권력을 누군가가 소유하는 것으로 보지 않았고, 그 자체로 하나의 원리가 되는 것이라고도 보지 않았다. 푸코에게 있어 권력은 특정한 영역의 관계를 의미하는 것이고 전체적으로 분석되어야 할 대상이다. 그런데 통상적인 정치학에서의 권력의 정의[1]에서건 푸코적인 의미에서건 권력은 인간의 행동에 작용하기 때문에 의미가 있다. 푸코처럼 의지를 가진 권력의 소유자가 없고, 권력 그 자체도 설명 변수가 될 수 없는 이론적 틀을 구성할 경우, 권력의 작용 방식을 기술할 수 있는 중간적 개념이 필요할 수밖에 없다. "인간의 행동을 지휘하는 방식"으로 칭해지기도 하는 통치성은 푸코 자신의 말대로 그의 이론에 있어서 "권력관계를 분석하기 위해 제안된 눈금(grid) 이상이 아니다"(Foucault 2008, 186).

푸코가 말하는 권력의 강조점이 주권적 권력이나 규율적 권력에서 통치성의 메커니즘으로 넘어가는 시대는 또한 시장경제와 자본주의의 싹이 트는 시기이기도 하다. 그런데 경쟁적 자본주의의 초기에서부터 복지의 문제 또는 사회정책의 문제는 국가를 유지하고 사회를 관리하는 핵심적인 이슈 중의 하나였다. 따라서 통치성의 역사를 구성하고 서술하는 데에 있어서 사회정책의 진화와 사회정책을 둘러싼 권력관계의 변동을 간과할 수는 없다. 기본소득제도는 단순히 현존하는 복지국가의 보충적인 정책으로 이해되기도 하지만, 또 다르게는 기술 변화에 따른 산업과 사회의 질적 전환에 대응하는 새로운 단계의 대안 프로그램으로 고려되기도 한다. 따라서 기본소득제도의 등장이 통치성의 진화에 어떤 함의를 주는지, 현대의 통치성은 기본소득을 어떤 식으로 포괄하는지, 혹은 기본소득제도가 통치성의 질적 전환을 가져올 수 있는지 등이 중요한 문제가 된다. 이 글에서는 이런 문제들을 초보적 수준에서나마 다루어 보고자한다.

푸코의 통치성 개념을 정치, 제도, 정책을 분석하는 데에 적용한 연구는 여럿이 있다. 먼저 정치이론의 영역에서 홍태영(2012)은 푸코의 통

---

1   예컨대 달(Dahl 1957)은 A가 B에 대해 권력을 가졌다는 말은 A가 아니었으면 B가 하지 않았을 것을 하게 할 수 있는 것이라고 정의한다.

치성 개념이 권력, 정치, 주체의 해석에 주는 함의를 연구하였고, 홍성민(2008)은 자유주의에 대한 푸코의 철학을 분석하고 한국정치에 주는 함의를 도출하였다. 또 이동수(2020)는 통치성을 르네상스 시기 이탈리아 도시국가에 적용하여 공화주의적 통치성 개념을 정립하려 하였다. 행정학 분야에서 김정부(2021)는 근대 국가의 재정·예산에 대한 민주적 통제의 발전 과정을 통치성의 관점에서 해석하였으며, 다른 글(김정부 2022)에서 현대국가의 재정투명성과 조세윤리를 다층적 통치성 개념으로 분석하였다. 또 이문수(2009)는 푸코의 통치에 대한 이론을 거버넌스 이론과 비교하였다. 사회정책학 분야에서 김용현(2019)은 통치성 개념을 통해 복지국가와 사회정책의 의미를 재해석하였고, 김기덕(2020)은 신자유주의적 통치성이 사회복지직의 위상에 주는 함의를 연구하였다. 이렇듯 통치성 개념은 여러 관련 영역에 적용되고 있지만, 아직 본격적으로 그 개념을 기본소득제도의 해석이나 분석에 적용한 연구는 없다.

푸코의 통치성 개념 중에서 내가 특별히 기본소득과 연관시키고자 하는 것은 자유주의적 통치성(liberal governmentality)이다. 사회정책으로서의 기본소득은 앞에서도 논의했듯이 복지국가의 자유주의적 변용 과정을 거쳐 등장하였고, 또한 후술하겠지만 현금성, 개별성, 보편성, 무조건성의 특징 때문에 여타의 사회정책에 비해 개인의 선택권이 확장된다는 자유주의적 속성을 가진다. 나는 이 글에서 푸코가 서술한 자유주의적 통치성의 진화과정 속에서 기본소득이 기존 사회정책과 어떤 다른 접점에서 자유주의적 통치성과 만나고 전환할 수 있는지를 탐구하고자 한다. 특히 기본소득론을 '공유부 배당이론'과 '실질적 자유론'으로 구분하여 각각의 주장을 자유주의적 통치성과의 관계 속에서 논할 것이다.

이 글의 이후 구성은 다음과 같다. 다음 절에서 복지국가의 자유주의적 변용과정을 간단히 요약한다. 제Ⅲ절에서는 푸코의 자유주의적 통치성 분석의 내용을 소개한다, 그리고 제Ⅳ절에서 기본소득제도와 자유주의적 통치성의 관계를 분석하고 제Ⅴ절에서 글을 맺는다.

Ⅱ. 복지국가와 자유주의적 통치성

기본소득에 대한 현대적 관심은 복지국가의 위기와 변용과 밀접히 연관되어 있다. 산업사회의 등장 이후 국가의 역할과 기능은 확대되어 왔다. 19세기에 산업화·도시화가 일어나며 노동자들의 물질적 필요의 문제에 대응하기 위해 시초적 사회정책(social policy)들이 국가의 업무에 포함되었다. 이후 대공황과 같은 자본주의의 위기를 거치며 미국의 뉴딜과 같은 케인즈주의적 개입 정책, 1942년 영국의 베버리지 보고서 이후 전후 유럽의 복지국가가 태동하였으며, 사회구성원들의 복지를 증진하고 삶의 질을 개선하는 사회정책의 개발과 실행을 국가의 의무 중 하나로 여기는 것이 자연스럽게 되었다.

그러나 1970년대에 들어서며 세계 경제의 불안정과 변동성이 커지면서 복지국가들은 위기를 겪는다. 석유위기, 실업률 증가, 인플레이션 등의 경제위기와 동시에 인구 고령화가 진행되면서 복지 서비스의 재정 부담은 커졌다. 동시에 유럽과 미국에서는 기존의 경제적 계층 간의 갈등과는 다른 형태의 정치적 대립이 커지고 사회적인 충돌이 일어나고 있었다. 이러한 복지 프로그램의 지속 가능성에 대한 의문, 정치적인 동요와 사회적 충돌은 복지국가 모델을 다시 검토하고 재조정할 필요성을 제기하였다.

이런 배경에서 소위 신자유주의(neo-liberalism)라고 불리는 이론과 정책적인 변화가 20세기 후반부터 주목받게 된다. 시장의 역할을 강조하고, 규제와 정부 개입을 최소화하며 경제를 자유로운 상태로 발전시키는 것을 목표로 하는 전반적 경향은 복지국가에서도 영향을 미쳤으며, 시장 메커니즘을 강화하고 복지 프로그램에 대한 정부 개입을 축소하는 방향으로의 복지국가의 변용이 일어나게 된다.

이런 변용은 대체로 복지 프로그램에 개인 책임 요소를 강화하고 경쟁 원리를 도입하는 개혁에 의해 진행되었다. 예컨대, 워크페어(workfare)처럼 단순히 복지 혜택을 제공하는 것에 머무르지 않고 일자리 탐색과 직업 훈련을 지원하는 한편, 일자리 참여 의무를 회피할 경우 복지 수혜에 제재를 가하기도 하는 정책이 시행되었다. 또한 사회정책의 영역을 시장화·자유화하면서 복지 서비스 제공에 민간 기업이나 단체 등이 참여하는 모델이 도입되었다. 동시에 정부의 재정 부담을 감소하기 위해 복지 프로그램의 예산을 줄이고 재정 지원을 조절하는 정책이 시행되었다.

푸코가 콜레주 드 프랑스에서 통치성과 생명정치에 대해 강의를 하던 때는 1970년대 후반과 1980년대 초반으로 유럽에서 복지국가의 위기와 시장주의적 변용에 관한 정치적 충돌이 한창 뜨거울 때였다. 물론 푸코는 특정한 사회정책이나 복지레짐을 정당화하거나 옹호하는 것 자체에 관심을 크게 두지는 않았던 것으로 보인다. 그러나 앞서 서론에 인용한 통치성에 대한 그의 정의에서도 볼 수 있듯이 이 시기의 그는 권력 유형으로서의 정부에 각별한 관심을 갖고 있었고, 당대 권력이 작동하는 제도와 절차, 아이디어와 전술의 앙상블에 대한 탐구는 복지국가 레짐의 시장주의적 전환과 만날 수밖에 없었다.

1978년 강의에서 통치성이란 개념을 처음 소개한 푸코는 이듬해『생명정치의 탄생』이란 제목의 강의를 하였는데, 이때 강의의 상당 부분은 18세기의 고전적 자유주의와 구분되는 신자유주의적 통치성에 대한 해석을 주제로 하여 진행되었다. 특히 푸코가 주목했던 것은 자유주의적 통치성을 일정 수준 전환하게 만든 지식의 진화과정이었다. 그래서 전후 독일의 통치성의 형성에 결정적으로 영향을 끼친 질서자유주의자(ordoliberals)들의 이론과 당대 미국의 신자유주의의 기초가 된 이론들을 분석하며 18세기 자유주의적 통치성이 유럽과 미국에서 어떤 식으로 바뀌었는지를 설명하였다.

기존 사회정책의 대안으로 기본소득제도가 부각된 데에도 복지국가의 변용과 신보수주의적 정책, 그리고 그와 함께 진행된 불평등의 증가라는 배경이 있다.[2] 따라서 푸코가 본격적으로 해부한 자유주의적 통치성의 분화와 진화 과정을 돌아보는 것이 기본소득정책의 통치성 안에서의 위치를 가늠하는 데에 도움이 될 것이다.

---

2   복지국가의 변용과 기본소득의 등장의 연관성에 대한 설명으로는 이명현(2014)을 참조할 것.

Ⅲ. 자유주의적 통치성의 등장과 진화

이 절에서는 푸코의 강의록 『생명정치의 탄생』을 중심으로 자유주의적 통치성의 내용에 대해 서술한다.

1. 18세기 유럽의 자유주의적 통치성

푸코에 의하면 유럽에서 통치술(art of government)의 강조점이 국가이성(raison d'Etat)에서 자유주의로 전환되는 것은 18세기 무렵에 일어난 일이다. 16~17세기의 국가이성은 국가의 힘과 부를 무한히 증가시키려고 했다면 새로운 통치술은 그 국가이성을 제한하는 과정에서 탄생한다. 푸코가 관심을 두었던 생명정치(biopolitics)라는 주제의 중심에는 인구를 구성하는 살아있는 존재의 통치가 어떻게 합리화되느냐의 질문이 있고, 푸코는 18세기의 생명정치는 자유주의라는 정치적 합리성의 틀 속에서 나타난다고 보았다. 즉, 통치의 과잉을 경계하고 사회의 질서를 보장하는 장치들을 통해 인구의 안전보장을 달성하는 통치의 방식이 발전하였다.

이런 자유주의적 통치성의 발전에는 '시장'이라는 경제적 영역의 변천과 정치경제학이라는 지식 분야의 등장이 중요한 역할을 하였다. 푸코에 의하면 중세와 16~17세기의 시장은 정의(justice)의 장이었는데 18세기 중엽부터는 진실(truth)의 장으로 인식된다. 다시 말해 18세기 이전의 시장의 문제는 거래가 분배적 정의를 위배하느냐이다. 교환되는 상품의 가격은 판매자와 구매자의 필요, 상품에 투여된 노동 등의 요소를 복합적으로 고려한 정당한 가격이어야 했고, 그를 위해 철저하게 규제된 공간이 시장이었다. 필요한 물품들의 정의로운 분배, 사기의 근절을 통한 구매자의 보호 등이 규제의 핵심이 되었던 이 시대의 시장은 법이 관할하는 장(jurisdiction)이라고 할 수 있었다. 그런데 푸코에 의하면 18세기 중반부터 시장은 더 이상 어떠한 정의가 작동하여야 할 공간이 아니라, 그 자체의 자연적인 운동이 일어나는 영역으로 이해되었다. 시장의 작동 방식은 인위적으로 변경하기 어려운 객관적인 것으로 인식되고 시장 가격은 규범적인 의미의 정의를 따질 대상이 아니라 그 자체로 참된 가격이 된다. 이런 의미에서 시장은 진실검증의 장(veridiction)이 되었다(Foucault 2008, 30-32).

　이러한 푸코의 18세기 시장에 대한 언술은 현대 경제이론과 정확하게 부합한다. 경쟁 시장 균형에서 상품의 상대가격은 모든 소비자의 한계대체율과 일치하고 모든 생산자의 한계변환율과 일치한다. 즉 소비자의 주관적 욕망과 생산과정에서 자원의 상대적 희소성이 투영된 것이 시장의 가격이다. 즉 참가자들의 욕망과 자원배분의 상태가 결정하는 객관적 교환 비율이 시장을 통해 현시되는 것이라 할 수 있다. 현대의 정부사업을 비롯한 여러 프로젝트들의 편익-비용 분석에서 시장에서 거래되고 있는 재화나 서비스의 비용 계산은 경쟁 시장 가격을 기준으로 한다. 경쟁 시장에서 '진정한' 기회비용이 현시되었다고 보기 때문이다. 말 그대로 시장이 진실검증의 장으로 간주되고 있다.

　시장이 스스로의 자연적 질서를 가진 것으로 인식되는 것과 함께 국가의 성격에도 변화가 일어난다. 16~17세기의 소위 치안국가(police state)

를 형성했던 국가이성이 제약되며 '간소한 정부'(frugal government)의 통치성이 등장한다. 공법(public law)의 초점이 주권자의 권력 행사에 정당성을 부여하는 것에서 공권력의 행사에 제한을 가하는 것으로 바뀐다. 푸코에 의하면, 18세기 말과 19세기에 통치권에 제한을 가하는 방식에는 두 가지가 있었다. 첫째는 "법적-연역적 접근법"(juridico-axiomatic approach, Foucault 2008, 39)으로 개인의 기본권을 정의하고 국가에 양도되는 권리의 내용과 조건을 서술하는 것을 통해 국가권력의 행사범위를 제한하는 것이다. 넓은 범위에서 계약론적 방식의 자유주의 정부론이 여기에 해당될 것이다. 둘째는 통치의 구체적인 실천 그 자체에서 발생하는 사실상의 한계를 발견하고 분석하는 방식으로 접근하는 것이다. 여기서 국가권력의 제한은 보편적이고 근본적 권리에서 오는 당위가 아니라, 통치의 대상, 목표, 적절한 수단의 제약 등에 대한 고려에서 오는 제한이다. 즉 공권력의 행사에 대한 규범적 정당성보다는 특정한 공권력의 행사의 유용성 즉, 효용이 문제가 된다(Foucault 2008, 39-40). 효용이 없는 통치는 불필요하다.

전자의 접근법에서 법은 양도하는 권리를 정하는 집합적 의사(will)라고 할 수 있는 반면, 후자의 공리주의적 접근법에서 법은 공권력이 개입하는 영역과 피치자가 독립적으로 결정하는 영역을 구분한 거래의 결과라고 할 수 있다. 이는 다시 두 가지 자유의 개념으로 연결되는데, 첫째는 양도하지 않은 기본권으로서의 자유라는 자유의 법적 개념이고, 둘째는 피치자(the governed)의 정부로부터의 독립이라는 자유의 개념이다. 푸코에 의하면 이러한 세 쌍의 혼재, 즉 정부 권력 규제의 두 가지 방법, 두 가지 법의 개념, 두 가지 자유 개념의 혼재가 19세기, 20세기 유럽 자유주의의 중요한 특징이다. 역사적으로 이 두 가지 체계는 교류하고 접합하며 작동하였지만, 결과적으로 후자의 체계 즉, 효용이 공권력 사용·제한의 기준이 되는 체계가 법 원리적 접근을 퇴색시키고 포괄하며 통치성의 중심이 된다.

그리고 시장이 교환의 기준 가격을 현시하고, 정부 권력의 작동 기준이 효용이 되면서 이 두 가지를 포괄하는 범주로서 이익(interest)이 등장한다. 결국 18세기부터 새롭게 등장한 통치 이성의 현대적 형태는 이익을 기준으로 자기 제한을 가하는 통치성이다. 여기서의 이익은 부와 인구와 국력의 신장을 추구하는 국가이성의 국익과는 다른 개념으로 인구 집단 내의 이익들을 말한다. 따라서 아래 푸코의 글과 같이 이익은 복수성과 복잡성을 갖는다.

> 통치이성이 따라야 할 원리에서, 이익은 이익들이다. 즉, 개인적 이익과 집합적 이익 사이, 사회적 효용과 경제적 이윤 사이, 시장 균형과 공권력 레짐 사이, 기본권과 피치자의 독립성 사이의 복잡한 상호작용이다 (Foucault 2008, 44).

유럽의 자유주의적 통치성을 특징지었던 또 다른 요인은 국제정치경제의 변화였다. 제한되지 않은 국가이성의 시대에 부와 국력을 최대화하려는 국가 간의 중상주의적 경쟁은 제로섬적 특징을 갖고 있었다. 따라서 내부적으로 무한한 국가이성은 유럽 내에서의 여러 국가의 경쟁으로 말미암아 외적으로 제약되었다. 그런데 변동하는 가격의 메커니즘에 따른 교환이 유럽경제의 중심이 되자 이제 국부의 추구는 국가 간 제로섬 게임이 아니게 되었다. 자유수의적으로 규정된 경제 게임에서는 이웃 나라가 상호적으로 부유해지는 것이 가능하다. 이를 위해서는 시장의 자유화와 확장, 시장의 세계화가 필요했다.

요약하자면, 푸코가 분석한 18세기부터의 유럽 자유주의 통치성의 핵심은 시장의 사실성, 효용 계산을 통한 통치의 제한, 세계시장에서 제한 없이 경제발전을 하는 유럽의 위치 이렇게 세 가지이다. 그런데 이 세 가지 중 어느 것도 개인의 자유로부터 논리적으로 도출되지 않고 이 세 가지 요소가 반드시 개인의 자유를 증진시킬 것이라는 필연적 고리도 없다. 결국 이 통치성은 개인의 자유를 그 자체로 존중한다기보다 통치되는 인구 집단의 자연적 메커니즘을 존중한다는 것이다. 이런 의미에서 푸코는 18세기 중엽에 출현한 통치성은 자연주의(naturalism)라 부를 수도 있다고 보았다. 그러나 여전히 자유주의라는 명칭이 합당한 이유는 이 통치성의 실천의 핵심에 자유가 있기 때문이다. 푸코에 의하면 자유주의적 통치성은 자유를 소비하고 생산한다.

[이 통치의 실천은] 자유의 소비자이다. 이 통치성이 작동하기 위해서는 여러 자유가 실제로 있어야만 한다는 점에서 자유의 소비자인 것이다. 시장의 자유, 사고 팔 자유, 재산권의 자유로운 행사, 논의의 자유, 표현의 자유 등등의 자유가 있어야 한다. 따라서 그 새로운 통치 이성은 자유를 필요로 하고, 새로운 통치술은 자유를 소비한다. 자유를 소비한다는 것은 곧 자유를 생산해야 한다는 것이다. 자유를 생산하고 또 조직해야 한다. 따라서 그 새로운 통치술은 자유의 관리자로 나타난다(Foucault 2008, 63).

여기서 자유를 관리한다는 것은 결국 사회구성원이 자유로울 수 있는 조건을 유지하고 조직하는 국가의 행동을 말한다. 이런 통치성의 실천은 자유를 생산하는 과정에서 자유를 파괴하거나 제한할 수 있는 가능성을 갖고 있다. 푸코에게 자유주의적 통치성의 핵심은 이 모순적 관계에 있다.

> 자유주의는 자유를 생산해야 한다. 그러나 바로 그 행위가 제한, 통제,
> 여러 유형의 강압, 위협에 기반한 의무 등의 성립을 수반한다(Foucault
> 2008, 64).

2. 20세기 자유주의적 통치성

푸코는 또한 1979년의 강의에서 20세기 자유주의 통치성을 본격적으로 분석하는데, 독일, 프랑스, 미국의 경우를 살펴보고 있다.

1) 독일의 질서자유주의

제2차 세계대전 이후 독일의 통치성은 여전히 자유주의적 통치성이라 할 수 있지만 앞서 서술한 18세기의 자유주의적 통치성으로부터 여러모로 변화된 통치성이라 할 수 있다. 푸코에 의하면, 18세기의 문제는 이미 정당성이 받아들여지는 국가가 존재하고 치안국가로서 작동하고 있는 상태에서 어떻게 그 국가의 힘을 제한해서 경제적 자유를 가능하게 하

는가였다. 반면 전후 독일의 자유주의자들이 직면한 문제는 국가가 없다는 점이었다. 그래서 이들의 문제는 경제적 자유가 있는 비국가적 공간을 기반으로 어떻게 국가를 만들 것인가였다. 즉 국가가 경제에 얼마만큼의 자유를 허용할 것인지가 아니라, 경제와 경제적 자유가 어떻게 국가 정당성의 근간을 만들어내는지가 문제였다.

푸코는 20세기 독일, 프랑스, 미국의 통치성을 서술하면서 '신자유주의'(neo-liberalism)란 용어를 사용하고 있다. 그러나 신자유주의를 일반적 개념으로 엄밀하게 정의하고 있지는 않다. 오히려 푸코는 독일과 미국의 통치성은 각각 개별적이고 구체적인 특성을 갖는 것으로 취급되고 있으며, '신자유주의'에 정형화된 내포를 부여하지는 않는 것으로 보인다.

어쨌든 독일의 전후 통치성은 18세기 자유주의적 통치성과 구분되는 뚜렷한 특징을 보이며, 이를 통해 자유주의적 통치성이 어떻게 변화하는지를 살펴볼 수 있다. 푸코가 가장 중점을 두고 분석하는 것은 프라이부르크 학파를 중심으로 한 질서자유주의자(ordoliberals)들이 당대의 정치경제적 배경 속에서 시장과 국가에 대한 재해석을 생산하고, 이것이 에르하르트에서 시작하여 사민당까지 포괄하는 자유주의적 경제 프로그램을 위한 연합을 만들어내며 자유주의적 통치성을 형성해 나가는 과정이다. 푸코에 의하면 이러한 신자유주의를 자본주의의 위기·변동과 정치적 부침에 따라 동일한 자유주의가 부흥하거나 반복되는 것이라고 보는 것은 오류이다. 즉 18세기의 자유주의와는 질적으로 다른 통치성의 전환이 20세기에 일어난다. 18세기의 자유주의가 국가 내부의 시장에서 경제적 자유를 확립하는 문제였다면 이 시기 독일의 질서자유주의자들은 자유시장으로부터 시작하여 국가를 조직하고 규제하는 원리를 주창하고자 하였다. 즉 질서자유주의자들에 의해 자유주의 정치경제이론의 전환이 일어난다.

먼저 시장을 이해하는 핵심 개념이 '교환'(exchange)에서 '경쟁'(competition)으로 바뀐다. 고전적 자유주의에서 시장의 원리는 자발적 교환이었고, 따라서 국가에게 요구되는 것은 생산물의 재산권을 보장해 주는 것이었다. 그런데 시장경제이론은 진화하여 19세기 말엽이 되었을 때는 시장의 본질을 교환이 아닌 경쟁으로 이해하는 것이 경제학의 대세가 되었다. 교환의 핵심에 등가(等價) 즉 어떤 종류의 동일함이라는 개념이 있다면, 경쟁은 불평등 즉 어떤 종류의 차별성에 의해 추동되는 것이다. 이런 경제 원리의 진화를 받아들인 질서자유주의자들은 자신들 특유의 이론을 여기에 더하는데, 푸코는 여전히 경제학설사의 맥락에서 이 부분을 논하고 있지만 보다 좁혀 표현하자면 여기서 질서자유주의자들의 기여는 정치경제학이론의 진화에 해당한다고 볼 수 있다.

질서자유주의자들이 만든 정치경제이론의 중요한 전환은 '자유방임'(laissez faire)이라는 정치 원리를 시장 경쟁이라는 경제 원리로부터 분리한 것이다. 질서자유주의자들에 의하면 시장을 조직하는 원리인 경쟁으로부터 자유방임이 도출될 수가 없는데, 왜냐하면 경쟁은 자생적으로 주어지는 것이 아니기 때문이다. 즉 자연히 존재하는 경쟁 시장은 없기 때문에 국가의 근본적인 문제는 방임이냐 개입이냐가 아니다. 시장에서의 경쟁은 통치성의 활동에 의해 생산될 때에만 나타날 수 있는 것이다. 이 점에서 고전적 자유주의와의 결별이 이루어진다.

질서자유주의자들에게 통치는 시장의 어떤 영역은 개입할 수 있고 어떤 영역에는 개입할 수 없는가 혹은 개입해서는 안 되는가를 구분하는 문제가 아니다. 핵심적 질문은 어떻게 개입하는 것이냐이고 그 대답은 오이켄(Eucken)이 말한 대로 "시장경제의 메커니즘에 개입하는 것이 아니라, 시장의 조건에 개입하는 것"이다(Foucault 2008, 138).

푸코는 이러한 통치성이 드러나는 몇몇 이슈에 대해 다루는데, 기본소득의 통치성과 밀접히 관련된 주제는 사회정책에 대한 질서자유주의자들의 입장을 분석하는 부분이다. 먼저 푸코는 케인즈주의, 뉴딜, 베버리지 계획, 유럽의 전후 복지국가를 관통하는 사회정책의 목적은 결국 소비재의 획득을 상대적으로 균등하게 만드는 것이라고 보고, 사회정책의 핵심 논리를 세 가지로 구분한다. 그 첫째는 무질서한 경제적 경쟁이 일으키는 불평등과 사회 파괴적 효과에 대한 교정이고 둘째는 그 수단으로서 소비의 사회화 또는 집단화, 셋째는 경제성장은 더 많은 복지로 이어져야 한다는 원리이다.

그런데 푸코에 의하면 질서자유주의자들은 이런 사회정책의 근거를 부정한다. 질서자유주의자들에 의하면 경쟁을 추동하는 것은 불평등이고 시장의 메커니즘에 함부로 개입해서는 안 되므로 상대적 평등화가 사회정책의 목적이 되어서는 안 된다. 둘째, 소비와 소득의 사회화가 사회정책의 주요 수단이어서는 안 되고 오히려 민영화의 방식을 사용해야 한다고 질서자유주의자들은 주장한다. 질서자유주의자들이 생각하는 사회정책은 소득의 이전을 통해 위험이나 소비를 사회화하는 것이 아니라 개인이 누구나 스스로 위험에 대비할 수 있는 사적 자본을 축적하게 하는 것이다. 결국 경제성장이 복지를 위한 가장 중요한 대책이 되는데, 사회정책이 경제성장이 잘 될수록 더 나은 복지를 제공해주는 것이 아니라 경제성장이 개인에게 개인보험이나 사적 축적에 의해 위험을 대비할 수 있게 해야 한다. 푸코에 의하면 이 논리가 에르하르트 시대의 "사회적 시장 경제"의 핵심이다. 푸코는 또한 이러한 질서자유주의자들의 주장은 독일에서 제대로 적용될 수 없었다고 말한다. 실제 독일의 사회정책은 비스마르크적 전통, 케인즈주의, 베버리지 계획과 같은 보장 정책 등이 혼합되어 있었다. 그러나 질서자유주의자들에 의해 이 시기에 생산된 정치경제에 대한 지식은 이후 다른 국가에서의 통치성에 영향을 미치게 된다.

2) 프랑스의 신자유주의와 마이너스 소득세

푸코는 프랑스 복지국가의 변용을 다루었는데, 이는 사회정책의 통치성에서의 위치를 탐구하는 우리에게 유용한 텍스트라고 할 수 있다. 푸코에 의하면 2차 대전 직후 프랑스에서 정책의 일차적 목표는 완전고용과 사회서비스의 공급이었다. 그러나 1970년대에 들어서며 경제위기의 진행과 함께 이런 경제체제에 대한 개혁이 주장되고 보다 신자유주의적인 방향으로 나아가게 된다. 푸코는 특히 지스카르 데스탱 정부의 사회정책 개혁에 초점을 맞추어 이 과정을 분석한다.

푸코에 의하면 2차대전 이후 프랑스의 사회정책은 완전고용과 사회보장을 위한 방식으로 국민 연대(national solidarity) 모델을 도입했다. 이는 프랑스 시민 누구에게 일어나는 위험을 사회 전체가 짊어지는 모델로, 결국 소득의 재분배를 통해 소비의 사회화를 이루는 것이다. 이런 사회정책의 모형에 늘상 제기되는 문제는 정책의 경제에 대한 효과이다. 당연하게도 프랑스에서도 이에 대한 여러 논쟁이 진행되었는데, 1972년 지스카르 데스탱은 한 주머니의 프랑스 정부 예산이 경제발전이나 공공재 공급을 위한 지출과 사회보장 정책 모두에 쓰이는 것이 옳지 않다고 주장하였다. 경제발전의 필요에 대응하는 것과 사회정의적 고려로 인한 예산은 분리되어야 한다는 것이다. 푸코는 이러한 주장이 자유주의 통치성 고유의 이념을 다시 소환하는 것이라고 본다. 즉 경제적인 것에는 사회적인 목적들과는 독립된 고유의 법칙이 있어서 사회적인 메커니즘이 경제 과정에 개입하여 교란해서는 안 된다는 아이디어가 여기서 드러난다.

푸코에 의하면 이 아이디어는 결국 경제를 하나의 게임으로 파악하고 국가의 의무를 게임 규칙의 적용으로 제한하는 입장이다. 이는 앞서 살펴본 시장의 메커니즘에 개입하지 않고 시장의 조건에 개입하라는 질서자유주의자들의 관점과 같은 것이다. 그런데, 분리된 경제적 메커니즘과 사회적인 것 사이의 만남이 발생하는 지점이 있는데, 게임의 참가자를 유지하는 규칙 즉 누구도 게임에서 완전히 탈락시키지 않도록 하는 규칙이다. 이런 의미에서 사회보장은 이제 소비의 사회화와는 동떨어진 것으로 게임에서의 완전한 배제 즉 모든 것을 잃는 것을 방지하는 수준에서 작동해야 한다(Foucault 2008, 201-202).

이 시기에 사회보장정책의 대안으로 마이너스 소득세(negative income tax)가 제안되었다. 푸코는 마이너스 소득세를 게임에서의 완전한 배제만을 방지하는 정책의 전형으로 보고 그 의미에 대해 자세한 해석을 한다. 프랑스에서 마이너스 소득세가 실제로 실행되지는 않았지만 기본소득의 통치성을 논하는 데에 있어서 이 논의는 흥미롭다고 할 수 있다.

푸코에 의하면 마이너스 소득세는 첫째, 빈곤의 결과만을 완화하지 빈곤의 원인에 개입하지 않는다. 특정 수준 이하의 소득을 올린다면 그 원인이 무엇이든 급여를 받는 이 정책은 푸코가 보기에 오랫동안 서구의 통치성에서 중시했던 마땅히 도움을 받아야 할 가난과 그렇지 않은 가난 사이의 구분으로부터 벗어나는 것이다. 이는 기본소득의 무조건성과 긴밀히 관련되어 있는 주제이다.

둘째, 푸코는 마이너스 소득세가 상대적 빈곤을 해결하려는 사회주의적 재분배 프로그램과 동떨어져 있는 정책이라고 생각했다. 마이너스 소득세가 문제 삼는 것은 오직 절대적으로 일정 수준 이하로 떨어진 사회 구성원의 문제 즉 절대적 빈곤뿐이다. 말하자면 마이너스 소득세는 평등과는 관련이 없는 정책이라고 푸코는 보았다.

끝으로 마이너스 소득세는 보편적인 보장책이지만 소득 최하층에 대해서만 보장이 행해지고 사회의 나머지 영역에서 경쟁의 메커니즘이 작동하도록 하는 정책이다. 마이너스 소득세를 실시하는 체제에서 결국 급여혜택을 받느냐 세금을 내느냐의 경계에 상당수의 사람들이 있게 될 것이고, 이 사람들은 경제 상황과 개인에게 주어진 기회에 따라 노동하거나 노동하지 않는 상태를 왔다갔다 하게 된다. 즉 잠재적 노동력이 원조를 받는 인구의 형태로 존재하게 되는 이 시스템에서 완전고용이란 목표는 포기된다. 푸코에 의하면 이는 과거의 사회보장정책보다 덜 관료주의적이고 덜 규율적인 신자유주의 정책이라고 할 수 있다(Foucault 2008, 203-207).

3) 미국의 신자유주의와 호모 에코노미쿠스

마지막으로 푸코는 당대 미국의 신자유주의적 통치성에 대해 논한다. 푸코에 의하면 미국은 애초에 국가의 독립이 경제적 자유에 대한 요구로부터 시작되었기 때문에, 자유주의 통치성의 형성과정이 국가이성의 자기 제한이라는 형태로 시작한 유럽과는 다르다고 할 수 있다. 미국의 경우 정치적 논쟁의 중심에 늘 자유주의가 있었고, 자유주의가 세상에 대한 생각의 방식과 분석의 틀로 존재했다. 푸코는 미국의 신자유주의 세계관의 전형을 시카고학파의 경제이론에서 찾고 있으며, 이 이론을 이해하는 것에 분석의 초점을 맞추고 있다. 여기서 푸코가 가장 중점을 두고 연구하는 부분은 경제학적 분석의 대상이 과거에 비경제적 현상이라고 생각되었던 영역으로 확대되어 가는 과정이다. 푸코는 이러한 과정을 슐츠(Schultz)와 베커(Becker)의 인적자본(human capital)에 대한 연구에서 찾는다.

푸코에 의하면 20세기에 경제학에서는 일종의 인식론적 전환이 이루어졌다(Foucault 2008, 222). 경제학은 20세기 초까지만 해도 생산과 교환, 소비 등 경제적 자원의 배분 문제를 다루는 학문이라고 할 수 있었는데, 이제 연구 대상이 아니라 인간에 대한 방법론적 가정이 경제학을 규정하는 특징이 된 것이다. 즉 경제학을 '목적을 위해 최선의 수단을 선택하는 인간의 합리적 선택'을 연구하는 학문으로 정의했을 때, 더 이상 경제학의 소재가 전통적인 경제 영역에 머무를 필요가 없어진다.

경제학 연구 영역의 확대가 갖는 의미는 인적자본론에 의해 명확히 드러난다. 육아·교육·문화생활 등 과거에 경제가 아니라 사회의 영역에 속한다고 생각된 영역의 인간 행동을 모두 '인적자본 투자'로 바라보게 되면서 경제학은 분석의 범위를 극단적으로 확장하게 된다. 푸코에 의하면 이제 경제학은 더 이상 경제'과정'(process)에 대한 연구에 머무르지 않고, 인간의 행동(behavior)에 대해 분석하게 되었다. 이전의 경제학에서 대상에 불과했던 인간은 활동적인 주체가 된다.

이러한 변화는 호모 에코노미쿠스(homo oeconomicus)의 확장으로 파악될 수 있다. 고전적 경제학에서 호모 에코노미쿠스는 교환하는 인간, 시장에서 물건을 팔고 사는 인간이었다. 그런데 인적자본론에서의 노동자는 스스로 자신의 능력 자본을 축적하고 소유하여, 그 자본의 사용료로 소득을 얻는 자이다. 인간은 자기 자신에게 투자하고 자신의 비용을 관리한다. 곧 호모 에코노미쿠스로서의 개인은 그 스스로 하나의 기업(enterprise)으로 등장한다.

이러한 기업으로서의 호모 에코노미쿠스 개념을 중심으로 자유주의적 통치성에 대한 앞의 논의들은 재정립될 수 있다. 호모 에코노미쿠스가 앞서 독일 질서자유주의자들이 말했던 시장경제의 메커니즘 안의 행위자이고 프랑스 신자유주의 정책이 상정했던 게임의 참가자가 된다. 결국 자유주의의 통치성에서 통치를 제한하는 사회 고유의 객관적 질서는 기업으로서의 개인들의 결정이 만드는 질서라고 할 수 있다.

또한 호모 에코노미쿠스라는 분석단위에 의해 고전적 자유주의에서 말했던 복수로서의 이익의 개념은 경제학적 지식의 틀 속에서 더욱 정교한 개념이 된다. 호모 에코노미쿠스는 영국 경험론의 전통에서 오는 환원 불가능하고 양도 불가능한 선택의 주체이다(Foucault 2008, 272-273). 개인에게 완전히 귀속되는 선택의 출발점이 곧 이익이며 따라서 호모 에코노미쿠스는 이익의 주체가 된다.

이익의 주체로서의 호모 에코노미쿠스는 법적인 주체와 구분된다. 앞서 푸코는 18세기 자유주의적 통치성의 등장을 논하며 주권자의 힘을 제한하는 두 가지 방법으로 연역적 공법 논리에 입각한 제약과 통치 실천의 효용 기준에 의한 제약을 이야기하였다. 이제 전자는 호모 주리디쿠스

(homo juridicus)의 문제로, 후자는 호모 에코노미쿠스의 문제로 구분된다. 호모 주리디쿠스는 주권자에게 "나에게는 권리가 있고 나는 그중 몇 가지만을 당신에게 양도했다. 당신은 그 외 다른 권리를 건드려서는 안된다"라고 말하는 사람이다. 반면, 호모 에코노미쿠스의 입장에서 주권자의 권력이 제약되어야 하는 이유는 주권자가 무능하기 때문이고 무능한 이유는 주권자가 알지 못하기 때문이다(Foucault 2008, 283).

결국 푸코에게 미국의 신자유주의적 통치성은 시장적 합리성의 사회 영역으로의 전면적 확장으로 이해되고, 이는 궁극적으로 경제주체의 합리성에 기반한 국가의 통치화(governmentalization)라고 할 수 있을 것이다.

IV. 기본소득과 자유주의적 통치성

이 절에서는 기본소득제도를 통치성의 관점에서 분석한다. 구체적으로 기본소득과 앞에서 논한 자유주의적 통치성이 만나는 접점을 찾는다. 먼저 기본소득 정책이 갖는 자유주의 친화적 특징을 논하고, 이어 기본소득론 중 두 가지에 대해서 자유주의적 통치성과의 관계를 분석한다.

1. 기본소득의 자유주의적 속성

기본소득은 현금 지급, 개인 지급, 정기적 지급, 보편성, 무조건성의 다섯 가지 특징을 갖는다. 이 다섯 조건은 기본소득 지구 네트워크(Basic Income Earth Network)가 기본소득의 정의로 사용하는 속성이다. 몇몇 기본소득론자들은 이 다섯 가지 성질 외에도 '충분성'을 기본소득 프로그램이 갖추어야 할 조건으로 본다. 충분성은 기본소득으로 지급되는 급여의 크기가 정책의 취지를 만족할 수 있도록 충분히 커야 한다는 원칙이다(김교성 외 2018).

이 여섯 가지 기본소득의 특징 중, 현금 지급, 개인 지급, 보편성, 무조건성의 네 속성이 자유주의적 원리에 근거를 두거나 자유주의적 이념과 친화성을 가진다고 할 수 있다.

먼저 현금 지급은 식료품, 의복, 주거 서비스 등 생필품의 현물 지급과 대비되는 개념으로 현금 지급이 선호되는 이유는 수급자의 소비에 대한 자유로운 선택을 보장한다는 것이다.

둘째, 개인 지급은 현재 여러 복지 수급에서 사용되고 있는 가구당 지급과 대비되는 개념이다. 기본소득은 가구를 구성하는 각 개인에게 급여를 사용할 선택권을 주기 때문에 가구를 수급 주체로 하는 복지급여의 방식보다 자유주의적이라고 할 수 있다. 특히 가구 내에 지배·불평등의 관계가 있을 때, 기본소득은 가구 내에서 자유를 억압당하고 있는 사람에게 그로부터 탈피할 수단을 제공해 줄 수 있다(Bidadanure 2019).

보편성이란 기본소득의 기존의 복지급여와 달리 소득이나 자산 심사 없이 지급되는 성질을 말한다. 보편적 방식을 선호하는 데에는 서론에서 말했듯이 낙인효과, 사각지대 등의 다른 이유가 있지만 개인의 자유와 관련지어서 중요한 부분은 보편성이 개인에게 노동시장에서 배제되지 않을 권리를 부여한다는 점이다. 소득 심사에 의해 지급되는 공공부조 수급자에게 일할 기회가 주어졌는데 그 일자리에서 소득을 얻을 때 복지급여의 자격이 박탈될 것이 예상된다면 그 수급자는 일자리를 포기할 수도 있다. 보수가 낮고 안정성이 크지 않은 일자리들에 대한 개인의 선택권이 소득 심사에 기반한 복지 프로그램에 의해 일정하게 제약된다고 할 수 있다.

무조건성은 기본소득이 노동 여부나 노동 의사의 여부와 무관하게 지급되는 성질을 말한다. 통상적인 실업 급여는 일할 의사가 있음에도 실업 상태인 사람에게만 지급하는 것을 원칙으로 하고 있고, 급여 수급자는 취업 노력, 직업 훈련 참여, 제공된 일자리를 거부하지 않을 것 등 여타의 조건을 만족하여 일할 의사가 있음을 보여줘야 한다. 이런 조건이 필요 없는 기본소득의 자유주의적 요소는 개인에게 일하지 않을 선택권을 부여하는 점에 있다. 판 파리에스와 판데르보흐트(Van Parijs and Vanderborght 2017)의 표현을 빌자면, 보편성이 사람들을 실업의 함정에서 구해낸다면 무조건성은 고용의 함정에서 구해낸다고 할 수 있다.

이렇게 기본소득의 네 가지 속성은 자유주의 이념과 친화성을 가진다고 할 수 있고, 따라서 기본소득을 옹호하는 한 축에는 자유주의의 관점이 있다. 그러나 기본소득의 몇몇 특징들이 개인의 자유를 증진시킬 것이라는 예측과 이 정책이 자유주의적 통치성의 일부로 포섭된다는 것은 전혀 다른 이야기이다. 앞서 보았듯이 자유주의적 통치성이 반드시 개인의 자유를 증진시키는 것은 아니고 자유를 증진시키는 제도가 반드시 자유주의적 통치성의 일부가 되는 것도 아니다. 오히려 자유주의적 통치성은 인구 내의 자생적 질서에 대한 법·행정적 미시 개입을 제한하며 시장적 질서를 확장하는 제도·절차·이념·전술에 의해 인구에 대한 관리가 이루어지는 방식에 가깝다고 할 수 있다. 결국 우리에게 중요한 질문은 다음과 같은 것들이다. 자유주의 통치성이라는 현시대의 지배적 통치성 내에서 기본소득제도는 무엇이 될 수 있는가? 기본소득제도는 통치성의 질적 전환을 가져올 수 있는가? 기본소득제도는 통치성을 어디로 가게 할 것인가?

이러한 문제는 기본소득이라는 대안적 프로그램의 이념, 기본소득론과 결합된 지식의 내용과 밀접히 관련되어 있다. 이하에서 기본소득론 중 '공유부 배당론'과 '실질적 자유론'을 자유주의적 통치성과의 관련 속에서 논하고자 한다.

2. 공유부 배당으로서의 기본소득과 자유주의적 통치성

공유부(共有富)는 누구도 사적으로 전유할 수 없고 특정한 공동체에 공통으로 속하는 것으로 간주되는 부를 말한다. 동일한 의미로 공동부(강남훈 2019)와 공통부(금민 2020)라는 용어가 사용되기도 한다. 기본소득을 공유부 수익으로부터의 배당으로 바라보고 그 관점에서 기본소득을 윤리적으로 정당화하며 또 그 구체적 디자인을 도출하는 입장들이 있다. 특히 한국에서는 이러한 주장이 기본소득한국네트워크의 정관에 명문화될 정도로 기본소득론의 중심에 있다.[3]

공유부 배당론처럼 '정당한 소유권'이라는 관념에 의거하여 기본소득제도의 윤리적 타당성을 찾으려는 시도는 상당히 긴 역사를 갖고 있다. 18세기 시민혁명의 시대에 기본소득과 같은 보편적 급여를 주장했던 페인(Paine 1797)은 일괄 급여의 재원을 토지에 대한 과세로 충당할 것을 주장했다. 그 정책의 정당성은 모든 사회구성원이 토지에 대해 권리를 갖는다는 윤리적 명제로부터 나온다. 페인에게는 천연 상태에서의 토지가 특정 개인이나 집단에 귀속되지 않는다는 것은 보편타당한 명제였다.

현실의 시점에서 토지를 사적으로 소유하고 있는 사회의 특정 구성원이 타당하게 갖고 있는 권리는 스스로의 개발로 증식된 토지의 가치분에만 있고, 토지의 가치 전부에 대해 소유권을 갖고 있다고 볼 수 없다. 따라서, 페인은 토지 보유로부터 수익을 얻는 개인들에게는 그 공동체의 다른 구성원들에게 지대를 지불할 의무가 있다고 생각했다. 페인의 아이디어는 그 지대 수입을 재원으로하여 국가가 기본소득을 지급할 수 있다는 것이다. 페인의 보편적 급여에 대한 구상이 공유부 배당론의 원형적 아이디어라고 할 수 있다.

공유부 배당이론의 윤리학적 근거가 가장 명증히 드러나는 것은 좌파자유지상주의(left-libertarianism) 이론에 의해서이다. 자유지상주의 이론에서 개인은 자신의 신체에 대해 침범할 수 없는 소유권을 갖는데, 이러한 자기 소유권은 자기 노동의 산물에 대한 소유권으로 연장된다. 그러나 노동의 산물은 신체의 연장으로서의 노동이 작용되기 전의 외적 대상과 노동의 결합으로 존재하기 때문에 애초의 외적 사물에 대한 소유권을 어

---

3 기본소득한국네트워크 정관 제1장 제2조는 다음의 내용을 포함하고 있다. "이때 기본소득이라 함은 공유부에 대한 모든 사회구성원의 권리에 기초한 몫으로서 모두에게, 무조건적으로, 개별적으로, 정기적으로, 현금으로 지급되는 소득을 말한다"(기본소득한국네트워크 홈페이지에서 인용).

떻게 설정하느냐의 문제가 제기되고, 여기서 우파자유지상주의와 좌파
자유지상주의의 구분이 생긴다. 모슬리(Moseley 2011), 발렌타인(Vallentyne
2011), 스타이너(Steiner 1994) 등의 좌파자유지상주의자들은 모든 개인이
자기소유권과 별도로 외적 세계에 대한 시초적 공동소유권을 갖는다고
본다. 따라서 페인의 논리와 마찬가지로, 현실에서 자원을 사적으로 소유
한 개인들은 공동으로 소유된 가치만큼의 다른 사회구성원들의 권리를
전유하고 있다고 볼 수 있고 이에 따라 이를 과세하여 보편적 기본소득을
지급하는 것이 정당화된다.

한편 토지를 비롯한 자연자원 이외에도 특정 개인이 배타적 소유권
을 주장할 수 없고 모두가 동등한 소유권을 가졌다고 할 수 있는 것들은
존재한다. 좌파자유지상주의 이론에 의하면 순전히 특정 개인이나 집단
의 노동으로 생산된 것이 아닌 자산, 즉 자기소유권으로부터 그 소유권이
도출되었다고 볼 수 없는 자산에는 사회구성원 전체가 권리를 갖는다고
할 수 있다. 이러한 자산이 흔히 공유부라고 불린다. 금민(2020)을 비롯한
한국의 여러 기본소득론자들은 공유부라는 범주에 토지 및 자연자원뿐
만 아니라, 불특정 다수의 상호작용에 의해 만들어지는 데이터를 통해 창
출된 자산, 과거로부터 내려온 지식 자산 등이 폭넓게 포함된다고 본다.
결국 이렇게 공유부 수익의 배당으로 기본소득을 정당화할 때 그 윤리적
정당성은 원초적 권리로 간주되는 소유권으로부터 온다는 것을 알 수 있
다. 나는 이전의 연구들(조석주 2021a; 2021b)에서 이러한 소유권적 기본소
득론의 문제점을 다각도로 논하였다. 이 글에서는 통치성과의 관련성에
집중하고자 한다.

공유부 배당론자들은 공유부는 원초적 권리에 해당하기 때문에 기본

소득은 선분배에 해당한다고 주장한다. 계약론적 관점에서 이를 해석하면 다음과 같다. 순수한 개인 노동의 산물에 대한 사적 소유권과 대칭적으로 천연자원이나 협동 또는 외부효과에 의한 생산물의 공유권은 자연적 권리에 속한다. 국가를 형성하는 계약에서 이러한 권리가 양도될 이유가 없으므로 이 권리는 보전되어야 한다.

따라서 이는 호모 주리디쿠스의 논리이다. 주권자와 시민의 계약 이전에 공유부에 대한 권리가 정의되므로 국가가 공유부에 해당하는 부에 대한 특정 구성원의 사적 전유를 허용하고 보장하는 것은 다른 구성원들의 권리를 침해하는 것이라는 주장이다. 이 논변의 구조에서 공유부에 대한 소유권은 자기 노동 산물에 대한 소유권과 마찬가지로 재산권의 형태를 취하고, 법적·원초적 권리로서의 자유권이 옹호되고 있다는 것을 알 수 있다.

앞서 살펴보았듯이 푸코는 18세기 이후 자유주의적 통치성의 역사적 발전과정이 통치적 실천의 효용, 피치자의 독립성으로서의 자유를 중심에 둔 방식이 법적 권리 개념들보다 우위에서고 후자를 통합해 가는 길이었다고 설명한다. 재산권이 세부적으로 규정되고 해석되는 상황을 보면 현 사회의 통치성이 푸코의 설명과 들어맞음을 알 수 있다. 예컨대 아파트 위아래 층 주민 간의 층간 소음 분쟁에서 위층 주민이 자신의 집 안에서 자유롭게 활동할 권리와 아래층 주민이 자신의 집 안에서 방해받지 않을 권리 중 어느 쪽이 침해되었는지를 나누는 기준은 무엇인가? 한 건물에서 멀리 떨어지지 않은 곳에 다른 건물을 신축할 때, 신축 건물 토지의 소유자가 자신의 땅에 원하는 대로 건물을 세울 권리와 원래 있는 건물의 주거자의 일조권·조망권 사이에 어느 것이 침해당했다고 판단하는 경계는 어디인가? 이런 문제의 판단은 연역적으로 주어지지 않는다.

공유부 배당론에서는 이전 세대로부터 물려받은 지식, 모두의 개별적 데이터 활동으로 얻어진 빅데이터 등이 공유부에 속한다고 본다(금민 2020). 그러나 최광은(2022)이 지적하듯이 과거의 지식을 응용하여 생산물의 가치를 만들어낼 때 어느 정도의 가치가 과거 지식의 기여분인지, 또 다양한 활동으로 구성된 빅데이터가 생산한 가치가 누구에게 얼마만큼 귀속되는지를 찾는 것은 쉽지 않다. 여기서 말하고자 하는 핵심적인 문제는 구체적 가치 몫 계측의 현실적인 어려움이 아니다. 인간관계의 복잡하고 구체적인 상호작용과 그러한 상호작용을 둘러싼 기술의 발전에 영향받으며 벌어지는 소유와 재산의 갈등과 조정이 본원적 권리라는 기준으로부터 연역되어 판단될 수 있느냐는 근본적인 의문을 제기하는 것이다.

분배의 패턴 차원에서의 정의론이 없이 본원적 소유권의 요구로 기본소득을 제한하는 공유부 배당론은 현재의 통치성에 미미한 변화 이상을 주지 못하고 자유주의적 통치성에 포괄될 가능성이 높다고 나는 추측한다. 재산 소유권을 규율하는 법적 체계는 권력관계가 성립하고 유지되는 메커니즘인데 근대의 국가이성을 제한하였던 본원적 권리로서의 소유권에 근거한 문제 제기는 아주 폭넓은 범위의 대답 이상을 줄 수 없다. 그 넓은 범위의 어느 지점에서 재산권의 미세 조정이 일어나건, 그만큼 변한 시장질서의 규칙 하에서 호모 에코노미쿠스 간 경쟁적 상호작용이 확대되는 통치성이 유지될 수 있다. 구체적으로 빅데이터의 수익이나 과거의 지식에 기반한 기술 독점 이윤에 조세를 부과할 수 있고, 그 조세의 명칭에 '공유수익 환수'와 같은 이름을 붙일 수도 있다. 그러나 결국 그러한 조세로 마련할 수 있는 재원의 크기는 세율이 상품과 서비스의 가격에 영향을 끼치고 다시 자원의 수요 공급에 영향을 끼쳐서 새롭게 형성될 균형 수익의 크기에 의해 상당 부분 결정될 것이고, 바로 이것이 자유주의적 통치성의 성격이라고 할 수 있다. 게다가 이러한 분배를 선분배로 바라보는 관점은 경제적 게임의 결과에 개입하지 않고 게임의 조건에만 개입하는 자유주의적 통치성의 핵심적 이념을 강화하는 효과를 낳을 수 있다.

3. '실질적 자유'를 위한 기본소득

기본소득유럽네트워크의 창립멤버이자 대표적 기본소득론자인 판 파레이스(Van Parijs)는 '모두의 실질적 자유'(real freedom for all)를 위해 기본소득제도가 필요하다고 주장한다. 그의 실질적 자유론은 모든 사람에게 사회에 온전히 참여하는 데 필요한 자원을 보장함으로써 개인의 자유를 최대화하고자 하는 정치이론이다(Van Parijs 1995). 판 파레이스는 언론·출판·집회·결사의 자유와 같은 전통적인 자유권만으로는 개인의 진정한 자유를 보장할 수 없다고 보며, 각 개인이 실질적 선택권을 가지기 위해서는 일정 수준 이상의 경제적 자원이 필요하다고 주장한다. 여기서 자유는 단순히 방해나 제약이 없는 상태를 의미하는 것이 아니라 각자가 스스로가 가치를 두는 무언가를 할 수 있는 능력을 갖는 것을 의미한다.

판 파레이스는 자유로운 사회의 조건으로 세 가지를 제시한다. 첫째, 일정 수준에서 안정된 법과 제도의 구조가 있어야 한다. 둘째, 각 개인은 자기 자신에 대한 소유권(self-ownership)을 가져야 한다. 셋째, 각자는 자신이 원할 수도 있는 것을 무엇이든 할 수 있는 기회를 가져야 한다. 그런데, 이러한 기회는 경쟁적으로 배분되는 자원과 관련되므로 분배 정의적 담론이 개입하게 된다. 판 파레이스 이론에서 기회 확대의 제약조건은 그 사회에서 가장 적은 기회를 가진 사람의 기회이다. 즉, 최소 기회를 부여받은 사람의 기회를 줄이지 않는 한에서 사회 성원들의 선택권은 확대되어야 한다. 달리 말하자면 최소 기회를 가진 성원의 기회를 최대화하는 사회가 모두에게 실질적 자유를 부여하는 사회라고 불릴 수 있다.

　이렇게 정의된 모두의 실질적 자유를 확보하는 대안적 제도가 기본소득이라고 판 파레이스는 주장한다. 실질적 자유를 얻기 위해서는 개인이 자신의 목표를 추구하고 존엄한 삶을 살 수 있는 최소한의 자원과 기회에 접근할 수 있어야 한다. 판 파레이스는 고용 상태나 노동 의사에 관계없이 기본소득을 제공하는 것이 자기 삶의 계획을 실현할 기회를 위한 최소한의 자원을 모든 개인에게 제공하면서 동시에 그 제공의 과정에서 자유를 해치지 않는 수단이다. 즉 기본소득이 생존을 위해 저임금·고위험 노동에 종사해야 하는 상황을 방지함으로써, 개인이 자신의 시간과 삶의 계획을 더 스스로 통제할 수 있게 만들어 준다는 것이다. 그런데 이런 기본소득을 위한 재원을 마련하기 위한 징세 등의 과정에서 경제적 자유가 훼손될 수도 있고 경제 자체가 위축이 될 수도 있다. 이런 객관적인 조건을 고려할 때 어느 정도의 기본소득을 지급해야 하는지를 판별해주는 기준이 앞 문단에서 언급했던 최소극대화의 기준이다. 즉 그 사회에서 가장 적은 실질적 자유를 갖는 사람의 기회를 해치지 않는 한도 내에서 실질적 자유의 불평등은 가능하고 이 제약조건하에서 지속가능한 기본소득이 지급되어야 한다.

'모두의 실질적 자유론'에서의 자유는 푸코가 분석했던 18세기 유럽, 20세기 독일·프랑스·미국의 자유주의적 통치성에서 작동하는 자유의 개념과 일정하게 조화를 이루고 일정하게는 충돌한다. 판 파레이스는 '모두'라는 말을 명시함으로써 그의 자유론이 강조점이 동등한 자유에 있음을 분명히 하였고 최소극대화의 원칙을 제시함으로써 동등함의 기준 또한 제시하였다. 푸코의 분석에 등장하는 18세기 자유의 개념 중 법적 권리로서의 자유는 물론 모든 개인에게 동등하게 보장되어야 하는 자유이지만, 계약론의 상황에 놓인 개인은 사실상 동일한 존재로 추상화되기 때문에 이러한 자유론이 서로의 자유가 실질적으로 충돌하는 현실 상황 속에서 동등한 자유의 원칙으로 구체화된다고 보긴 힘들다.

그러나 통치로부터 피치자들의 독립이라는 자유주의 통치성의 자유는 실질적 자유론이 기본소득을 옹호하는 근거와 잘 부합하고 있다. 기존의 복지 프로그램에 비해 기본소득은 규율 메커니즘(disciplinary mechanism)을 현저히 약화시킨다. 공공부조를 현금이 아닌 생필품으로 지급하는 것, 신청과 소득·자산 심사를 통해 복지 수급 여부를 결정하는 것, 실업 급여를 받는 사람의 구직 노력을 확인하는 것, 이런 모든 과정에는 개별 구성원의 행동을 통제하는 규율 권력이 개입한다. 이 메커니즘을 제거하고 기본소득이라는 바탕 하에서 소비와 노동의 선택을 모두 개인에게 돌리는 것이 피치자의 자율성을 확대하는 통치성이다. 누군가는 그 기본소득을 자기 교육에 투자하며 생산적 노동에 참여할 수 있고, 누군가는 단기적 소비로 다 써버릴 수 있지만, 지속가능한 수준에서 기본소득이 설계되었다면 '인구 단위'에서의 사회적 삶의 총체가 재생산되는 데에는 차질이 없을 것이다. 엄밀하게 말하자면 지속가능성이란 개념 자체가 결국은 인구단위에서의 재생산을 지칭할 것이다.

기본소득을 지급받은 사람이 필수재를 구매하고 통상적으로 생산적이라고 불리는 활동에 종사하는데 그 돈을 지출하는지 혹은 통상적으로 유흥이라고 불리는 활동으로 '탕진'하는지에 대해 왜 국가는 개입하면 안 되는가? 이 규범적 질문에 대한 실질적 자유론자(혹은 그 외 많은 규범적 자유주의자)들의 대답은 각 개인의 좋은 삶의 내용은 각자가 결정한다는 것이다. 이 규범적 관념은 환원불가능하고 양도불가능한 선택의 주체로서의 호모 에코노미쿠스와 정확히 부합한다.

완전고용이 총량적 의미에서의 사회적 후생을 극대화할 것인가? 자유주의 통치성을 구성하는 하나의 지식인 경제학은 그렇지 않다고 말한다. 푸코는 진실 검증(veridiction)의 장으로서 시장을 말하면서도 그 주제를 노동시장에 적용하지 않았지만, 그러한 확장의 결론은 쉽게 추측할 수 있다. 자유주의적 통치성에서 노동과 여가, 혹은 노동과 노동하지 않음의 진실된 교환비율은 시장 임금이다. 그 임금을 결정하는 메커니즘에 국가는 개입할 수 없는데, 왜냐하면 모르기 때문이다. 노동과 노동하지 않음의 가치는 호모 에코노미쿠스라는 주체의 선택이고 국가는 그것을 미리 알 능력이 없다.

총량적 생산을 위해 완전고용이 필요 없다면, 완전고용을 위한 정책은 노동이 인간의 좋은 삶을 구성하는 특별한 요인일 때에만 윤리적 타당성이 있을 것이다. 그런데, 푸코가 지적했듯이 자유주의적 통치성 하에서 노동력은 인적 자본이 되었다. 인간은 노동하는 생명체이기보다, 인적 자본을 축적하고, 소유하고, 관리하고, 판매하는 주체, 그 자체 하나의 기업인 호모 에코노미쿠스이다. 인적자본의 사용인 노동은 오직 소득을 위한 도구이고 그 소득의 크기는 시장이 결정하는 사실 명제로서의 임금에 의해 결정된다. 그렇다면 완전고용을 상정하는 복지 프로그램을 유지하기 위한 규율적 권력이 왜 필요한가? 이 지점까지 호모 에코노미쿠스에 대한 통치와 각 개인이 자신의 좋은 삶을 선택한다는 실질적 자유론은 동행한다.

그러나 호모 에코노미쿠스의 개념에는 실질적 기회의 평등이라는 개념이 없고, '모두의' 실질적 자유론에는 기회의 평등론이 포함되어 있다. 호모 에코노미쿠스는 목적을 얻기 위해 '가능한 것' 중 최선을 선택하는 사람이다. 그 가능한 것의 집합이 얼마나 컸는지 예산선이 원점에서 얼마나 멀리 와 있었는지를 따지지 않는다. 그러나 실질적 자유는 내가 '원할 수도 있었던 것'을 할 수 있는 자유(the freedom to do what one might want to do)이다. 물려받은 자원, 교육 기회 모든 면에서 열악한 조건에 놓인 사람이 저임금·고위험 노동을 선택하였을 때, 그것은 호모 에코노미쿠스의 선택이지만, 실질적 자유론의 입장에서 볼 때는 생존을 위해 내몰린 선택이 된다.

많은 내몰린 선택을 포함하고 있는 노동시장에서 형성된 임금은 노동과 노동하지 않음의 참된 가치를 비교하는 유일한 기준일 수 없다. 여러 참된 교환 비율 중 하나일 뿐이다. 왜냐하면 노동시장 참가자들 사이의 초기 자원의 분배에 따라 서로 다른 균형 임금이 있을 것이기 때문이다. 따라서 실질적 자유론자의 입장에서 본다면 임금을 단순한 사실명제로 받아들이는 것은 일면적이고 순진한 회피에 불과하다. 특정한 수준의 기본소득이라는 반사실적(counterfactual) 가정마다 그에 대응하는 반사실적 임금과 반사실적 노동공급이 있다. 시장메커니즘의 결과에 개입하지 않고 조건에 개입하라는 질서자유주의자들의 주장은 조건과 결과의 상호작용의 깊이를 얕본 것이다. 시장은 진실 검증의 장소이지만 수많은 사실이 될 가능성들이 시장의 조건을 결정하는 과정에서 경합한다. 따라서 다수의 가능한 사실 중 바람직한 것을 결정하는 규범의 문제가 발생한다. 실질적 자유론자들에게는 충분한 기본소득이 제공되었을 때의 임금이 노동과 여가의 참된 교환 비율이고, 그때의 시장이 바로 개입하지 않을 질서이고, 그 조건에서 각각의 호모 에코노미쿠스가 선택한 것이 각자의 좋은 삶에 해당한다. 이런 의미에서 현재의 자유주의적 통치성은 기회의 평등을 완전히 포섭할 수 없다.

결국 실질적 자유론에 기반한 기본소득은 한 편에서 자유주의적 통치성과 부합하는 자유지상적 이념 성격을 갖고 있는 동시에 자유주의적 통치성과 충돌할 가능성을 품고 있다고 할 수 있다.

V. 결론

이 글에서는 푸코의 자유주의적 통치성을 상술하고 기본소득제도의 두 가지 이론이 어떻게 자유주의적 통치성과 관계를 맺을 것인지를 살펴보았다.

실질적 자유론과 자유주의적 통치성의 관련을 살펴본 결과, 기본소득제도가 현재의 자유주의적 통치성을 넘고 통치성의 실적 변화를 만들

대안적 프로그램이 될 수 있는지의 여부는 결국 지급되는 기본소득의 크기에 달려 있는 것으로 보인다. 즉, 기본소득의 주창자들이 말하는 여러 조건 중 충분성의 조건이 핵심이다. 충분성이 만족되지 않았을 때의 기본소득은 푸코가 마이너스 소득세를 분석하며 서술했던 것과 동일한 메커니즘으로 자유주의적 통치성을 강화·심화할 수 있다. 즉 기본소득과 그 재원을 위한 조세를 모두 고려해서 순혜택이 0사이에서 등락하는 사람들의 집합이 영속적인 산업예비군으로 존재하며 인구단위에서의 사회적 삶의 재생산이 이루어지는 가설을 생각해 볼 수 있다. 결국 실질적 자유론이 주장하는 기회의 평등은 이 체제에서 달성되지 않는다.

그렇다면 어느 정도로 충분해야 하는가? 개인이 노동하지 않아도 될 정도 즉, 노동을 해야 한다는 것이 물질적이며 사회적인 의미에서 결핍에 빠질 것이라는 공포를 불러일으키지 않을 만큼의 기본소득이 주어질 때만이 질적으로 다른 형태의 통치성이 가능할 것이다. 그러나 여기에는 당연히도 질문이 따라온다. 노동을 하지 않아도 될 정도의 기본소득이 누구에게나 주어질 때, 그만큼의 기본소득을 지급할 만큼의 생산은 누구의 노동에 의해 이루어질 것인가? 이에 대한 대답을 위해서는 인간의 문제로 돌아갈 수밖에 없다. 인간의 욕망, 인간의 지식, 인간과 인간의 관계, 인간의 윤리, 이 모든 것의 주체로서의 인간이 남는다. 나는 그러한 인간을 호모 에코노미쿠스의 바깥에서 찾을 수 있을 거라고 보지 않는다.

푸코는 합리적 인간으로서의 호모 에코노미쿠스의 적용 영역이 경제를 넘어선다는 것을 올바르게 지적했지만, 호모 에코노미쿠스의 합리성을 시장 합리성의 범위 이상으로 끌고 가지 못했다. 따라서 합리적 인간의 정치적 판단과 정치적 결정의 공간을 열지 못하고, 호모 에코노미쿠스의 확장을 단지 시장 합리성의 확장으로 한계지웠다. 그러나 환원불가능하고 양도불가능한 호모 에코노미쿠스의 '이익'에는 사회에 대한 윤리적 판단과 인적자본의 개념에 포섭되지 않는 노동과 여가에 대한 가치 평가의 기준이 얼마든지 있을 수 있다. 시장 내에서 이익을 극대화하는 호모 에코노미쿠스는 또한 여러 가능한 '시장의 조건' 또는 '게임의 규칙'을 선택하는 정치적 인간이기도 하다. 뿐만 아니라, 민주주의 정치에서는 통치로부터 일정한 독립성을 가지는 피치자로서의 호모 에코노미쿠스가 곧 집합적으로 통치하는 정치의 주체이기도 하다. 호모 에코노미쿠스의 결정 영역을 경제로부터 확장하였을 때, 호모 에코노미쿠스의 이론에 대한 '내용'은 텅 비고 합리성이라는 방법론적 명제만이 남는다. 그 내용을 채우는 것, 특히 정치의 주체로서 호모 에코노미쿠스의 내용이 무엇이 될 것인지가 통치성의 질적 전환의 열쇠가 될 것이다.

강남훈. 2019. 『기본소득과 정치개혁: 모두를 위한 실질적 민주주의』. 과천: 진인진.

금민. 2020. 『모두의 몫을 모두에게: 지금 바로 기본소득』. 서울: 동아시아.

기본소득한국네트워크. "기본소득한국네트워크 정관." https://basicincomekorea.org/articlesofassociation/.

김교성·백승호·서정희·이승윤. 2018. 『기본소득이 온다: 분배에 대한 새로운 상상』. 서울: 사회평론아카데미.

김기덕. 2020. "신자유주의, 관리주의 그리고 사회복지: 푸코의 통치성 이론을 중심으로." 『한국사회복지학』72권 2호, 181-200.

김용현. 2019. "푸코 통치성(gouvernementalité)으로 본 복지국가의 기원과 그 사회적 효과." 『사회복지정책』46권 3호, 157-177.

김정부. 2021. "근대국가 통치성(governmentality)의 형성과 재정·예산제도의 발전: 영국·프랑스·미국의 경험을 중심으로." 『한국행정논집』33권 2호, 401-436.

김정부. 2022. "다층적 통치성, 재정·예산제도, 그리고 영원한 감옥: 재정투명성 및 조세윤리에 대한 시론적 분석을 중심으로." 『한국행정논집』34권 4호, 581-612.

이동수. 2020. "공화주의적 통치성: 르네상스기 이탈리아 도시국가를 중심으로." 『OUGHTOPIA』35권 2호, 211-246.

이명현. 2014. 『복지국가와 기본소득: 논쟁과 전략의 탐색』. 대구: 경북대학교 출판부.

이문수. 2009. "통치(Government), 통치성(Governmentality), 거버넌스 그리고 개인의 자유." 『한국거버넌스학회보』 16권 3호, 71-90.

조석주. 2021a. "기본소득과 분배: 윤리적 관점에서." 이동수 편. 『지배에서 통치로: 근대적 통치성의 탄생』, 282-325. 고양: 인간사랑.

조석주. 2021b. "기본소득의 규범적 정치이론: 좌파자유지상주의와 공화주의 이론에 대한 검토." 『사회과학연구』 47권 3호, 55-72.

최광은. 2022. "'공유부 배당' 기본소득론에 대한 비판적 검토." 『시대와 철학』 33권 3호, 181-220.

홍성민. 2008. "자유주의에 대한 새로운 정치적 해석: 후기 푸코의 자유주의 사상." 『프랑스학연구』 45집, 353-384.

홍태영. 2012. "푸코의 자유주의적 통치성과 정치." 『한국정치학회보』 46집 2호, 51-70.

Bidadanure, Juliana U. 2019. "The Political Theory of Universal Basic Income." *Annual Review of Political Science* 22: 481-501.

Dahl, Robert A. 1957. "The Concept of Power." *Behavioral Science* 2(3): 201-215.

Foucault, Michel. 2007. *Security, Territory, Population: Lectures at the Collège de France, 1977-1978*. New York: Palgrave Macmillan.

Foucault, Michel. 2008. *The Birth of Biopolitics: Lectures at the Collège de France, 1978-1979*. New York: Palgrave Macmillan.

Moseley, Daniel D. 2011. "A Lockean Argument for Basic Income." *Basic*

Income Studies 6(2).

Nettle, Daniel, Elliott Johnson, Matthew Johnson, and Rebecca Saxe. 2021.
"Why Has the COVID-19 Pandemic Increased Support for Universal
Basic Income?." *Humanities and Social Sciences Communications* 8.

Paine, Thomas. 1797[2006]. *Agrarian Justice*. Lulu Publishing.

Steiner, Hillel. 1994. *An Essay on Rights*. Cambridge: Blackwell Publishing.

Vallentyne, Peter. 2011. "Libertarianism and the Justice of a Basic Income."
Basic Income Studies 6(2).

Van Parijs, Philippe and Yannick Vanderborght 저·홍기빈 역. 2017. 『21세
기 기본소득』. 서울: 흐름출판.

Van Parijs, Philippe. 1995. *Real Freedom for All: What (if anything) Can Justify
Capitalism?*. Oxford: Clarendon Press.

4장 칼 폴라니의 공동체와 국가, 그리고 사회적 경제*

임상헌

I. 서론

시민사회의 자유로운 공동체들과 민주적으로 선출된 정부 사이의 관계는 늘 논쟁의 대상이 되어왔다. 또한, 지역의 자치와 국가의 중앙 통치 사이에도 계속 논쟁이 이루어지고 있다. 현재 여러 나라에서 추진이 되는 사회적경제 운동에서 사회적경제 조직과 지역사회, 그리고 중앙정부 사이의 관계 또한 예외가 아니다. 사회적경제는 본질적으로 지역사회와 사

---

* 이 글은 2022년 6월 『현상과 인식』 46권 2호에 실린 "칼 폴라니의 공동체와 국가, 그리고 민주주의: 사회적경제에 대한 함의"를 수정·보완했다.

회적경제조직 멤버들의 자발적 참여와 연대에 초점을 맞춰야 한다는 관점으로 보면, 사회적경제가 중앙정부와 연결이 되거나 지역을 넘은 전국적인 수준에서의 활동을 하는 것은 사회적경제의 본질을 벗어나는 일이 된다. 그러나 다른 한 편으로 보면, 사회적경제가 광역 및 전국 단위에서 자본주의 시장경제에 대한 하나의 대안적인 경제 체제로 제시가 되는 현상을 사회적경제의 본질에서 벗어나는 '문제'로 지적할 수만은 없다. 또한, 지역과 사회적경제 조직 사이의 관계를 보면, 주거지를 기반으로 맺어지는 지역공동체와 자발적 결사체인 협동조합이나 마이크로 금융을 같은 성격을 가진 조직이라고 보기는 어렵다. 그러므로 지역의 공동체와 전국 수준의 국가를 어떻게 연결시킬 것인가, 그리고 자발적인 사회적경제와 주민 및 국민을 구성원으로 하는 비자발적인 정치 공동체를 어떻게 연결시킬 것인가 하는 문제는 사회적경제의 거버넌스 논의에 있어 하나의 도전이 된다고 할 수 있다.

이 글에서는 칼 폴라니(Karl Polanyi: 이하 '폴라니')가 자발적 결사체와 비자발적 공동체, 그리고 지역과 국가를 어떻게 연결시켰는가, 그리고 폴라니의 아이디어가 오늘날의 사회적경제 및 지역 거버넌스에 어떠한 함의를 가지는가에 대하여 논의하고자 한다. 폴라니는 20세기 초반에 서구 사회가 겪은 파국적인 경험인 경제 대공황과 파시즘의 창궐, 그리고 두 차례에 걸친 세계대전이 나타나게 된 원인을 자기조정시장(self-regulating market) 추구와 이에 대항하는 사회보호운동(social protection movement)이라는 이중운동(double movement)으로 설명하며, 시장의 사회 파괴적인 성격과 파시즘으로부터 사회를 보호하고 민주주의와 자유를 지키고자 했던 학자이다. 폴라니의 생각들은 오늘날 신자유주의가 초래한 양극화와 생활 안정 저하, 그리고 더 나아가 환경 파괴와 민주주의의 위기를 극복하기 위한 대안 가운데 하나로서 세계 여러 곳에서 추진되고 있는 사회적경제 운동에 영향을 끼치고 있다. 그러나 민주적 거버넌스에 대한 폴라니의 논의는 상대적으로 덜 주목을 받는 경향이 있다. 이 글에서는 생산자 조직과 주민 공동체, 그리고 지역과 국가를 연결하는 기제로서 기능적으로 조직된 사회(functionally organized society)에 기반한 민주주의를 제시한 폴라니의 논의를 소개하고자 한다. 폴라니에게 있어 민주주의는 어떠한 의미가 있으며 결사체와 공동체, 그리고 국가는 어떠한 의미가 있는지, 그리고 이들은 어떻게 연결이 된다고 보았는지 알아보고자 한다. 그리고 이것이 오늘날 사회적경제 및 지역 거버넌스에 어떠한 의미가 있는지 고찰하고자 한다.

II. 이중운동, 공동체, 그리고 국가

폴라니의 공동체와 국가의 거버넌스를 이해하기 위해서는 먼저 이들과 대립점에 있는 '자기조정시장'에 대한 폴라니의 생각에 대하여 알아볼 필요가 있다. 폴라니는 자본주의 시장사회의 발전과 이에 대한 사회의 저항을 이중운동이라는 이론적 틀로 설명한다(Polanyi 2001). 이중운동은 근현대 자본주의 시장경제의 발전에 있어 자기조정시장의 확대와 이에 대항하는 사회보호운동이 서로 갈등을 일으키며 함께 전개되는 것을 나타내는 개념이다. 여기서 자기조정시장이란 경제활동이 이윤을 얻기 위한 거래로 이루어지는 시장의 성립과 확대로 이루어지며, 이 시장을 통제하는 유일한 기제는 가격인 경제 체제이다. 처음에는 경제학자들의 이론 정도로 시작이 된 자기조정시장이라는 아이디어가 하나의 경제 체제가 된 것은 산업혁명에 의한 기계 문명의 도래 때문이었다. 자본가들이 값비싼 기계 설비에 투자하여 생산을 하여 이윤을 남기기 위해서는 생산요소를 안정적으로 투입하는 것이 필요했다. 이를 위해서는 단순히 경제 행위자들이 시장에서 생활이나 사치에 필요한 물건을 사고파는 것을 넘어서, 안정적인 생산과 판매를 유지하기 위해서 생산에 필요한 요소인 인간의 노동과 토지 및 그 소산, 그리고 거래에 사용되는 화폐까지도 모두 상품화시키는 것이 필요하게 되었고, 그 거래를 교란하는 어떠한 정치적인 개입도 있어서는 안 되었다. 그런데 노동과 토지라는 '생산요소'는 원래 상품이 아니라 인간의 살림살이와 인간 사회를 이루는 기본적 요소인 인간과 자연 그 자체이다. 자기조정시장의 유지를 위해서는 노동 및 토지의 상품화를 통해 인간사회 자체를 시장경제의 틀에 맞춰서 '시장사회'로서 재구성할 필요가 있다(Polanyi 2001, 75). 이를 위해 자기조정시장을 실현하고자 하였던 이들, 즉 고전적 경제학자들과 자본가들, 그리고 이들을 지지하는 정치 및 법률 엘리트들은 법 제정을 통해 사회 세력들의 정치적 영향력으로부터 자기조정시장의 자율성과 독립성을 보장하고자 하였다(Polanyi 연도 미상; 2001, 233-234).

그러나 사회 전체를 '시장사회'로 재구성하고, 시장경제를 정치로부터 독립시켜서 사회의 영향력이 미치지 못하도록 하는 것은 사회의 붕괴를 의미하였다. 인간의 활동과 삶으로부터 노동과 임금이라는 것을 분리하여 상품화하고 인간의 삶의 터전인 토지와 인간의 생존을 위해 필요한 곡식과 자원을 상품화하는 것은 인간 살림살이의 안정성을 무너뜨리고 사회의 유지 자체를 위협하는 일이다. 그러므로 자기조정시장은 끝없이 사회를 갈아 넣어 파괴하고 인간이 삶의 터전을 잃게 만드는 악마의 맷돌과 같은 것이었다(Polanyi 2001, 76-77). 그리고 자기조정시장의 확대로부터 사회를 지키기 위한 움직임이 일어나는 것이 사회보호운동이다(Polanyi 2001, 79). 그리고 이러한 사회보호운동은 노동자 계급들만 일으키는 것이 아니라, 자기조정시장이 가져오는 불안정으로부터 자신과 사회의 삶의 기반을 지키고자 하는 농민과 지주, 심지어 공장주와 자유경제 옹호자들도 참여한다. 폴라니는 많은 사회입법들이 보수주의자들과 자유경제 옹호자들에 의해 입안되었다는 것을 이야기한다(Polanyi 2001, 152-153).

자기조정시장의 폭압으로부터 사회를 보호하는 운동 가운데 특히 노동자 계급이 주도하던 운동은 두 가지 흐름을 가지고 있었다. 하나는 시장경제로부터 호혜적이고 자조적인 공동체를 지키고 유지하는 것이다. 이는 공동사회(Gemeinschaft)식 작은 수의 사회(society of small numbers)를 살리는 데 초점을 맞추고 있다. 다른 하나는 국민국가와 시장경제의 형성으로 이미 큰 수의 사회(society of large numbers)가 된 것을 인정하고, 계급정치를 통해 국가권력을 장악하여 자기조정시장의 경제를 통제하는 것이다. 전자를 생디컬리즘(syndicalism)이라고 부르고 후자를 집합주의(collectivism)라고 부른다(Polanyi 2016b).

폴라니는 이 둘 가운데 하나를 선택하여 다른 하나를 버리는 데에 찬성하지 않았다. 먼저, 폴라니는 공동체를 포기할 수 없었다. 폴라니가 보기에 자기조정시장이 사회를 잠식하려고 하기 전에 사회에 존재하던 경제 형태, 그 가운데에도 중앙의 강제 권력이 생기기 이전의 경제 형태는 호혜의 경제였다. 그리고 이러한 호혜의 경제가 이루어지는 장이 공동체이다(Polanyi 2001, 51-53). 또한, 폴라니가 바라던 사회는 모든 개인이 인간(person)으로서 존중을 받고 자유를 누리는 사회였다. 폴라니는 시장경제의 자유를 무신론적인 자유라고 부르면서 자신이 추구하는 자유는 개인이 영혼을 가진 존재로서 자신을 실현하는 것이라고 하였다. 그리고 개인의 영혼이 만들어지는 곳이 공동체라고 보았다(Polanyi 2018b). 폴라니는 국가의 중앙 권력이 강해지면서 관료제가 성장하여 개인의 자유를 억압하는 데 대하여 경계하며 관료제의 억압으로부터 개인의 자유를 지킬 방법을 모색하였다(Polanyi 2001, 264).

그러나 다른 한편으로 폴라니는 이미 경제적으로나 정치적으로나 작은 수의 공동체가 아닌 큰 수의 사회가 된 현실을 인정하였다. 19세기 들어서서 시장경제는 이미 틀을 잡고 있었고 노동은 상품화가 되었다. 이전의 경제 체제인 봉건 경제의 기득권층이었던 영주와 성직자들도 자신들의 영지나 교구에서 새로 등장하는 시장경제를 막지 못했다(Polanyi 2001, 107). 그리고 중앙집권이 진행된 국가들에서 자기조정시장을 옹호하는 경제학자들과 자본가들, 그리고 정치가들은 법질서를 통해 자기조정시장을 어느 사회세력도 침해하지 못하는 신성불가침의 규범으로 만들고자 하였다(Polanyi 연도 미상). 여기에 대하여 폴라니는 전국적인 수준의 계급정치의 필요성을 이야기한다. 시장경제의 확산으로 인한 노동의 상품화로 생겨난 노동자들이 노동자 계급으로 결집하여 자기조정시장과 맞설 수밖에 없었다고 주장한다(Polanyi 2001, 104).

공동체를 살리면서도 이미 대규모가 된 정치와 경제 체제에서 자기조정시장의 폭정으로부터 사회를 지킬 방법은 무엇이 있을까? 폴라니는 민주적 거버넌스를 통해 공동체와 국가를 연결하고자 하였다. 여기에서 민주주의는 이익집단들이나 사회계급들 사이의 갈등의 각축장이라기보다는, 사회의 여러 집단들이 서로 인정하고 협력하는 장이 되어주는 것을 의미하였다. 폴라니는 새로운 산업 자본주의 시스템에서 사회보호를 위한 투쟁을 이끄는 데 생산자들, 노동자들의 역할을 강조하기는 하였지만, 이들의 특수한 이익이 아니라 서민들 전체의 일반적인 이익들이 민주주의를 통해 실현되는 것을 강조하였다.

III. 민주주의

공동체와 국가를 연결하는 의미로 볼 때 여기에 가장 부합하는 민주주의의 상으로서 폴라니가 제시했던 것은 길드 사회주의(guild socialism)에 기반한 기능 민주주의(functional democracy)로서, 특히 1920년대에, 즉 영국에서 길드 사회주의 운동이 한참 벌어지고 있던 시기에 주장하였다. 폴라니가 관심을 가졌던 길드 사회주의는 G. D. H. Cole이 주장하던 것이었다(Cole 1920). 공동체적 결사체를 기본 단위로 하는 가운데, 이들의 기능주의적 조직과 협의를 강조한 것이다. 이것이 '기능적 사회이론'(functional social theory)이다(Polanyi 2016a). 기본적으로 사회는 기능에 따른 공동체별로 조직이 된다. 생산자들은 생산공동체를 조직하고 소비자들은 소비자 협동조합을 조직한다. 그리고 지역 주민들은 지역 코뮌을 구성한다. 이런 식으로 사회구성원들이 기능에 따라 스스로를 조직한다. 그리고 이러한 기능조직들이 모여서 함께 논의하고 협의하는 방식으로 거버넌스를 이끌어 나간다(Polanyi 2016b).

이러한 기능조직들에 의한 거버넌스 시스템은 지역 차원에만 머무는 것이 아니라 광역단위, 그리고 중앙 단위에까지 확대가 된다. 소지역 단위의 생산공동체들은 광역 단위의 생산자 광역협회를 구성하고, 광역협회들은 중앙의 생산자연맹의 일원이 된다. 소비자들도 이런 식으로 소지역, 광역, 전국 단위의 소비자단체들로 조직된다. 그리고 지역 주민들도 이러한 식으로 조직이 되고 대표가 된다. 이 가운데 국가는 주민들의 조직들 가운데 전국 조직이 된다. 그래서 전국 단위 기능 조직들의 협상에서 당사자의 하나로서 참여한다(Polanyi 2016b). 이렇게 해서 자기조정시장의 핵심 기제인 '가격'의 형성을 정치적으로 통제하는 것이 폴라니가 제시한 방식이었다.

폴라니가 이러한 모습의 거버넌스를 생각한 데에는 두 가지 정도의 이유를 찾을 수 있다. 첫째, 이러한 거버넌스는 생산자 집단이나 소비자 집단이라는 한 집단의 이익에 초점을 맞추는 것이 아니라 여러 집단들을 포괄한다. 경제에는 생산자만 있는 것이 아니라 소비자도 있으며, 정치에는 생산자와 소비자의 특수한 이익을 넘어서는 주민들 혹은 시민들을 포괄하는 공공의 이익이 있다. 또한, 생산자들과 소비자들의 기능조직들은 자발적인 결사체라는 성격을 가지지만, 지역으로 묶여 있는 주민이나 시민들의 경우 이들의 공동체는 자발적인 성격보다는 주어진 것이라는 성격을 가진다. 그러므로 폴라니는 자발성을 가지는 시장의 경제주체를 넘어 지역이나 나라의 공공의 이익을 대표하는 기제도 거버넌스에 포함이 되어야 한다고 보았다(Polanyi 1924).

둘째, 사회를 기능에 따라 구분하고 조직하는 것은 특수 이익에 따라 이익집단으로 묶고 협상 테이블을 이익집단들 간의 각축장으로 만드는 것과는 다른 것이다. 왜냐하면, 소비자와 생산자, 생산자와 주민이 완전히 구분된 집단들이 아니라, 모든 사람들이 생산자이자 소비자이고, 또한 지역 주민이기 때문이다(Polanyi 2016b). 그러므로 기능조직들이 모여서 협의를 한다는 것은 서로 다른 이익들이 갈등하고 경쟁한다기보다는 서로 정체성과 멤버십이 겹치는 사람들이 각각 하나의 기능에 집중해서 논의되는 사안과 정책들이 각각의 기능에 대해 끼칠 수 있는 영향들에 대하여 심사숙고하는 위원회라는 성격이 더 강하다. 생산자로서 얻는 소득, 소비자로서 지불해야 하는 가격, 주민으로서 사회생활을 영위하는 데 필요한 복지와 사회서비스 등은 사실은 경제활동에 참여하고 있는 모든 사람들에게 해당하는 것이기 때문이며, 이들 가운데 어느 하나도 가볍게 다뤄져서는 안 되기 때문이다. 그래서 폴라니는 기능조직들 간의 관계가 권력관계가 아닌 인정관계(Anerkennungsverhältnis)라고 이야기한다(Polanyi 1924, 22).

그러나 폴라니가 기능 민주주의를 강조한 것이 기존의 대의 민주주의를 가볍게 여겨서 그런 것은 아닌 것으로 보인다. 기능조직들 간의 거버넌스에 기반한 민주주의를 지역에서 전국으로 수준을 높일 수 있게 하는 기제 가운데 하나가 대의 민주주의로 운영되는 국가이다. 대의 민주주의는 국가가 공익을 실현하기 위한 결사체로서의 정치적 권위를 가질 수 있게 한다. 폴라니가 길드 사회주의에 대한 논의에서 중앙 차원에서의 기능조직 간 협의에서 국가를 공익의 대표자로 인정한 것은 이러한 의미를 가진다. 또한, 영혼을 가진 존귀한 개인들이 국가라는 공적 권위를 행사하는 사람들을 선출할 수 있는 권력을 가지는 것은 그 개인들의 가치를 공적으로 인정한다는 의미를 가지기도 한다. 그러한 점에서 민주주의는 기독교적 사회주의를 정치적으로 실현시키는 연결고리가 된다.

그리고, 특히 1920년대 영국의 길드 사회주의 운동이 실패로 돌아가고 1930년대 이후 파시즘과 세계대전을 겪으면서 폴라니는 자기조정시장경제에 의한 사회적 파국을 막기 위한 수단으로서 서민계급의 단결을 강조하게 되었고, 대의 민주주의는 이러한 계급정치를 실현하는 장으로서 조명을 받게 된다. 민주적 선거제도와 의회권력을 통해 생산수단을 소유하지 못한 사람들이 임금 정책과 복지 정책 등을 통해 스스로를 보호할 수 있게 된다. 이러한 점에서 폴라니는 정치제도로서의 대의 민주주의를 이야기하면서도 종종 민주주의를 노동자 계급이 정치적 주도권을 잡는 정치 체제라는 의미로 이야기한다(Polanyi 2001, 244). 그래서 폴라니는 파시즘의 집권을 다수의 기층계급의 이른바 '포퓰리즘'으로 설명하는 것이 아니라, 소수의 자본가들이 사회주의와 그 정치적 실현방식인 민주주의를 말살하여 자본주의 시장경제를 지키기 위한 정치적 선택의 결과로 설명하고 있다(Lim 2023). 그리고 입헌주의라는 것을 대의 민주주의 제도의 일부로서 보는 것이 아니라, 19세기 민주화의 물결 속에서 민주정치로부터 자본주의적 소유권을 지켜내는 장치로 보고 있다(Polanyi 2001, 233-234).

하지만 폴라니는 대의 민주주의와 계급정치를 논하는 데도 한 계급의 이익, 특히 노동자 계급의 이익만을 위하여 대의 민주주의와 노동자 정당을 활용하는 것을 반대하고, 자기조정시장경제의 파국적 영향을 막기 위한 계급들 간의 연대와 협력을 강조하였다. 폴라니는 계급들 간에,

심지어 농민과 노동자와 같은 서민계급들 사이에도 자기조정시장에 대항하고 사회보호운동을 하는 데 있어 이해관계를 같이 하는 것이 어렵다는 것을 인식하고 있다. 사안에 따라 계급의 이익이 달라서 각 계급은 어떠한 사안에 대해서는 자기조정시장을 옹호하고 어떤 사안에 대해서는 사회보호운동을 지지한다. 예컨대, 노동자 계급은 대체로 사회보호운동을 지지하지만, 곡물의 무역에 있어서는 곡물의 가격을 떨어뜨리는 자유무역을 지지하였다. 그러나 1930년대 경제와 정치가 위기에 빠졌을 때 노동자 계급이 농민들과 중하층을 도외시하고 자신들의 계급이익만을 추구한 것이 결과적으로 파시스트들이 노동자 계급 이외의 서민 계급들이 노동당들로부터 등을 돌리고 보수 기득권들, 그리고 심지어 파시스트들을 지지하게 만들었다는 점을 폴라니는 지적하고 있다(Polanyi 1934-1935).

이런 점에서 폴라니는 노동자와 농민, 중하층과 같은 서민 계급들이 자기조정시장경제에 대항하는 사회보호운동에 연합하기를 원했다. 계급의식을 가지고 있고, 조직되어 있으며, 의회에 자신들의 정당을 진출시킨 노동자 계급이 농민 계급과 중하층 계급과 같은 여타의 기층계급들을 이끌어 자본주의 시장경제에 대한 투쟁을 할 수 있는 선도계급의 역할을 해야 한다고 보고 있다. 그리고 이를 위해서는 의회의 노동당이, 그리고 노동자 조직들이 노동자 계급 자신들만의 이익을 추구하는 것은 지양하여야 한다고 보았다(Polanyi 2018c).

또한, 폴라니는 민주적인 조직이라고 하더라도 조직의 규모가 커지고 중앙집권화가 되다 보면 개개인의 멤버들의 목소리가 작아지고 자유가 줄어들 수 있다는 점에 대하여 우려를 하였다(Polanyi 2001, 264). 그래서 폴라니는 전국 수준, 더 나아가 국제적인 수준의 정치와 경제의 변화와 개혁에 대한 논의를 할 때도 이러한 변화의 충격이 개인들에게 줄 충격을 완화하기 위해서는 능동적인 공동체가 필요하다고 하였다.

이런 식으로 폴라니는 공동체와 길드 사회주의를 이야기할 때도 사회 계급을 이야기할 때도 특정 지역이나 기능조직, 혹은 특정 계급을 뛰어넘는 더 높은 수준으로의 묶음을 이야기하였다. 그러면서도 개인의 가치를 도외시하지 않는 체제를 만들고자 했다. 영혼을 가진 개인들을 연결하는 것이 공동체이고 길드이며 계급의 연대이다. 그리고 공동체나 길드, 계급을 국가 수준의 사회와 연결하는 기제로서 민주주의를 제시하였다. 기능 민주주의와 대의 민주주의 모두 지역과 전국, 집단과 집단을 연결하는 기제로서 작용한다.

물론, 폴라니의 민주주의관이 오늘날의 상황에 적합한 것인가에 대하여 비판을 제기할 수 있다. 20세기를 거치며 민주주의에 대한 다양한 이론들이 발전하였고, 대의 민주주의 이외에도 시민들의 직접 참여를 가능하게 하는 민주주의 제도들이 발전하였다. 그리고 최근에는 투표 이외에 추첨을 통해 중앙정부나 지방자치단체의 위원회를 구성하는 방식도 나타나고 있다(Buchstein 2019). 그리고 특히 대의 민주주의에서 민주주의와 자본주의가 양립 불가능하다는 견해는, 물론 그 견해의 적절함이 완전히 부정되는 것은 아니지만, 20세기 초에 비하면 약화가 된 것은 사실이다. 오히려 자본주의 국가들에서 대의 민주주의가 잘 발전하는 것이 냉전을 거치며 경험적으로 자주 관찰되기도 한다(Dale 2016b, 70-71).

이러한 한계들에도 불구하고 폴라니의 민주주의에 대한 관점이 오늘날의 사회적경제 부문에 대하여 주는 함의는 있다. 그 함의들에 대하여 생각해 보고자 한다.

IV. 폴라니의 견해가 오늘날 사회적경제에 주는 함의

사회적경제는 신자유주의가 재등장시킨 유토피아적 시장자유주의 사회파괴적 성격으로부터 사회와 사회구성원들, 특히 취약계층의 살림 살이를 지킨다는 역할을 가지고 있다(Laville 2014, 110-111). 그리고 사회적경제조직의 조건으로서 시민들의 참여를 촉진하는 거버넌스를 가진다는 것이 포함되는 것이나(Defourny and Nyssens 2014) 시민사회와 공공부문이 함께 사회서비스의 생산에 참여하는 공동생산(co-production)이 지역거버넌스에 있어서 사회적경제의 역할 가운데 하나라는 주장이 힘을 얻는 것을 보면(Defourny et al. 2014), 민주주의 논의에 있어서 사회적경제가 가지는 위치가 있다는 것을 생각할 수 있다.

사회적경제가 사회계급에 따라서 나누어진다기보다는 공동체나 길드의 의미를 가진다는 것을 생각해 보면, 폴라니의 이야기가 사회적경제에 대하여 직접적으로 적절성을 가지는 것은 사회계급에 대한 논의보다는 공동체에 대한 논의, 즉 길드 사회주의와 기능 민주주의 쪽일 듯하다. 폴라니는 1920년대 체제의 붕괴와 파시즘의 등장을 통해 사회계급에 기반한 대의 민주주의가 실패한 사례를 이야기하고 있다. 이는 사회적경제가 인정의 네트워크에 기반한 새로운 민주주의 모델을 제시해야 한다는 것을 역설석으로 이야기하는 것이기도 하다. 오늘날 협동조합이나 사회적기업과 같은 사회적경제조직들은 시민들의 자발적 결사체로서 조직 내부의 민주적 거버넌스를 발전시키고자 한다는 점에서 일종의 참여민주주의라는 측면에서 논의가 되기도 한다(Kaswan 2014).

사회계급에 기반한 대의 민주주의가 계급 간의 대결과 소외, 그리고 정치와 경제 사이의 극한 대립을 가져왔다는 것은 역설적으로 사회적경제가 상호 이해와 인정의 네트워크를 구축하여 대의 민주주의의 약점을 보완하는 기능을 가질 수 있다는 것을 보여준다. 노동자 계급과 농민 계급, 그리고 중하층 계급, 심지어는 자본가 계급의 일부도 절대적으로 자기조정시장이나 사회보호운동 중 어느 한 편에 속한 것이 아니라는 것을 앞에서 이야기하였다. 파시즘의 등장도 노동자 계급의 계급에 기반한 대의 민주주의 활용 때문에 소외된 중하층 계급과 농민 계급의 반발이 어느 정도 역할을 한 점이 있다(Polanyi 1934-1935). 오늘날 자산의 불평등의 확대로 인해 소득이 높은 중상층도 안정된 자산을 보유하기 어려우며, 경영 기술과 과학기술의 변화에 따라 안정된 직업과 소득을 보장받기 어려워지는 사회계급은 오히려 중상층에까지 확대가 되는 측면이 있다(Piketty 2014; Frey and Osborne 2017). 문제는 소득과 살림살이의 불안정이 여러 직업군과 사회계급에 따라 다르게 나타나므로 대의 민주주의 하에서 이들이 연대를 하는 것이 아니라 오히려 더 반목하고 갈등하게 될 가능성이 있다는 것이다. 세계 여러 지역에서 득세하고 있는 극우 세력들은 바로 이러한 점을 이용하여 이들의 갈등을 외국인 등 외부인들과 관료주의를 공격하는 데 돌림으로써 대중을 선동하고 민주주의를 위협하고 있다고 볼 수 있다(Mouffe 2018). 다양한 직업군과 사회계급에 속한 사람들이 사회적경제, 그리고 사회적경제와 지역공동체 간 협의체 안에서 서로의 상황에 대한 이해를 높이는 것은 사회 구조의 근본적인 문제를 함께 발견하고 연대할 수 있게 해주는 방안이 될 수 있을 것이다.

그러나 사회적경제의 자발성과 참여성이 대의 민주주의에 의해 선출된 국가의 권위를 대체할 수는 없다는 점은 분명히 인식할 필요가 있다. 기본적으로 사회적경제 조직들은 특정한 목적을 가진 사람들이 그 목적을 실현하고자 자발적으로 모인 조직들이다. 물론, 사회적경제 조직들의 핵심이 되는 특성 가운데 하나는 사회적 가치의 추구이다. 게다가 그 사회적 가치는 사회적경제조직의 조직원을 넘어 일반적인 사회구성원들을 대상으로 하는 것으로 변화하고 있다(Defourny and Nyssens 2017). 그럼에도 불구하고, 사회적경제 조직들 자체는 민주적 절차를 따라 선출된 것은 아니며, 심지어 이들은 수익창출을 위한 생산 및 거래 활동까지 하는 기관들이라는 점은 부정할 수 없다(Defourny and Nyssens 2014). 협동조합이나 공제조합, 결사체와 같은 전통적인 사회적경제 조직들은 물론이고, 사회적협동조합이나 사회적기업, 소셜벤처 등과 같은 현대의 사회적경제 조직들은 더더욱 시장경제에 참여하여 수익을 내기 위한 마케팅과 금융 및 재정 역량에 대한 요구를 받고 있다(Gidron and Domaradzka 2021). 즉, 그 조직의 운영이 공공기관은 말할 것도 없고 일반적인 비영리단체와도 다르다. 특정한 사람들이 자발적으로 모여 조직한 사회적경제가 보통선거로 선출되어 국민 전체를 대표하는 민주적 정당성을 가진 중앙 및 지방 정부의 권위에 필적할 수는 없는 일이다. 폴라니는 기능 민주주의를 이야기하는 자리에서도 민주적 절차에서 나오는 국가의 권위를 인정했다. 즉, 민주적으로 선출된 권력이 공익의 대표자로서의 권위를 가진다는 것이다(Polanyi 2005).

물론, 시장의 경제적 권력이 실질적으로 선거 결과에 큰 영향을 미칠 수 있는 선거 민주주의하에서 선출직 정치인들의 뜻에 따르는 것이 사회적경제의 사회적 가치와 일치하는 것인가 반문을 할 수도 있다. 그러나 현재 민주주의 거버넌스 하에서 민주적 권위를 가진 선출 제도에는 선거만 있는 것은 아니다. 앞에서 말한 추첨이 있을 수도 있고, 중앙 선거를 통해서 당선된 중앙 정치인들이 아닌, 지방의회나 주민자치회에 소속된 사람들로 구성된 협의체를 중앙에 둘 수도 있을 것이다. 중요한 것은, 공익을 대표하는 민주적 권위를 가진 기구와 사회적경제가 협의하는 장을 마련하는 것이다. 이렇게 될 때 사회적경제의 사회적 가치 추구는 더욱 권위를 가지고 추진력을 얻을 수 있을 것이다. 사회적경제 조직들이 내부에서 추구하는 민주적 거버넌스가 제도로서 인정을 받고 사회의 정치문화로서 확산이 되는 것도 민주적 권위를 가진 지역적, 국가적 대표기구들의 지원을 받게 될 때 더욱 힘을 얻을 수 있을 것이다.

이와 관련하여, 폴라니가 마을 단위의 길드와 코뮌에 대하여 제기하였던 점과 마찬가지로, 사회적경제 조직들이 지역 차원에서도 지역공동체와 스스로를 일치시키는 것이 아니라, 주민자치회나 협치 조직 등과 같은 지역공동체의 거버넌스 조직들과 별개의 조직으로서 이러한 거버넌스 조직들에 참여하고 협력하고자 하는 조직이라는 것을 인정할 필요가 있다. 사회적경제 조직들은 자신들은 기본적으로 자발적 조직인 반면 지역공동체는 지역에 매여 있는, 지역 주민들의 공동체라는 점을 인식할 필요가 있다.

V. 결론

　　사회적경제와 정부 간의 관계, 사회적경제와 지역사회 간의 관계에 대한 여러 가지 견해가 있을 수 있다. 이 글에서는 사회적경제 논의에서 자주 언급이 되는 칼 폴라니가 공동체, 국가 및 민주주의에 대하여 가졌던 생각들이 오늘날 사회적경제의 거버넌스에 대하여 어떠한 함의를 가질 것인지 고찰하였다. 공동체로서의 민주주의이든 사회계급들 간의 충돌과 협의의 장으로서의 민주주의이든 폴라니는 각 조직이나 집단이 고립되는 것보다 서로 연결되고 연대하는 것을 추구하였다. 그리고 폴라니는 민주주의를 이들을 국가의 차원에서 연결하고 또한 이들이 국가권력에 접근성을 가지게 하는 기제로 보고 있다. 또한, 민주주의는 국가기구에 공익성의 대표라는 정치적 정당성을 부여하는 기제라는 의미를 가진다고 보았다. 이 글은 폴라니의 이런 생각들에 착안하여 사회적경제가 민주적 정당성을 가진 정부와 협의하는 것이 국가에 포섭되어 자율성을 떨어뜨린다고만 볼 것이 아니라, 사회적경제가 추구하는 사회적 가치가 공익성의 차원에서 조율이 되고, 공익성이라는 이름으로 힘을 얻게 될 수도 있다는 점을 볼 수도 있다는 견해를 밝혔다. 또한, 사회적경제가 연결하는 인정의 네트워크가 대의 민주주의에서 나타나는 직업군 및 사회계급의 분열과 대립을 넘어 문제의 근원에 대하여 함께 숙고하고 연대할 수 있게 하는 새로운 민주주의를 발전시킬 가능성에 대해서도 생각해 보았다. 이를 통해, 사회적경제는 경제적, 사회적 변화와 혼란으로부터 개인의 자유와 존엄성을 지키는 데 기여할 수 있는 적극적 공동체로 기능할 수 있을 것이다.

또한, 이는 한국의 지역 거버넌스에 함의를 가진다. 한국에서 사회적 경제와 마을공동체, 주민자치회 등의 조직들은 서로 독자적인 영역을 가지고 있고 지역사회에 각자 기여하고 있다. 하지만 자발적이고 참여적인 지역 거버넌스를 구축하기 위해서는 이들 사이의 협치가 더욱 발전할 필요가 있다. 그리고 전국 단위의 민주주의가 더욱 참여적이고 더욱 시민들의 실생활에 맞닿아 발전하는 방안을 강구하는 데 있어서 지역 수준의 참여 거버넌스를 중앙 정치에 연결할 수 있는 가능성을 모색하는 것은 하나의 대안이 될 수 있다. 폴라니의 민주주의론은 이러한 점에서 결사체와 공동체, 그리고 지역과 중앙 사이의 정치과정에 새로운 도전을 줄 수 있다.

Buchstein, Hubertus. 2019. "Democracy and Lottery: Revisited." *Constellations* 26(3): 361-377.

Cole, G. D. Howard. 1920. *Guild Socialism Restated*. London: Routledge.

Dale, Gareth. 2016a. *Karl Polanyi: A Life on the Left*. New York: Columbia University Press.

Dale, Gareth. 2016b. *Reconstructing Karl Polanyi: Excavation and Critique*. London: Pluto Press.

Defourny, Jacques and Marthe Nyssens. 2014. "The EMES Approach of Social Enterprise in a Comparative Perspective." In *Social Enterprise and the Third Sector: Changing European Landscapes in a Comparative Perspective*, edited by Jaques Defourny, Lars Hulgård, and Victor Pestoff. London and New York: Routledge.

Defourny, Jacques and Marthe Nyssens. 2017. "Fundamentals for an International Typology of Social Enterprise Models." *Voluntas: International Journal of Voluntary and Non-Profit Organizations* 28: 2469-2497.

Defourny, Jacques, Lars Hulgård, and Victor Pestoff. 2014. "Introduction to the 'SE Field'." In *Social Enterprise and the Third Sector: Changing European Landscapes in a Comparative Perspective*, edited by Jaques Defourny, Lars Hulgård, and Victor Pestoff. London and New York: Routledge.

Enjolras, Bernard, Linda L. Andersen, Malin Gawell, and Jill M. Loga. 2021. "Between Coercive and Mimetic Institutional Isomorphism: Social Enterprise and the Universal Scandinavian Welfare State." In *Social Enterprise in Western Europe: Theory, Models and Practice,* edited by Jacques Defourny and Marthe Nyssens. London and New York: Routledge.

Frey, Carl B. and Michael A. Osborne. 2017. "The Future of Employment: How Susceptible Are Jobs to Computerisation?." *Teleological Forecasting & Social Change* 114: 254-280.

Gidron, Benjamin and Anna Domaradzka. 2021. "Introduction." In *The New Social and Impact Economy: An International Perspective,* edited by Benjamin Gidron and Anna Domaradzka. Cham: Springer Nature Switzerland.

Karré, Philip M. 2021. "Social Enterprise in Belgium, Germany and the Netherlands: Where the Old Meets the New." In *Social Enterprise in Western Europe: Theory, Models and Practice,* edited by Jacques Defourny and Marthe Nyssens. London and New York: Routledge.

Kaswan, Mark J. 2014. "Developing Democracy: Cooperatives and Democratic Theory." *International Journal of Urban Sustainable Development* 6: 190-205.

Laville, Jean-Louis. 2014. "The Social and Solidarity Economy: A Theoretical and Plural Framework." In *Social Enterprise and the Third Sector: Changing European Landscapes in a Comparative Perspective,* edited by

Jaques Defourny, Lars Hulgård, and Victor Pestoff. London and New York: Routledge.

Lim, Sang Hun. 2023. "Look Up Rather Than Down: Karl Polanyi's Fascism and Radical Right-Wing 'Populism'." *Current Sociology* 71(3): 526-543.

Petrella, Francesca, Nadine Richez-Battesti, Marta Solórzano-García, and Sílvia Ferreira. 2021. "Social Enterprises in France, Portugal and Spain: Between Path Dependence and Institutional Creation?." *Social Enterprise in Western Europe: Theory, Models and Practice*, edited by Jacques Defourny and Marthe Nyssens. London and New York: Routledge.

Piketty, Thomas. 2014. *Capital in the Twenty-First Century*, translated by Arthur Goldhammer. Cambridge, MA and London: The Belknap Press of Harvard University Press.

Polanyi, Karl. 1934-1935. "Die funktionelle Theorie der Gesellschaft und das Problem der sozialistischen Rechnungslegung." Karl Polanyi Digital Archive, Concordia University, Con_02 Fol_15, https://www.concordia.ca/research/polanyi.html.

Polanyi, Karl. 1934-1935. "The Fascist Transformation." Karl Polanyi Digital Archive, Concordia University, Con_20 Fol_08, https://https://www.concordia.ca/research/polanyi.html.

Polanyi, Karl. 2001. *The Great Transformation*. Boston: Beacon Press.

Polanyi, Karl. 2005. "Über die Freiheit." In *Chronik der großen Transformation*, edited by Michele Cangiani and Claus Thomasberger. Marburg:

Metropolis.

Polanyi, Karl. 2016a. "Guild and State." In *Karl Polanyi: The Hungarian Writings,* translated by Adam Fabry, edited by Gareth Dale. Manchester: Manchester University Press.

Polanyi, Karl. 2016b. "Guild Socialism." In *Karl Polanyi: The Hungarian Writings,* translated by Adam Fabry, edited by Gareth Dale. Manchester: Manchester University Press.

Polanyi, Karl. 2018a. "Community and Society." In *Economy and Society: Selected Writings,* edited by Michele Cangiani and Claus Thomasberger. Cambridge: Polity.

Polanyi, Karl. 2018b. "The Essence of Fascism." In *Economy and Society: Selected Writings,* edited by Michele Cangiani and Claus Thomasberger. Cambridge: Polity.

Polanyi, Karl. 2018c. "Fascism and Marxism." In *Economy and Society: Selected Writings,* edited by Michele Cangiani and Claus Thomasberger. Cambridge: Polity.

Polanyi, Karl. 2018d. "The Mechanism of the World Economic Crisis." In *Economy and Society: Selected Writings*, edited by Michele Cangiani and Claus Thomasberger. Cambridge: Polity

Polanyi, Karl. 연도 미상. "The Fascist Virus." Karl Polanyi Digital Archive, Concordia University, Con_18 Fol_08, https://www.concordia.ca/research/polanyi.html.

5장 구성주의 시각을 통한 평화·통일교육의 새로운 접근*

채진원

I. 변화하는 통일교육과 새로운 접근

문재인 정부 출범 이후 통일교육 분야는 일대 전환기를 맞이하였다. 2018년 8월 통일부는 종전의 '통일교육지침서'를 대신하는 〈평화·통일교육: 방향과 관점〉을 제시하였다. 이 통일부 자료는 '통일교육지침서'라는 제목을 사용하고 있지 않지만 사실상 새 지침서의 성격을 띠고 있으

---

* 이 글은 2021년 10월 『한국정치연구』 30집 3호에 게재된 "평화·통일교육의 이론적 기초 논의: 새로운 정체성의 구성과 방법"을 책의 취지에 맞게 재구성되었음을 밝힙니다.

며, 평화·통일교육이라는 용어를 정부 공식 문서에서 처음 사용하였다.

그렇다면 통일부가 종전의 지침서를 새로 개편한 배경은 무엇일까? 그것은 2017년 5월 문재인 대통령이 당선된 이후 문재인 정부가 세운 '평화공존과 공동번영의 통일정책' 노선이 2018년 4월 27일 남북정상회담과 2018년 6월 12일 싱가포르에서 열린 북미정상회담을 계기로 새롭게 형성된 남북관계의 진전된 변화를 반영하려고 한 것으로 보인다.

물론 북미정상들의 하노이회담 결렬로 인해 한반도의 '정전체제'는 '평화체제'로의 이행으로 연결되지 못하였다. 이런 결렬은 남북관계 발전이 곧바로 비핵화를 위한 북미관계 발전의 선순환으로 연결되지 않는다는 것을 보여주었고, 비핵화 합의를 전제로 한 북미관계의 변화가 없이는 한반도 평화가 쉽게 오지 않는다는 것을 확인시켜 주는 계기가 되었다.

결과적으로 보면, 이념성향을 떠나 한국의 역대 정부는 모두 한반도 평화와 통일을 위해 북한체제의 변화를 정책 목표로 삼았으나 북한의 핵개발에 부딪혀서 '정전체제'를 '평화체제'로 전환시켜내는 데 실패했다. 진보정권은 민족공조를 중시하면서 '한 민족, 두 국가' 체제로 남북관계의 미래를 내다보았다. 또한 교류·협력을 통한 기능적 통합론에 기반을 두고, '1민족 1국가'의 완전 통일보다는 평화와 협력으로 '2인 3각' 형태의 '함께 가는' 미래를 추구했다. 이에 반해 보수정권은 북한을 신뢰하기 힘든 '적'과 '멸공의 대상'으로 여겨 민족보다 한미동맹을 중시하면서, 북한이 급변사태로 인해 붕괴되거나 또는 북한의 변화가 붕괴로 이어져 곧장 남한 주도의 통일이 이루어질 수 있다고 기대했다(조민 2019).

남북관계의 진전에 따라 정부의 통일교육의 목표와 내용 및 방법론도 달라지는 것은 자연스럽다. 국민들이 한반도를 둘러싼 남북미관계의 변화와 진전 및 한계상황에 대해 정확하게 이해하고 이를 바탕으로 평화에 대한 공감대를 형성하고 평화통일의식을 함양하도록 하는 것이 교육의 과제라고 할 수 있다. 무엇보다 평화의식을 바탕으로 북한을 이해하고 협력적인 남북관계를 지향하면서 평화로운 통일을 실현하는 데 필요한 능력을 함양하는 것이 중요하다.

그래서 보통 평화통일교육은 "평화적 통일을 이루는 데 필요한 인식과 태도 및 역량을 함양하는 것"이라고 정의하고 있다. 이처럼 통일교육에서 '평화의식'이라는 새로운 의미를 부여하는 것은 '평화'를 통하여 '통일교육'으로 접근한다는 뜻이다. 이는 종전의 보수정부에서 '안보'의 의미를 강조하여 '통일안보교육'이나 '반공교육'을 표방한 것과 대비되고 있다.

평화통일교육은 평화의식을 바탕으로 한반도 분단체제에서 파생한 남북간의 상호 갈등과 적대적 대립을 해소하고, 반평화적인 적대감을 해소해 나가는 것이 선결 과제이다. 우리 내부에서부터 이념적으로 상대방을 적대하는 비방과 차별 및 혐오의 악습을 해소하는 것이 과제이다. 그리고 그 핵심은 '정전체제'에서 '평화체제'로의 이행을 촉진하기 위해 남북한이 서로를 이해하고 화합하면서 함께 살아갈 준비를 하는 것이다(한만길 2019).

통일교육지원법 제11조(고발 등)는 '자유민주적 기본질서를 침해하는 내용으로 통일교육을 하였을 때에는 시정을 요구하거나 수사기관에 고발하여야 한다'라고 규정하고 있다. 한반도의 평화체제를 준비하기 위한 평화통일교육은 진정으로 평화의식, 평화공존, 평화통일의 핵심 목표를 어떻게 구현할 것인지를 놓고 국민적 공감대를 모으는 게 급선무다.

최근까지의 남북관계의 진전과 긴장은 많은 불확실성을 내포한 채 '평화체제로의 이행시기 한반도 평화를 실현하기 위한 시민의 역량'이란 과제를 통일부와 교육부 및 학교 통일교육에 던져주었다. 통일부는 현재의 통일교육지원법의 틀 안에서 한반도의 지속가능한 평화를 위한 평화·통일교육으로 다양한 층위의 의견을 폭넓게 반영하여 '평화·통일교육의 방향과 관점'을 과거보다 유연하고 평화 지향적으로 제시하고 있다. 교육부도 교육과정 재구성이라는 방법으로 새로운 평화·통일교육을 모색하고 있다. 학교도 과거 반공교육이나 안보교육을 강조할 때와는 달리 통일교육 관련 학자·교사·활동가 등이 결합하여 다양한 숙의 과정을 거치면서 관련 내용을 고민하고 있다.

〈평화·통일교육: 방향과 관점〉은 교육의 목표로서 '평화통일의 실현의지 함양', '건전한 안보의식 제고-균형 있는 북한관 확립', '평화의식 함양', '민주시민의식 고양'을 명시하고 있다. 또한 이것은 평화통일교육의 중점 방향으로 15개 항목을 제시하고 있다. 이 항목을 분류하면 '통일의 당위성', '평화와 안보', '북한이해', '남북관계', '통일미래', '통일과정'에 해당하는 항목들이다. 관련 내용은 다음과 같다.

* 통일의 당위성: ①통일은 우리 민족이 지향해야 할 미래다. ②통일은 민족문제이자 국제문제다. ③통일을 위해서는 남북한의 주도적 노력과 함께 국제사회의 지지와 협력이 필요하다.
* 평화와 안보: ④평화는 한반도 통일에 있어 우선되어야 할 가치이다. ⑤통일은 튼튼한 안보에 기초하여 평화와 번영을 구현하는 방향으로 추진되어야 한다.

* 북한 이해: ⑥북한은 … 경계의 대상이면서 … 협력의 상대이다. ⑦
  북한 이해는 … 인류 보편적 가치에 기초한다. ⑧북한은 우리와 역
  사·전통과 문화·언어를 공유하고 있다.
* 남북관계: ⑨남북관계는 통일을 지향하는 … 특수관계이다. ⑩남
  북관계는 남북합의를 존중하는 방식으로 발전해야 한다. ⑪남북한
  은 화해협력과 평화공존을 위한 노력이 필요하다.
* 통일미래: ⑫통일을 통해 구성원 모두의 … 인류 보편적 가치를 추
  구하는 국가를 건설해야 한다. ⑬통일은 … 동북아시아 및 세계의
  평화와 발전에 이바지할 수 있어야 한다.
* 통일과정: ⑭통일은 점진적이고 단계적인 방식으로 이루어져야 한
  다. ⑮통일은 국민적 합의를 바탕으로 추진해야 한다(통일부 2018).

통일부의 〈평화·통일교육: 방향과 관점〉의 의의는 무엇일까? 반공과
멸공이 아닌 평화의 시각으로 관련된 주제들을 새롭게 해석할 것을 제기
하고 있다는 점에서 의의가 있다. 하지만, 통일교육지원법과 충돌가능성,
평화라는 개념의 광의성, 교육과정의 과도기적 상황으로 인해 혼란스러
운 측면도 존재한다. 평화·통일교육의 정체성에 대한 논의는 여전히 논
쟁 중이다. 평화·통일교육은 평화교육인지, 통일교육인지, 또는 평화교
육과 통일교육을 모두 포함하는 것인지 등에 대한 혼란이 현장에 존재하
는 것이 사실이다(평화갈등연구소 2021). 즉, 지속가능한 한반도의 평화를
요청하는 시대에 적합한 '내적 일관성'을 갖추고 있지 않다는 데에 한계
가 있다(한만길 2019).
　〈평화·통일교육: 방향과 관점〉의 한계를 지적하는 비판자들은 정부

의 평화·통일교육은 통일교육이며 국가안보를 외면할 수 없는 정부의 기본 입장과 모순되지 않는 선에서 선택적으로 평화의 내용과 접근을 추가한 '절충형 교육'이라고 지적하고 있다. 비판자들은 평화·통일교육에서 말하는 평화의 핵심 가치와 내용을 어디까지 녹여낼 것인지가 애매해서 이에 대한 충분한 공감대가 필요하다는 것이다.

이번 기회에 〈평화·통일교육: 방향과 관점〉의 의의를 충분히 공유하되, 그 한계를 보완하기 위한 새로운 이론적 접근과 방법에 대한 열린 논의를 시작할 필요가 있다. 분단과 전쟁이라는 국가폭력 속 피해자의 상처가 존재하는 상황을 고려하고, 적대적 정체성이 형성된 상황에서 어떻게 '응보적 정의'가 아닌 '회복적 정의'를 통해 평화롭게 공존할 수 있을 것인지, 통일은 어떻게 평화적 공존과 연결되는지, 평화적 방식으로 통일을 하려면 어떤 개인적, 사회적 노력이 있어야 하는지 등에 대한 공감대가 필요하다.

통일교육의 패러다임 전환을 위한 이론적 토대와 관련된 선행연구를 살펴보면 다음과 같다. 한만길(2001)은 선도적으로 평화 공존을 위한 통일교육 모델을 제시했다. 그는 기존의 접근 방법을 '체제 우위 접근'이라고 칭하면서, 대안으로 평화공존 모델의 접근 방향을 제시하였다. 한만길은 통일교육이 통일보다는 평화공존에 초점을 맞춰야 하며, 교육의 내용도 체제적, 이념적 내용보다 사회문화적 내용에 초점을 맞춰야 한다고 주장했다.

또한 오기성(2005)은 체제중심의 접근을 포괄하는 '사회문화중심의 접근'을 제안했다. 그는 통일교육을 체제통합을 위한 민족통합교육과 사회통합을 위한 민족화해교육으로 구분하여 설명하고 있다. 민족통합교육이란 정치적·제도적 통합이 이루어진 후 남북간 이질적 측면을 완화하고 동질성을 제고하는 교육이다.

이런 선행연구들은 통일교육의 내용으로 평화적 관점으로의 전환을 선도적으로 제기하는 이론적 기초를 놓았다는 점과 사회·문화적 영역에서 출발하여 정치·체제로의 통합을 유도하는 기능주의적 접근을 했다는 점에서 의의가 있다. 하지만 국가폭력과 상처속에서 발생한 상호 적대적인 정체성을 어떻게 평화공존의 정체성으로 변화시킬 수 있는 것인지에 대한 진단과 처방의 문제에 대해서는 적절한 해답을 주지 못하는 약점을 보이고 있다.

즉, 한반도가 냉전구조의 국가폭력속에서 분단과 전쟁으로 이어지고, 이것이 어떻게 남북한의 관계를 적대적 공생관계로 만들어 냈는지를 정체성의 형성과 국가이익의 태도변화로 설명하는 데 한계를 보이고 있다. 따라서 대안적 논의에서는 분단속 국가폭력으로 무장한 두 체제가 극단적으로 대립하게 되면, 각 체제의 지배집단이 자연스럽게 배타적 비민주권력의 주체로 변질된다는 것과 분단 속 두 체제의 지배 권력은 상대방을 악마화(demonization)하여 적대적인 정체성을 만드는 극단적 배제정책을 사용했다는 것을 해명할 필요가 있다.

본 글의 목적은 '정전체제'에서 '평화체제'로의 이행에 부응하기 위한 평화·통일교육의 이론적 토대를 새롭게 정립하기 위한 실험적 시도로서, 남북한의 적대적 정체성을 새로운 정체성으로 재구성하는 관점과 방법론을 찾기 위한 실마리로 구성주의 패러다임의 시각에서 관련 대안 담론을 논의하는 것을 목적으로 한다. 본론에서는 구성주의적 시각을 구체화하기 위한 대안 담론으로서 통일전쟁론과 분리독립전쟁론, 독일 통일의 기초인 '자석이론', 응보적 정의론과 회복적 정의론에 대해 살펴본다.

II. 새로운 정체성을 위한 구성주의적 패러다임

선행연구자인 한만길(2001)과 오기성(2005)의 논의는 통일에 대한 사회문화적이고 민족주의적 접근이라는 의의에도 불구하고, 문재인 정부 이후 진전된 남북관계의 변화인 '투 코리아'(Two Korea) 노선의 공식화와 한반도에 영향을 미치는 미·중패권갈등의 심화상태를 반영하여 남북한이 서로를 악마화·적대화하는 정체성을 어떻게 새롭게 구성할 것인지에 대한 대안적 해법을 제공하는 데 한계가 있다. 한만길과 오기성의 논의의 한계는 북한의 핵·미사일 보유가 상징하듯이, 악마화되고 적대화된 남북미관계 정체성을 어떻게 새로운 정체성의 변화로 재구성할 수 있을 것인가에 대한 대안적 실마리를 제공하지 못한다는 점이다.

따라서 이에 대한 대안적 논의로서 북한의 핵·미사일 보유 여부와 상관없이 한반도에서 벌어진 남북전쟁의 상흔 그리고 남북 상호간의 적대화 및 악마화의 상처를 개선하고 극복하는 데 적실성을 갖는 새로운 이론적 패러다임으로써 구성주의에 대한 논의가 필요하다. 적과 동지가 차별되는 적대적 공생관계(antagonistic symbiosis 또는 symbiotic antagonism)를 서로의 차이와 다름이 드러나는 평화적 공생관계로 바꾸는 정체성 전환은 구성주의라는 새로운 패러다임이 도전하는 영역이다. 구성주의라는 접근을 통해 남과 북 내부의 긴장완화와 함께 그동안 적과 동지라는 동질성과

획일성의 논리속에 억압되었던 다양한 차이와 다름을 드러나게 할 필요가 있다.

2018년 남북정상회담으로 진전된 남북관계는 북한에게도 변화를 촉진하고 있다. 단적인 변화는 2021년 1월 8차 노동당대회에서 드러난 북한 노동당 규약개정이다. 북한은 새 당규약을 채택하며 "조선노동당의 당면 목적"을 "전국적 범위에서 민족해방민주주의혁명 과업 수행"에서 "전국적 범위에서 사회의 자주적이며 민주적인 발전 실현"으로 대체했을 뿐만 아니라, '북 주도 혁명 통일론'을 뜻하는 기존 규약의 여러 문구를 대폭 삭제·대체·조정했다.

기존 노동당 규약 서문의 "조선노동당은 사회의 민주화와 생존의 권리를 위한 남조선 인민들의 투쟁을 적극 지지·성원"한다는 문구가 사라졌고, "민족의 공동 번영을 이룩"이라는 내용이 새로 들어갔다. 노동당 규약 본문의 "당원의 의무"(4조)에서 "조국통일을 앞당기기 위하여 적극 투쟁하여야 한다"는 문구는 대체 표현 없이 삭제됐다(이제훈 2021).

북한이 남한을 '혁명 대상'으로 명시한 조선노동당 규약의 '북 주도 혁명통일론' 문구를 지난 1월 당 대회에서 삭제했다는 것은 어떤 의미일까? 정세현 민주평화통일자문회의 수석부의장은 민주평통 창립 40주년 기념 포럼 '한반도 종전과 평화프로세스 재개를 위한 전략적 접근'에서 기조연설을 통해 6월 4일 김정은 북한 노동당 총비서가 올해 초 당규약을 변경하면서 '투 코리아'(Two Korea) 노선을 공식화했다고 주장했다. 정 수석부의장은 "북한이 통일에 대해 걱정을 하는 것 같다"면서 "이를테면 남한에게 흡수당할 수 있다는 생각을 하는 것 같다"고 말했다(최소망 2021).

북한의 이런 변화는 문재인 정부가 이전 정부의 통일노선(민족주의를 앞세우면서 반공통일·멸공통일 노선)과 다르게 평화적 통일노선을 주장한 것처럼, 북한 역시 민족주의를 앞세우는 무력통일을 추진하지 않겠다는 것으로 해석된다. 이런 남북한의 태도변화는 "평화적 통일"이라는 명분에도 불구하고, 남북한 모두 '투 코리아'(Two Korea) 노선을 현실화했다는 점에서 통일을 유보하거나 통일정책의 추진을 미루겠다고 하는 것은 아닌지 하는 의문이 제기될 수밖에 없다. '투 코리아'(Two Korea) 노선의 공식화에 따른 평화적 통일노선이 '통일유보론'으로 흐리지 않도록 하는 주의도 필요할 것이다.

그렇다면 북한이 미국의 제재와 압박 속에서 핵을 포기하지 않으면서도 자신의 정체성을 안으로부터 바꿔낼 수 있을까? 국제정치이론의 주류노선인 신현실주의와 신자유주의적 제도주의에서는 그것은 불가능한 일로 가정한다. 하지만 국제정치이론에서도 구성주의 이론(theory of the constructivism)은 이것을 가능한 것으로 본다. 왜냐하면 구성주의 이론은 우리가 느끼는 위협은 물리적 군사력뿐 아니라, 사회문화적으로 학습되어 구성된 '악마화된 적대관계'에서 발생한다고 가정하기 때문이다.

구성주의에서는 미국이 수천 개의 핵무기가 있어도 한국이 그에 대해 위협을 느끼지 않는 것은, 미국과 한국의 관계가 민주주의와 시장경제를 가치로 동맹적 우호관계에 있다는 인지적 관념(idea) 때문으로 본다. 반대로 북한이 미국만큼, 핵무기가 없어도 상대를 무섭게 느끼고 대하는 것은 수 십 년간 누적되어 온 적과 동지를 가르는 반공주의의 악마화(demon-ization) 작업에 따른 적대적 공생관계로 인식하기 때문이다.

구성주의 이론은 국제관계의 특성을 결정하는 것이 물질적 힘이 아니라 상대를 인지하는 관념(idea)이라고 보고 있다(Wendt 1999, 20). 이런 관점에서 신현실주의와 신자유주의적 제도주의가 국제관계에서 관념적인 영역(ideational realm)을 경시하는 것을 잘못된 가정이라고 비판한다. 북한이 핵무기 30개를 가지고 있고 미국은 3,000개를 가지고 있다고 했을 때 신현실주의의 시각으로는 한국이 미국을 무서워해야 한다. 즉, 물리적 힘이 국제정치에서 가장 중요하고, 미국이 훨씬 큰 힘을 가지고 있으니 미국을 경계해야 하는 것이 합리적이다. 그런데 한국은 실제에서 미국보다 북한을 더 경계한다는 것이다. 이는 한국의 관념이 북한을 적대국가의 정체성으로, 미국을 친선국가의 정체성으로 생각하고 있기 때문이라는 것이다.

이에 구성주의 이론이 가정하는 상대를 인지하는 관념(idea)의 힘은 북미협상을 어렵게 하는, 북한에게 요구하는 비핵화 선제조치의 문제 즉, 북한이 완전하고 검증가능하며 불가역적인 비핵화(CVID: Complete Verifiable Irreversible Denuclearization)에 도달해야 한다는 압력을 유연하게 만들어 준다.

남북미가 한반도 비핵화에 대한 현실적인 기준을 잡고 이에 합의한 후 관계를 개선해 나가면, 북이 핵무기를 보유하거나, 핵무기로 주변국을 위협할 이유도 사라진다는 가정이다. 북한이 CVID와 완전한 비핵화에 반드시 성공해야겠지만, 심지어 실제 핵을 숨겨두어도 비핵화 과정이 끝나면 그 존재를 공개하거나 그것으로 위협할 명분이나 원인이 사라지기 때문에 그것은 무용지물이 된다는 시각이다. 따라서 북한의 비핵화는 단순한 핵무기의 처리가 아니라 관계정상화와 평화체제를 통한 적대관계의 종식과 맞물려서 이해해야 할 문제이다(이인엽 2018).

다시 말해서, 북한에 손재하는 핵무기와 핵시설을 제거하는 것은 필수적인 과정이지만, 이와 동시에 중요한 것이 핵무기 개발의 원인이 되었던 적대적 정체성을 개선하고, 북한을 국제사회의 일원이 되도록 유도하고 지원하는 일이다. 그런 점에서 북미관계개선을 천명한 2018년 북미정상회담은 한반도 냉전속 적대적 공생관계의 문화를 탈냉전의 평화공존과 협력관계의 문화로 전환시키는 역사적인 돌파구가 되었다고 평가된다(이인엽 2018).

또한 구성주의적 접근에서는 남북한의 적대적 정체성 혹은 평화공존적 정체성 형성에 영향을 미치는 강력한 요인인 '미중의 상호인식'이라는 변수가 중요하다. 남북한의 한반도가 해양세력인 미국과 대륙세력인 중국의 문명충돌의 블랙홀에서 벗어나 평화공존의 공간으로 전환되기 위해서는 미국과 중국의 문명충돌에서 오는 '적대적인 상호인식'이 해소될 때, 비로소 그 하위체계인 한·중·일의 갈등도 보다 쉽게 해소될 수 있다는 가정이다.

한반도에 영향을 미치는 미중관계가 탈냉전에도 불구하고, 패권갈등이나 적대적 정체성에서 벗어나지 못한다면 남북관계의 적대적 정체성은 변화할 가능성이 약할 수밖에 없다. 앞에서 언급한 것처럼, 북한 핵무기의 계속된 존재와 패권갈등속의 미중관계라는 고정변수는 쉽게 바꿀 수 있는 것이 아니다. 이런 고정변수를 쉽게 무시하거나 반대로 너무 변하지 않는 것으로 인식하여 적대적 정체성과 악마화를 개선할 수 없다면 통일교육의 목표와 방향에 대한 이론적 논의는 무력할 수밖에 없다. 따라서 이런 양극단으로부터 벗어날 수 있는 대안적 패러다임으로서 구성주의 이론의 장점이 있기에 이것을 적극적으로 검토할 필요가 있다.

구성주의는 국제질서의 관계는 행위자들의 상호작용으로 구성된 결과라고 인식한다(Wendt 1999). 국제관계는 현실주의나 자유주의의 주장처럼 국력이나 물질적 능력이라는 객관적 요인에 의해서만 결정되는 것이 아니며 이념(idea)이나 신념(belief) 및 역할(role)과 같은 규범적인 요인이 국제관계를 구성하는 중요한 요인이라고 보고 있다.

구성주의가 가정하는 국제관계의 결정요인에는 정체성(identity), 전략적 문화(strategic culture), 그리고 규범(norm)과 같은 것이 있다. 정체성이란 국가 또는 정치적 행위자들 사이에 공유된 집합적 자기인식(collective self-perception)이고, 전략적 문화는 국제정치의 본질적 특성 또는 이에 대처하는 방법에 대한 믿음체계(sets of belief)이다. 규범이란 도전적으로 옳거나 바람직한 것에 대한 신념이다(윤대엽 2011).

알렉산더 웬트(Alexander Wendt)는 "무정부상태(anarchy)"의 국제질서는 고정불변의 상태로 주어진 것이 아니라 국가들의 욕망과 이익의 구성에 따라 만들어 진 것이고, 이 무정부상태에서도 국가들이 선택하기 나름이라고 '구성주의'의 명제를 구체화하였다. 이런 명제는 한반도 냉전문화와 적대적 공생관계의 문화를 청산하고 개선하는데 실마리가 될 것이다. 웬트는 국제관계에서 국가들의 역할이 적(enemy), 경쟁자(rival), 친구(friend)의 세 가지 중에서 어떤 것이 지배적인가에 따라서 무정부상태의 구조가 적어도 세 가지의 문화를 가질 수 있다고 주장한다. 적의 역할이 지배적일 때에는 홉스적(Hobbesian) 문화가, 경쟁자의 역할이 지배적인 경우에는 로크적(Lockean) 문화가, 친구의 역할이 지배적일 때에는 칸트적(Kantian) 문화가 등장할 것이라고 주장한다(Wendt 1999, 247).

웬트의 이런 명제들은 한반도의 냉전문화와 적대적 공생관계를 탈냉전화와 평화적 공생관계로 전환시키기 위해서는 '우리의 역할모델'이 중요하다는 것을 시사해주고 있다. 구성주의는 상호교류의 가치를 중시하면서 상대를 인정하고 서로의 공통성을 찾아가는 상호주관적인 상호작용(intersubjective interaction)에 방점을 두고 있다. 그런 과정을 통해 공동의 정체성(collective identity)을 형성해 나갈 수 있다고 보면서 규범(norm)의 중요성을 강조한다(Finnemore 1996, 22).

구성주의자인 핀모아는 실제 규범형성의 기능을 하는 존재로서 비정부기구(NGO)를 중시한다. NGO를 '규범 선도자'(norm entrepreneur) 또는 '초국가적 도덕 선도자'(transnational moral entrepreneur)로 칭한다(Finnemore and Sikkink 1998, 896-901). 그는 NGO가 아젠더를 설정하여 지속적인 규범을 만들어서 국가들 사이에 공동의 규범을 형성하는 데에 많은 기여를 할 수 있다고 보고 있다(Finnemore and Sikkink 1998).

구성주의는 아이디어(idea), 규범(norm), 규칙(rule), 제도(institution)의 중요성을 강조하기에 국가 이외의 다양한 행위자(지방정부, 국제기구, 국제레짐, IGO, INGOs, 초국적 사회운동, 지구시민사회 등)들의 리더십(leadership)이 국가와 국제체제의 성격에 영향을 미치고, 그 성격을 변화시키는 데 중요한 역할을 할 수 있다고 보고 있다. 이러한 측면에서 '글로벌 거버넌스'라는 다층적 제도(institution) 역시 '신자유주의적 제도주의'에서 말하는 외생적으로 주어진 제도가 아니라 내생적으로 국가와 다양한 행위자들 간에 상호작용의 결과로써 구성되는 결과물로 이해할 수 있다(채진원 2013).

이와 관련하여 핀모아와 시킨크는 글로벌 거버넌스의 형성에 있어서 NGO가 다른 행위자들과 함께 상호작용하여 규범의 촉진자로서 역할을 할 수 있다고 강조하였다. 즉 규범의 촉진자(norm entrepreneur)로서 NGO는 1) 의제의 설정, 2) 국제규범의 창출 및 촉진, 3) 정책의 수립 혹은 국제레짐의 창출, 4) 정책의 집행 혹은 국제레짐의 이행 단계를 통해 새로운 규범창출(norm emergence)을 돕고, 조직적으로 확산(norm cascade)하여 사회적으로 제도화하고, 결국에는 국가의 정체성에 영향을 주면서 내재화(norm internalization)하는데 역할을 할 수 있다는 것이다(Finnemore and Sikkink 1998).

그들은 국제규범 형성의 대표적인 성공사례로 캐나다 시민단체가 의제화한 '대인지뢰금지에 대한 규범'을 소개하고 있다. 즉, 캐나다 정부가 시민사회의 여론과 흐름을 수용하면서 국가의 정체성과 국가이익을 변화시켰고, 나아가 캐나다 정부는 이것을 국제사회에 적극적으로 제안하였고, 국제사회가 이것을 수용하면서 마침내 대인지뢰금지 협약이라는 새로운 규범이 만들어진 사례이다.

이러한 규범형성의 사례와 접근은 동아시아 지역정체성을 국가와 지방정부 및 NGO를 포함한 다층적 수준의 다양한 행위자들이 상호 네트워크화하여 새롭게 형성하는 전략을 사용하는 데 있어서 실천가능한 실마리를 제공한다. 국제규범을 통해 동아시아 지역정체성이 형성된다면, 이것은 북한과 한국의 정체성 형성에 영향을 미치고 서로에게 상호작용하는 주요한 변수가 된다. 이런 상호작용을 활용하여 한반도의 냉전문화와 적대적 공생관계를 탈냉전화와 평화적 공생관계로 전환시킬 수 있는 계기로 삼을 수 있다.

III. 통일전쟁론 vs 분리독립전쟁론

구성주의 이론의 관점에서 통일의 문제를 논하는 학자 중에는 남북관계의 정체성을 남북관계만이 아니라 동북아시아 국가들간의 관계인 동북아지역 정체성의 통합관점에서 바라봐야 한다는 시각이 있다. 대표적인 연구자는 전재성(2009)이다. 그는 다음과 같이 가정하여 접근하고 있다. 한국과 중국 관계의 진전을 생각해 보면, 남북관계의 진전을 오히려 앞서고 있는 부분이 있다. 북한을 제외한 동북아 국가들 간의 정치, 경제, 사회문화적 통합정도가 빠른 속도로 진행되고 있다는 것을 고려해야 한다. 만약 동북아의 지역통합이 남북통합 또는 남북통일보다 더 빠르게 진행된다면, 남과 북은 국민국가 형태의 한반도 통일국가를 완성하지 못한 채, 유럽연합과 같은 더 큰 차원의 통합으로 나아갈 수도 있다는 것이다.

그리고 한국의 경우도, 한국에서 살고 있는 많은 외국인과 혼인, 사업, 인척 관계를 형성하고 있고, 코스모폴리탄적 정체성, 동아시아 정체성을 획득하고 있는 상황에서 지금까지는 1민족 2국가, 혹은 1민족 1국가 지향의 통일론이라는 점에서 논란의 여지는 없으나, 향후에는 1민족의 전제가 약화될 가능성, 혹은 민족정체성이 정치적 거버넌스에서 덜 중요해질 가능성도 있다는 것이다. 이에 한반도의 통일국가는 전통적 민족공동체의 보존, 이산가족 등 인도주의적 가치 추구, 평화달성, 한반도 전체의 공동번영 추구, 동아시아 국제정치에의 공헌, 그리고 지구적으로 모범이 되는 이상적인 국가 달성의 목적을 실현하는 것에 목표를 두어야 한다.

　채진원(2021)은 전재성과 유사한 시각에서 동아시아 지역정체성의 통합을 촉진하기 위한 관점에서 남북관계의 정체성 변화문제를 다룬다. 그는 구성주의 이론으로 남북한의 통합을 위해 한반도의 적대적 정체성에 영향을 미치고 있는 미중간의 문명충돌의 정체성을 변화시키려는 대안적 국제규범의 형성이 필요하다고 주장한다. 그는 한반도가 중국문명과 미국문명의 충돌에서 벗어나 근본적으로 공존의 문명으로 전환되지 않으면, 그 하위체계인 중국과 일본의 갈등 및 한국과 북한의 갈등도 해소되기 힘들다고 전제한다. 이에 한반도가 미중문명의 충돌을 막는 문명공존의 정체성으로 변화할 때 남북관계의 통합과 통일도 가능하다고 본다. 그는 문명공존의 정체성을 형성하기 위한 노력으로 하랄트 뮐러의 문명공존론, 동양평화론과 팍스 코리아나(Pax Coreana)론, 북한영세중립국론과 한국아시아방파제론을 제안하고 있다.

　그는 문명공존의 규범에서 보면, 우리가 은연중에 가정하고 있는 평화＝옳음＝정상＝선, 전쟁＝그름＝비정상＝악이라는 이분법의 규범이 극복되어야 한다고 강조한다. 이런 이분법은 인류가 전쟁을 통해 영토, 인구, 주권 등을 확장하는 정치공동체와 통합국가를 만들어 왔다는 점과 반대로 이러한 통합의 정치공동체와 국가에 맞서 분리하고 독립하려는 분리자치의 정치공동체와 국가도 동시에 만들어 왔다는 역사적 사실을 부정하는 반정치적인 신비주의 세계관으로 흘러갈 수 있기 때문이다. 그래서 이러한 극단적인 시각을 경계하고, 영토, 인구, 주권을 기초로 하는 근대국가의 성립 목적이 '전쟁하는 관료기구'라는 점을 인정하여 전쟁과 평화 그리고 통합과 분리가 따로 있지 않고, 상호관련속에서 함께 존재한다는 것을 인식할 필요가 있다.

이것에 대한 예를 살펴보면 다음과 같다. 영세중립국인 스위스가 주변국가에로 통합과 통일되는 것에 맞서 자신의 자치와 평화를 지키기 위해 '무장자결주의 원칙'을 선택한 사례 그리고 살상을 반대하고 생명을 중요하게 여기는 불교를 국교로 하는 신라 승려 원효대사가 자신의 독립국가를 지키기 위한 불가피한 전쟁을 인정하고 이를 위해 "살생금지"가 아니라 "살생유택"을 선택한 사례이다. 인류가 정치공동체와 국가를 구성하는 한, 여러 가지 이해충돌의 폭력적 해결방식인 전쟁을 수반하는 것은 정치적인 행위이기에 자연스런 일이며, 이것을 피하고 '평화주의' 노선으로만 지속할 수는 없다. 이에 '평화주의' vs '전쟁주의'라는 극단적인 이분법의 이데올로기를 피하는 것이 바람직하다.

또한 우리가 이러한 이분법에서 벗어나 한반도의 평화와 통일문제를 다루기 위해서는 반대로 한반도 주변국가와의 관계성 속에서 폭력적 방법인 전쟁을 제국 및 제국주의 세력으로부터 분리독립 전쟁과 비교하여 설명하는 접근이 필요하다. 이렇게 비교해야 폭력과 전쟁은 악으로 나쁘고 거짓이고, 평화와 통일은 선이고 참이라는 "선악의 이분법"이란 규범을 넘어서 새로운 정체성 정립에 기초한 새로운 국가건설을 도모할 수 있다.

또한 우리가 통일을 단순히 기존 나라와 나라를 합친다는 양적인 통합에서 벗어나 새로운 나라의 건설(민주주의와 공화주의로의 정체성 변화 및 이행과 제도화)이라는 질적인 통합으로도 볼 필요가 있다는 점이다. 그런 측면에서 베트남의 통일과 정체성의 변화사례가 흥미롭다. 베트남은 프랑스와 일본의 식민 지배를 받다가 1945년 8월 일본의 항복으로 독립의 기회를 맞았다. 하지만 베트남은 구 기득권을 요구한 프랑스가 개입하면서 1946년 말부터 1954년 5월까지 프랑스와 전쟁을 치렀다.

베트남은 1954년 제네바 협정을 통해 북위 17도선을 기준으로 남북으로 분할되어 분단이 된다. 분단이후 1955년부터 1975년까지 사회주의 북베트남과 자유주의 월남의 전쟁이 있었고, 1975년 북베트남 승리 후 베트남이 사회주의 정체성으로 통일됐다. 그러나 1986년에 사회주의 베트남이 한국 시장경제기반의 국가산업화모델 수용 후 '도이머이'(Doi Moi)개혁으로 30년간 시장경제로 이행하고 있다는 점이다. 베트남의 이러한 개혁 노력은 1990년대 이후 높은 경제성장을 이루게 했다. 베트남은 2000년대 미국과의 무역협정을 체결하고 2007년에는 세계무역기구(WTO)에 가입하는 등 개방 노력을 가속화하였다. 이런 베트남의 전쟁과 통일 및 통일 이후 정체성의 변화는 한반도 남북관계의 정체성 변화에 시사하는 바가 크다(채진원 2021).

또한 영국-아일랜드 전쟁(The Anglo-Irish War) 사례는 영국에 맞선 아일랜드가 독립전쟁 중에 두 개로 분리된 사례이다. 아일랜드 독립전쟁(Irish War of Independence)은 아일랜드를 지배하고 있던 영국 정부에 대항해 1918년에 만들어진 아일랜드 공화국군이 일으킨 게릴라전쟁에서 기원한다. 이 전쟁은 1919년 1월 21일부터 2년 반 동안 계속되었고, 1921년 7월 11일 휴전하였다. 이 전쟁으로 아일랜드는 아일랜드 자유국과 북아일랜드가 각각 분리되었다.

아일랜드처럼, 분리독립 전쟁의 와중에 일부는 독립되고, 일부는 영국제국에 그대로 편입된 사례는 제2차 세계대전 이후 일본 제국으로부터 해방을 맞았으나 미소냉전의 영향을 받은 이념전쟁의 성격이 강한 한국

전쟁 사례와 비교해 볼 때, 분단되었다는 공통점에도 불구하고 성격차이가 있다는 점은 시사하는 바가 크다.

영국제국에 맞선 아일랜드의 분리 독립전쟁의 관점에서 우리 근현대사의 전쟁사례를 보면 새롭게 해석할 수 있다. 즉, 1880년대 서세동점의 시기 황준헌이 『조선책략』을 김홍집을 통해 고종에게 주면서 러시아의 남진을 막으려면 미국과 수교하라고 제안한 것을 볼 때, 1895년 청일전쟁과 강화도 조약까지 상황은 조선이 조선의 종주권을 행사하던 청 제국에서 분리독립 전쟁하는 과정으로 해석할 수 있다. 그리고 반일운동과 항일전쟁은 일본 제국주의로부터 대한민국의 주권과 영토와 국민을 수복하는 분리독립 전쟁으로 볼 수 있다.

또한 이런 관점으로 한국전쟁 사례를 보면 전쟁의 성격도 남한쪽 영역이 북한의 기습적인 침략공격에 따라 북한쪽 영토로 편입되었다가 낙동강 전투와 인천상륙작전 등으로 반전상황을 만들어 사회주의 이념성향의 북한 조선인민공화국의 점령으로부터 민주적 기본질서의 민주공화국을 지향하는 한국의 영토와 주권과 국민을 수복하는, 북한의 침략지배로부터 벗어나는 분리독립 전쟁의 성격으로 해석할 수 있다.

그렇다면 왜 정치공동체와 국가들은 통일전쟁을 추구하고 혹은 반대로 통일에 맞서 분리독립 전쟁을 추구하는 것일까? 그것은 시민들의 자유와 자치 및 소수자 배려 등 보편적 가치를 보장하는 '더 좋은 국가'를 추구하려는 열망 및 그 정당성 획득 때문으로 보인다. 즉 시민들의 자유와 자치 및 소수자 배려가 보장되는 더 좋은 국가를 이념형으로 볼 때, 당시 사회주의와 민주적 기본질서의 민주공화국간의 사활적인 체제경쟁은 전쟁을 불사할 수밖에 없었다.

주변국의 흡수통일에 맞서 분리독립 전쟁을 추구하여 성공적인 자치노선을 보여주는 사례는 스위스 사례이다(장철균 2013). 스위스는 주변에 프랑스, 독일, 이탈리아, 오스트리아 등 강대국이 있어도 여기에 흡수되거나 통일되지 않고 여전히 영세중립국을 지키고 있다. 스위스는 주변 강대국들의 전쟁과 분쟁에서 휘둘리지 않고 중립을 지키는 강소국이다. 제2차 세계대전 때 히틀러는 나치군을 통해 스위스 침공 계획을 세웠으나 독일에 흡수하는 통일전쟁을 감행하지 못했다. 히틀러는 스위스 시민의 무장력에 놀라 전쟁비용을 고려하여 침공하지 않았다.

그렇다면 스위스의 이런 영세중립국의 원칙과 힘은 어디서 나왔을까? 그 핵심에는 게마인데(기초자치단체)와 칸톤(광역자치단체)중심의 주민자치의 전통에서 나온 "내 나라는 내가 지킨다"는 자결주의라는 규범이 있다. 스위스는 국민개병제도를 통해 모든 시민이 전사라는 유비무환의 무장중립원칙의 전통을 지키고 있다. 이런 영세중립국을 지키는 스위스 시민의 자결무장력은 사대교린과 소중화의 전통, 한미동맹에 의존하는 우리와 비교된다.

스위스는 '자치안보'라는 규범을 통해 '중립'이 아니라 '자립'(自立)과 '자강'(自强)을 실천하고 있다. 스위스는 알프스 전역에 2만 3천여 개의 지하 요새를 구축하고 결사항전을 대비하고 있다. 스위스는 지금도 국민개병제를 유지하는 가운데, 최근에는 주변국의 핵전쟁에 대비해 3,500여 개의 지하 방공호를 설치, 유사시 전 국민을 수용할 수 있도록 하는 준비태세를 갖추고 있다. 『스위스에서 배운다』라는 저서를 쓴 장철균 전 스위스 대사는 "스위스는 군대를 보유하고 있는 것이 아니라 스위스 자체가 하나의 군대"라고 평가한다(장철균 2013).

그렇다면 보편적 가치 규범을 추구하는 민주공화정의 관점에서 영토확장을 위한 통합 및 통일전쟁, 즉 통합 및 통일을 어떻게 봐야하는 걸까? 이에 대한 적절한 시각을 주는 인물은 정치가이자 전쟁전략가인 마키아벨리이다. 마키아벨리는『군주론』에서 공화정 국가의 확대방식을 통한 통일에 대해 논의한다. 마키아벨리는 군주통치에 익숙한 군주정과 달리 공화정은 "자유시민들이 스스로 만든 법에 따라서 자유롭게 사는 데에 익숙한 국가"라고 정의한다. 그는『군주론』1장과 5장 그리고『로마사 논고』2권 4장에서 자유롭게 사는데 익숙한 시민들의 주민자치에 근거한 공화정 국가는 '공화정들의 연맹'을 통한 방식으로 더 큰 영토확장을 통해 더 큰 국가로 가는 게 좋다고 말한다(Machiavelli 2008; 2009).

또한 그는『로마사 논고』에서 역사에서 공화정 국가들은 영토를 확장하기 위해 세 가지 방법을 이용해왔다고 분석한다. '연맹', '동맹', '신민으로 복속'이다. 첫째, 연맹은 고대의 에트루리아인과 현대 스위스인이 사용한 몇몇 공화정 국가들이 모여 연맹을 형성하는 방법이다. 둘째, 동맹은 로마제국이 사용한 방법으로 동맹국을 획득하는 방법이다. 셋째, '신민으로 복속'은 스파르타인과 아테네인이 했던 방법이다. 마키아벨리는 신민으로 복속시키는 방법은 전혀 쓸모없다고 비판한다. 그가 쓸모없다고 보는 이유는 폭력으로 도시를 다스리는 일, 그것도 자유롭게 사는데 익숙한 도시를 다스리는 일은 실로 어렵고도 힘들기 때문으로 보았다.

그래서 마키아벨리는 민주공화정 국가의 영토 확장방식은 동맹과 연맹이라고 대안을 제시했다. 그는 동맹방식은 로마 공화정의 사례처럼, 이웃 나라들을 로마와 동일한 법률에 따라 평등한 대우와 처우를 해주는 방식이다. 그리고 연맹방식은 동맹의 차선책으로 두 가지 장점 때문에 그것을 사용했다고 설명했다. 첫째는 쉽게 전쟁에 말려들지 않고 평화를 유지할 수 있다는 점이고, 둘째는 분권과 자치에 기초한 합리적인 의사결정으로 땅과 재산을 보유할 수 있다는 점이다. 마키아벨리가 말하는 공화정 국가의 동맹은 오늘날 한미동맹과 같은 것이고, 공화정 국가의 연맹은 오늘날 미합중국이나 유럽연합과 유사한 것으로 보인다.

IV. 서독의 '자석이론', 지역통합 vs 독일 통일

독일 통일을 이루는 데 혁혁한 공을 세운 지도자는 서독 총리출신인 아데나워, 브란트, 콜이다. 그들이 추구한 규범과 방법론은 한반도 통합과 통일에 많은 시사점을 주고 있다(Bark and Gress 2004). 그들의 규범은 사민당 당수 슈마허(Kurt Schumacher)가 공식화한 '자석이론(Magnettheorie)'으로 불린다. 이 노선의 특징은 서독과 동독간의 통일보다도 현 유럽연합의 전신인 유럽공동체와의 통합을 먼저 선택하고, 동독과의 통일은 그다음 순서로 인식했다는 점이다. 1947년 3월 31일 슈마허는 사민당의 최고위원회에서 다음과 같이 말했다.

> 서방점령 지역의 번영은 … 서쪽 독일에 경제적 자기력을 만들어 줄 것입니다. 현실정치적인 관점에서 동쪽 독일에 강력한 매력을 행사하게 될 서쪽의 경제적 자기력 외에 독일의 통일을 달성할 수 있는 다른 어떤 방법도 없습니다(Abelshauer 1979, 661; 손기웅 외 2012, 238 재인용).

즉, 서독의 경제적 번영이 동독에게 자기력을 행사하게 될 것이라는 자기력이론은 서독 초대 총리인 아데나워에 의해서 '힘의 정치'라는 전략으로 사용되었다. 아데나워는 방송, 기자회견, 의회토론 등에서 지속적으로 설명해왔던 '힘의 정치'를 1952년 4월 작성된 한 편지에서 다음과 같이 요약하고 있다.

> 소련과는 적어도 동일한 정도의 힘을 가졌을 때만 협상할 수 있습니다. … 저는 서방세계가 소련과 동일한 정도로 강할 때에만 소련과의 합의가 가능하지, 그 이전은 아니라고 확신합니다. … 저의 정치는 다음과 같이 설명할 수 있습니다. 중립화의 위험으로부터 벗어나고, 서방을 강화하고, 소련과 협상의 가능성이 어느 날 현실화 되었을 때 함께 발언할 수 있기 위하여 독일을 서방세계에 결속시키는 것입니다. … 저는 저의 정치가 융통성 없이 경직되거나 비현실적이라고 생각하지 않습니다 (Weber 1989, 11; 손기웅 외 2012, 239 재인용).

사민당의 슈미트 총리에 이어 1982년 8월부터 1998년 10월까지 집권한 기민당의 콜 정부는 이른바 "서방과의 협력에 바탕을 둔 동방과의 협력"을 표방하면서 아데나워 초대총리의 '자석 이론'과 '힘의 정치'로 회귀했다. 그러나 콜 총리는 사민당의 브란트 정부와 슈미트 정부가 이룩한 신동방정책을 그대로 계승하여 소련 및 동독과의 협력관계를 계속 확대해 나갔다.

콜 총리는 1989년 11월 19일 베를린장벽 붕괴 전후(前後)해서 동독에 '민주적·합법적' 정권 수립 요구하며 공산 정권의 지원 요청 거부하였다. 콜은 1987년에 "자유를 팔아서 통일을 사는 게 아니라, 자유는 통일의 전제조건"이라면서 "민족의 통일은 국민의 자유 속에서 성취되어야 한다"고 말했다. 1989년 5월 조지 H. 부시 미국 대통령과의 회담 후에는 "독일 분단 문제는 우리의 역사적 과제"라면서 1) 독일의 운명은 전반적인 동서 관계와 연관되어 있고, 2) 자유가 통일보다 우선이며, 3) 자유롭고 통합된 유럽에서만 자유로운 통일독일이 실현될 수 있다고 강조했다 (배진영 2020).

1969년 9월부터 1974년 5월까지 신동방정책을 추진한 빌리 브란트 총리는 '작은 걸음마 정치'에 기초한 '접근을 통한 변화'를 추구했다. 동서독이 끊임없이 접촉하고 교류하면 변화가 올 것이라고 생각했으며, 일상 속에서 평화와 통일이 찾아오기를 기대했다. 빌리 브란트는 1988년 9월 기본법이 지향하고 있는 것은 '재통일'(Wiedervereinigung)이 아니라는 취지의 연설을 해서 '정치적 통일'의 필요성을 부인했다. 《디 차이트》지 발행인 테오 좀머도 "독일인의 통일? 우리는 하나의 독일 국가가 아니라, '자유유럽'이라는 큰 지붕 아래 '두 개의 자유로운 독일 국가'라는 전혀 다른 구도를 생각해볼 필요가 있다"고 주장했다.

또한 초대 총리 아데나워는 국내정치적으로도 든든한 사회보장제도와 개인의 자유를 바탕으로 국민 대다수가 일체감을 갖는 국가 내지 사회를 만들어내서 동독 사람들에게 서독이 '매력적인 자석(磁石)'이 되어야만 독일의 자유통일이 가능하다고 믿었다.

아데나워는 독일조약·유럽방위공동체조약·런던 외채협정 체결 (1952년), 나토 가입(1955년), 유럽경제공동체 창설(1957년), 독불협력조약 체결(1963년) 등을 통해 서방세세로의 통합이라는 자신의 생각을 차근차근 실천에 옮겼다. 이러한 외교정책을 차질 없이 수행하기 위해 아데나워는 1955년까지 자기가 외무부 장관직을 겸임했다.

소련 스탈린은 서독과 서방의 결속을 굳게 하려는 아데나워의 행보를 가만히 두고 보지 않았다. 스탈린은 서독이 나토에 가입하는 것을 막기 위해 1952년 3월과 4월에 전(全) 독일 자유선거에 의한 재통일을 제안하였다(스탈린각서). 스탈린은 모든 외국군의 철수와 독일의 군대 보유를 허용한다고 약속하면서 통일독일은 '중립국'이 되어야 한다는 조건을 달았다.

사민당의 쿠르트 슈마허와 기민당의 야콥 카이저 같은 정치인들은 '통일의 마지막 기회'라며 이 제안을 받아들이라고 열렬히 촉구했다. 하지만 아데나워 총리는 스탈린의 제안이나 국내의 압력을 일축하며 "평화롭고 자유로운 독일 재통일을 가져올 유럽질서의 재편은, 서방세계가 소련에 대해 외교적·정치적으로 자신의 의지를 주장할 수 있을 만한 힘을 충분히 길렀을 때나 가능하다"고 반박했다. 오이겐 게르스텐마이어 하원의장은 1954년 4월, 기민당의 외교정책을 설명하면서 "독일의 첫째 목표는 자유이고, 둘째는 평화이며, 재통일은 세 번째에 불과하다"고 공언했다(배진영 2020).

독일사 연구자인 데니스 L. 바크와 데이비드 R. 그로스가 『도이치현대사』에서 언급한 것처럼, "동구권의 공산주의 체제가 동시에 바뀌지 않는 한 통일독일이 민주국가로 남아 있을 수 없다고 보고, 독일의 통일은 동구권의 자유화와 불가분의 관계"라는 것이 아데나워의 일관된 입장이었다. 실제로 이런 그로부터 38년 뒤 독일은 그의 인식대로 그렇게 통일되었다(Bark and Gress 2004).

베를린 장벽이 붕괴되는 상황을 일찍부터 감지한 콜 총리는 향후 독일 정책에 대한 밑그림을 제시했다. 그는 1988년 11월 28일 연방하원에서 제시한 〈10개조 프로그램〉을 제시했다. 이것은 콜의 외교안보보좌관 호르스트 텔칙이 기초하고, 콜 자신이 대폭 수정한 것이었다. 콜은 여기서 얼마 전 한스 모드로 동독 총리가 제안한 '조약공동체'라는 개념을 일부 수용하면서, '민주적·합법적 동독 정부'가 들어서는 것을 전제로 해서 과도단계로 국가연합(confederation)을 지지할 의향이 있다고 밝히면서, 궁극적으로 연방국가(federation), 즉 단일 주권 아래 재통일된 국가를 이룩하는 것이 그 목표임을 분명히 했다. 그리고 콜은 "통일의 과정이 유럽의 관심사이며, 유럽통합과의 관련 속에서 보아야 한다"고 강조했다. '조약공동체-국가연합-연방'이라는 3단계를 제안한 것으로 봐서 이때만 해도 콜은 통일이 그렇게까지 급박하게 진전되리라고는 생각하지 못했다.

1990년 2월 10일 콜과의 정상회담에서 고르바초프는 독일 통일에 대해 하등의 이의가 없다고 선언했다. 하지만 같은 달 21일 《프라우다》와의 인터뷰에서는 "독일의 통일이 두 동맹 체제(나토와 바르샤바조약기구)의 군사전략적인 균형을 침해해서는 안 된다"고 주장했다. 통일독일이 나토에서 탈퇴, 중립국이 되어야 한다는 요구였다. 이는 1952년 스탈린이 했던 제안을 되풀이하는 것이었다.

하지만 콜은 "통일을 위해 나토 회원국으로서의 권리를 포기할 수 없다"는 점을 분명히 했다. 콜은 기회가 있을 때마다 이러한 입장을 소련에 전하면서 "중립화된 통일독일보다는 차라리 나토와 유럽공동체의 틀 안에 구속되어 있는 통일독일이 소련의 안보이익에 더 부합한다"고 설득했다. 그러자 소련은 동일독일이 나토와 바르샤바조약기구 둘 다 가입하면 어떻겠느냐는 제안을 내놓았다. 마지못해 통일독일의 나토 가입을 받아들이기로 한 다음에도 자기들이 동독에서 철수한 후 옛 동독 땅에는 나토군이 들어와서는 안 된다고 주장했다. 이는 사실상 통일독일의 주권이 여전히 전승 4대국에 의해 제약받는다는 의미였다(배진영 2020).

초대 아데나워 총리 이후 기민당 정부는 소련의 중립화 요구를 단호히 거부하고, 사민당의 반대에도 불구, NATO에 가입하는 등 친서방·친미노선을 견지하면서 민주적이고 부강하고 안정된 나라를 만드는데 주력하였다. 1982년 헬무트 콜 총리 집권 후에는 사민당의 교류·협력 노선을 답습하여 동독과 활발한 교류·협력을 추진하면서도 대동독 지원이 동독 공산정권 강화에 이용되지 않을지 여부를 항상 면밀히 검토하면서 '대동독 경제지원 3원칙' 〈1) 동독이 먼저 요청할 때, 2) 반드시 대가를 받고, 3) 서독의 지원 사실을 동독 주민들이 알 수 있게 하는 방법으로 지원을 준수〉을 준수하였다.

또한 독일 통일은 헬무트 콜 총리의 단호한 의지와 서독정부의 과감하고 치밀한 대책들이 있었기 때문에 가능해 진 것이며, 특히 다음과 같은 조치들이 통일을 촉진하는 중요한 요인이 되었다. 첫째, 1989년 8월 콜 총리가 헝가리 총리와의 비밀교섭을 통해 10억 마르크의 차관제공을 약속하고 헝가리의 대동독 여행협정 파기를 유도, 동독주민의 대량 탈출을 가능케 하였다. 둘째, 그는 1990년 3월 18일 동독의 자유선거를 앞두고 경제 전문가들의 격렬한 반대에도 불구, 동서독 화폐 교환율을 1:1로 발표하여 동독주민이 신속한 통일을 선호하도록 유도하였다. 셋째, 야당과 동독정부의 강력한 요구에도 불구, 동독의 〈국가연합통일방안〉과 경제지원 요구를 거부하고, 프랑스, 영국, 소련의 격렬한 통일 반대에도 불구, 미국의 협조를 받아 이들을 설득하는 데 성공하였다(Bark and Gress 2004).

독일 통일을 이룬 자석이론의 규범과 경험은 한반도 평화통일에 비교론적인 시사점을 주고 있다. 독일과 우리의 공통점은 첫째, 미국과 소련의 이념대립과 냉전에서 분단의 영향을 받았다는 점이다. 둘째, 분단을 둘러싼 4강구도가 형성되었다는 점이다. 차이점도 있다. 첫째, 서독사회는 여전히 독일의 통일과 유럽의 통합이 상호대립적인 관계를 가지고 있는가 아니면 상호보완적인 관계를 가지고 있는가라는 화두를 가지고 뜨거운 논쟁을 벌였지만, 우리는 대신 미·소냉전속에 아시아지역 정체성 통합 논쟁이 부재하거나 약했다는 점이다. 둘째, 소련의 붕괴는 독일의 통일로 이어졌지만, 한반도의 분단과 관련해서는 중국이 소련의 역할을 이어받아 긴장관계가 유지된 것은 우리와 다른 점이다(손기웅 외 2012).

우리가 통일을 앞당기기 위해서는 1) 미중갈등의 적대적 정체성을 평화공존의 정체성으로 점진적으로 변화시키는 국제규범을 창출하고, 2) 그런 국제규범의 형성속에서 북한정권과의 전략적 접촉과 대화를 계속 유지할 필요가 있다. 3) 대한민국을 보편적 가치가 보장되는 매력적인 국가로 만들면서 자석이론에 따라서 북한주민들의 자발적 지지대상으로 만들고, 4) 군건한 안보태세와 '힘의 우위'를 견지하며, 5) 북한주민에 대한 인도적 지원을 지속적으로 제공하는 노력을 견지해야 할 필요가 있다 (염돈재 2011).

V. 응보적 정의론 vs 회복적 정의론

남과 북이 통일을 이루기 위해서는 그동안 서로에게 가한 공격으로 인한 상처와 적대적 정체성을 치유하는 새로운 규범이 필요하다. 적대적 정체성을 평화공존의 정체성으로 변화시키는 것이 핵심이다. 서로의 공격에 대해 보복과 복수하는 '응보적 정의'가 아니라 서로 사과하고 용서하며 화해하는 '회복적 정의'로 이행하는 규범을 창출하고 제도화해야 할 것이다.

일제 식민지시대와 해방 전후, 6·25와 그 이후의 냉전적 대립 등 역사의 큰 혼란 속에서 한국인들은 이루 말할 수 없는 갈등과 상처를 받았다. 국가차원만이 아니라 각 지역과 마을 및 가족 안에서 많은 고통을 겪어야만 했다. 그 고통을 겪은 세대는 수명을 다해 사라졌지만, 상처는 여전히 남아 있는 게 현실이다. 제대로 치료되지 않은 상처들은 점점 더 우리 사회를 갈등으로 몰아넣고 있다. 남북의 끝없는 증오와 대치, 사회갈등을 합리적으로 해결하지 못하는 모습 등이 그 후유증이다. 그래서 그 깊은 상처와 후유증은 반드시 치유되어야 한다. 상처를 치유하는 작업은 결국 트라우마와 인간관계, 용서와 화해에 대한 성찰과 인식전환으로 이어질 수밖에 없다(전우택 외 2019).

용서와 화해는 한나 아렌트의 화두를 따르자면 '일종의 시작이요 새로운 탄생'이라 할 수 있다. 즉 죽음으로서의 폭력과 트라우마를 극복하고 다시 사는 '제2의 시작이요 제2의 탄생'에 해당된다. "자기를 구하는, 그리하여 자기 삶으로서의 세계를 다시 구하는 기적은 새로운 시작을 이룬 새 자기의 탄생과 직결된다. 죽음의 상처를 받은 우리가 새로운 사람으로 태어나지 않으면 폭력과 학살과 적대와 증오속에서 자기와 세계를 구할 기적은 나타나지 않는다"(고현석 2020).

그렇다면 현재 남과 북이 겪고 있는 전쟁과 갈등의 상처는 어디에서 부터 기원하는가? 구성주의가 가정하는 적대적 정체성의 형성관점에서 볼 때, 그 시작은 조선의 계승국인 대한제국의 주권을 일제에게 전쟁과 패전도 없이 평화롭게 넘겨준 상황과 미국과 소련의 정치적·이념적 영향을 받으면서 새로운 근대국가를 건설해야만 하는 '악조건의 상황'에서 기인하는 것으로 보인다. 일제와 대치하는 가운데 미국과 소련의 영향을 받았던 정치세력들이 각각 나라를 세우고 냉전의 심화속에서 무리한 체제 대결의 논리에 따라 한국전쟁으로 나아갔다.

일반적으로 개인의 자유, 시민주권에 기초한 근대 국민국가(nation-state)의 건설은 하나의 공간에서 형성되는데 1919년 임시정부는 달랐다. 국민(nation)은 일제 속 조국의 땅인 국내에 있었고, 임시정부(state)는 일제 밖 해외의 땅에 있었다. 국민국가 형성과정에서 일제 밖 임시정부 요인 등 해외 지사들도 힘들었겠지만, 더 힘든 존재는 일제 속 조국의 땅 국내에서 국민형성(nation building)을 도모했던 내국인들이었다.

그런 이유로 해외 지사들을 민족의 이름으로, 독립운동가의 이름으로 과도하게 칭송하고 특혜를 주는 정서는 지양할 필요가 있다. 왜냐하면, 진정한 애국의 이름으로 조국의 자유와 독립을 위해 싸운 애국자는 일제가 점령한 조국의 땅에 뿌리박으면서 여러 형태로 탄압과 억압받으면서도 드러나지 않게 저항하고 때로는 견디지 못할 상황에서 일제부역으로 살아가면서 시민의 자유와 녹립을 위해 nation building에 앞장섰던 수많은 민중들이기 때문이다.

이에 해외 지사=대인=선, 국내인=소인=악 같은 이분법으로 구별하는 규범은 차별과 배제의 기득권을 만든다는 점을 이해하고 이를 경계할 필요가 있다. 이런 이분법으로 피해자와 가해자라는 정체성을 만들어 차별하기 보다는 모두 "감당할 수 없는 상황속 연약한 인간(호모 사케르)"으로 봐야 '응보적 정의(과거청산, 기억정치, 적폐청산)'가 아닌 '회복적 정의'가 가정하는 사과와 용서 및 화해에 도달할 수 있다(강효인·박명림 2020).

이런 회복적 정의의 관점에서 보면, 여러 사람이 함께 한 선행과 악행을 어느 한사람의 영웅과 악인이 했다는 식으로 이분화하여 다수의 사람들을 배제하는 시각은 공화주의 역사관과 거리가 있다. 선행이든, 악행이든 침묵, 묵인, 방조로 협력한 다수의 중간지대 사람의 역할과 의미를 드러내는 공화주의 시각이 필요하다. 그래서 왕조사관, 영웅사관, 귀족사관, 민족사관, 민중사관, 유물사관 등은 민주공화국 정신과 공화주의 역사관과 다르다. 독단적인 '영웅만들기'는 '우상숭배'이고, 독박을 씌우는 '악인만들기'는 '마녀사냥'으로 보인다.

과거청산 논쟁은 객관적 사실에 대한 진실규명보다는 진보와 보수의 권력투쟁인 동시에 근현대 한국사의 정당성을 둘러싼 사상투쟁의 성격으로 진행된 경향이 있다(정승현 2014, 226). 그래서 과거사 중 여순사건, 거창사건, 제주 4·3사건 그리고 한국전쟁은 이후에도 지속적으로 진영 논리의 틀 안에서 해석되어 오늘날 한국사회의 뿌리 깊은 이념논쟁을 가중시켰다.

한국적 맥락에서 과거청산과 기억의 정치는 '응보적 정의'(retributive justice)를 추구하는 규범이며, 사과와 용서 및 화해는 '회복적 정의'(restorative justice)를 추구하는 규범이다. 과거사 해결의 주류담론이었던 '과거청산'은 적대관계를 근간으로 하고, '기억의 정치' 또한 과거회귀의 규범이었다면, 미래지향적인 규범은 화해에서 찾을 수 있다. 회복적 정의는 적과 동지의 이분법적 차별을 넘어서 사죄와 용서 및 화해를 통한 상호공존을 지향하는 전환의 규범이다.

'응보적 정의' 대신 '회복적 정의'를 제시하는 배경은 과거청산과 기억의 정치 및 적폐청산의 문제에서 가장 곤혹스러운 것이 가해-피해, 가해자-피해자의 명확한 구별이 어렵다는 한계 때문이다. 응보적 정의관에서는 일반적으로 가해와 피해를 구분하지 않으면 정의는 물론 화해도 불가능하다고 여긴다. 인간들의 정의와 화해를 위해 가해-피해의 선명한 구분보다 더 중요한 것은 없다. 그러나 적대적 공생관계가 작동되는 국가폭력으로 벌어진 많은 만행과 학살사건들은 적지 않은 경우 둘이 깊이 뒤섞여서 그것을 가해자와 피해자를 단순하게 구별하기가 어렵다는 점이다.

마침내 국가폭력의 구조속에서 적대적 정체성에 따른 상호작용에 의해 양측 모두가 피해자라는 것이 진실임을 알게 되지만, 동시에 양측 모두가 가해자라는 것도 피할 수 없게 된다. 따라서 양측이 서로 협력적 관계로 나아가려면 자신들의 파괴적 행동을 인정하고 용서해야 하는 것은 당연하다. 가해자는 말할 필요도 없지만, 희생자들도 역시 비인간화의 범죄를 저질렀을 수 있다. 따라서 상호 존중과 상호 안전에 대한 새로운 균형과 참된 인지를 통해 상호 피해에 대한 양쪽의 연민과 애도에 도달할 수 있다(고현석 2020).

항상 가해사 vs 피해자라는 이분법의 논리는 복잡한 쌍방과실의 사안일수록 단순히 피해자와 가해자의 책임과 경중을 가리자는 차원을 넘어서 문제해결을 더 어렵게 하는 경향이 있다. 적폐청산이나 친일청산 그리고 역사청산과 같은 '응보적 정의(보복논리)'를 정당화하기에 사과, 용서, 화해를 추구하는 '회복적 정의'나 '역사적 화해'는 힘들다. 누가 먼저 시작했든 간에 한국전쟁 및 그 이후 도발과 만행 등 적대적 정체성의 강화와 같은 갈등의 과정은 서로 죽고 죽이는 참극이라는 점에서 가해자와 피해자의 경계가 모호해질 수밖에 없다. 어느 일방만이 피해자라고 주장할 수 없다.

한국전쟁 전후과정에서 벌어진 많은 만행과 학살은 남북 인민 모두에게 상처였다고 하는 것이 더 적절할 것이다. 그럼에도 불구하고, 남과 북의 정치가들은 적대적 공생관계속의 통치성의 논리나 집권재생산을 위해 무고한 인민들을 죽인 것에 대한 책임과 죄의식을 숨기거나 억압한 채, 자신은 '피해자의식'으로 내면화하고 범죄의 책임을 오롯이 상대에게 전가하면서 공격하는 경향을 보였다.

상대진영의 정치가들은 상대를 공격하기 위해 자국 인민들이 입은 상처와 트라우마를 분노, 공포, 원한, 증오, 혐오의 '집단감정'을 조직적으로 표출시켜 '감정통치의 공동체'를 만들어 상대를 가해자와 절대 악으로 상징화하였다. 그리고 자신을 그런 가해자와 절대악에 맞서는 절대 피해자와 절대 선과 영웅으로 상징화하였다. 그래서 이런 선악의 이분법을 극복하기는 매우 어렵다. 대안으로는 응보적 정의의 정체성이 형성되지 않도록 가해자 vs 피해자라는 정체성보다는 남과 북 정권모두가 냉전과 이데올로기로 패권경쟁을 다투는 국가의 억압과 폭력속에 노출되어 희생당한 '헐벗은 존재임'을 인정하는 인식전환에서부터 시작해야 할 것이다

(강효인·박명림 2020).

　본 글의 목적은 '정전체제'에서 '평화체제'로 이행기에 부응하기 위한 평화·통일교육의 이론적 기초를 정립하기 위한 실험적 시도로 출발하였다. 남북한의 적대적 정체성을 비적대적인 정체성으로 새롭게 구성하기 위한 관점과 방법을 찾기 위한 대안적 규범으로 구성주의 패러다임의 시각에서 관련 내용을 논의하는 것을 목적으로 하였다. 본론에서는 구성주의적 시각을 구체화하기 위한 대안 담론으로서 통일전쟁론과 분리독립전쟁론, 독일 통일의 기초인 '자석이론', 응보적 정의론과 회복적 정의론을 다루었다.

　본 글에서 시도하고 있는 접근과 내용은 앞서 밝혔듯이, 실험적 시도이고 완결된 것이 아니라는 점에서 많은 한계가 있을 수밖에 없다. 왜 정체성의 형성인가, 왜 구성주의적 접근인가라는 의문은 계속될 수밖에 없다. 이 글의 부족한 한계는 추후 비판을 통해 개선되고 보완될 필요가 있다. 많은 한계에도 불구하고, 이번 시도는 다음과 같은 실험적 의의도 있다.

　한국전쟁에 따른 상처와 남북 국가간의 악마화 정책에 따른 적대적 정체성을 어떻게 새로운 정체성으로 변화시켜 가야하는 지에 대한 논의를 시작으로 하여 구성주의적 시각을 하나의 적실성 있는 대안으로 논의하였고, 이런 규범이 통일교육의 새로운 패러다임으로 적극 사용될 필요성을 제기하는 가운데 관점과 방법의 다양성에 약간의 단초를 제공했다는 게 의의이다.

　이후 평화·통일교육에 대한 접근은 더 새로운 방향과 내용에 대한 열린 논의를 통해 더욱 보완될 필요가 있다. 마지막으로 우리나라가 미중간의 패권갈등속에 휘말리면서 선택을 강요당하는 것을 배제할 수 없다는 점에서 평화·통일교육과 별도로 이것을 보완하기 위한 교육으로 '자치안보'에 기초한 '애국심 교육'이 필요하다. 애국심 교육에 대한 후속연구와 논의가 풍부하게 진행되기를 기대한다.

참고문헌

강효인·박명림. 2020. "과거청산과 과거극복: 화해와 치유로의 전환을 위하여."『인문사회 21』11권 6호, 2769-2784.

고현석. 2020. "박명림 연세대 교수의「폭력: 개인, 조직, 정치」."『대학지성 In & Out』(3월 15일).

배진영. 2020. "독일의 對外정책과 통일정책."『월간조선』10월호.

손기웅·김미자·김유정·노명환·배규성·신종훈·전혜원·정영태. 2012. "아데나워 정부의 서방통합정책과 독일정책."『EC/EU사례분석을 통한 남북 및 동북아공동체 추진방안: 유럽공동체 형성기를 중심으로』. 서울: 통일연구원.

염돈재. 2011.『잘못 알려진 독일통일, 그리고 한반도 통일의 비전』. 서울: 자유기업원.

오기성. 2005.『통일교육론: 사회문화적 접근』. 서울: 양서원.

윤대엽. 2011. "미 - 중 관계의 변화와 한국의 중견국가 전략: 이론, 인식과 정책."『통일연구』15권 2호, 135-176.

이인엽. 2018. "역사적인 북미 정상회담, 어떻게 평가할 것인가?."『통일뉴스』(6월 16일).

이제훈. 2021. "북, '남한 혁명통일론' 버렸다…보안법 존폐 논쟁 새국면."『한겨레신문』(6월 1일).

장철균. 2013.『스위스에서 배운다』. 서울: 살림.

전우택·박닝림·임성백·신보경·죄성경·손인배·강효인. 2019.『트라우마와 사회치유』. 고양: 역사비평사.

전재성. 2009. "한반도 통일에 관한 이론적 고찰."『통일과 평화』창간호, 72-109.

정승현. 2014. "과거사청산의 '정의(正義)' 논쟁과 그 사상적 함의."『현대정치연구』7권 1호, 225-258.

조민. 2019. "평화통일로 가는 길: 한국사회의 통일 준비." 콜로키움 발표문 8월.

채진원. 2013. "지구화시대 동북아시아 주변국의 상호인식 현황과 구성주의적 과제."『아시아문화연구소』31집, 233-269.

채진원. 2021. "'문명충돌'을 막는 한반도 문명전환의 논리 탐색."『현상과 인식』45권 1호, 141-234.

최소망. 2021. "정세현, 北 '투 코리아' 공식화…통일 걱정하는 듯."『뉴스1』(6월 4일).

통일부. 2018.『평화·통일교육: 방향과 관점』. 서울: 통일교육원.

평화갈등연구소. 2021. "평화.통일교육의 정체성." (3월 26일).

한만길. 2001.『통일교육의 이론과 실천』. 서울: 교육과학사.

한만길. 2019. "평화통일교육의 방향과 내용 고찰."『통일정책연구』28권 1호, 135-157.

Abelshauer, Werner. 1979. "Zur Entstehung der "Magnet-Theorie" in der Deutschlandpolitik." *Vierteljahreshefte für Zeitgeschichte* 27(4): 661-679.

Bark, Dennis L. and David R. Gress 저·서지원 역. 2004.『도이치현대사』. 서울: 비봉출판사.

Finnemore, Martha. 1996. *National Interests in International Society*. Ithaca, New York: Cornell University Press.

Finnemore, Martha and Kathryn Sikkink. 1998. "International Norm Dynamics and Political Change." *International Organization*. 52(4): 887-917.

Machiavelli, Niccolo 저·강정인·김경희 역. 2008.『군주론』. 서울: 까치.

Machiavelli, Niccolo 저·강정인·안선재 역. 2009.『로마사 논고』. 파주: 한길사.

Weber, Jürgen. 1989. "Deutschland-aber wo liegt es? Zur Einführung." In *Die Republik der Fünfziger Jahre. Adenauers Deutschlandpolitik auf dem Prüfstand*, editde by Jürgen Weber, 7-17. München: Akademie für Politische Bildung.

Wendt, Alexander. 1999. *Social Theory of International Politics*. Cambridge: Cambridge University Press.

6장 이주노동자 사업장 이동 규제의 통치성과 위헌심사의 역설: 고용허가제 사례*

한준성

I. 들어가는 말

이주노동자들이 본격적으로 한국을 찾은 1980년대 후반 이래로 한 세대를 훌쩍 뛰어넘는 시간이 흘렀다. 그간 이주노동정책 영역에서는 도입 쿼터, 체류 관리, 권리 보호를 둘러싸고 국가, 시장, 시민사회의 다양한 행위자들 간의 이견과 갈등, 그리고 타협의 역동이 이어져 왔다. 이와 같은 이주노동정치의 역사에서 2004년 8월 '외국인근로자의 고용 등에

---

*   이 글은 2022년 6월 『문화와 정치』 9권 2호에 게재된 "고용허가제 이주노동자(E-9) 사업장 이동 규제의 통치성과 위헌심사의 역설"을 수정·보완한 것이다.

관한 법률'(이하 외고법)의 시행, 즉 외국인의 국내 정식 취업의 길을 열어
준 한시노동이주제도인 '고용허가제' 도입은 중대 분기점이었다(한준성
2022a, 94-95).

이전 시기와 비교할 때 고용허가제 도입이 '진전'이었음은 분명하다.
무엇보다도 한국 한시노동이주제도의 핵심축이 단체추천 산업연수제도
에서 고용허가제로 바뀌면서 이전의 시스템적 부패와 비리 구조가 상당
부분 개선되었고 이주 관리의 공공성과 투명성이 강화되었다.[1] 이에 국
제노동기구는 2010년 9월 고용허가제를 아시아의 선도적인 이주관리
시스템으로 평가했고, 고용허가제의 주요 운용 기관인 한국산업인력공
단은 2011년 6월 유엔으로부터 공공행정대상을 수상하기도 했다(송진영
2011). 이에 더해 고용허가제 도입은 일본 외국인력정책을 주요 정책 모
델로 참조하고 차용해 왔던 기존의 정책 관행에서 벗어나 보다 독자적인
방식으로 이주노동정책을 구상하고 입안할 수 있게 된 계기였고, 이제 한
국의 이주노동정책은 일본을 포함해 아시아의 이주노동 수용국들이 주
목하는 정책 모델이 되었다.

하지만 이러한 성취에도 불구하고 고용허가제가 안고 있는 내적 모
순과 권리 침해적 요소들을 함께 살피지 않으면 안 된다. 고용허가제는
과거 산업연수제도 시기와 결별하고 한시노동이주제도를 혁신할 수 있
는 새로운 시작점이었다. 그렇지만 고용허가제는 도입 이후 일련의 제도
변화를 거치면서 내적 모순을 키워 왔고 그런 가운데 주거·근로 환경, 숙

---

1   산업연수제도의 문제점에 관한 자세한 설명은 한준성(2022a, 47-56)의 논의를 참
     조하시오.

식비 공제, 퇴직금 수령, 고용보험 적용 등 여러 측면에서 권리 관련 쟁점들이 불거졌다. 바로 이 지점에서 이 글이 특별히 주목한 연구 대상은 사업장 이동 규제다. 고용허가제 이주노동자(E-9)의 사업장 변경을 제한한 법령 조항들은 고용허가제가 도입될 당시만 하더라도 정책 영역에서 크게 주목받지 못했지만 이후 오늘날까지 한국 한시노동이주제도를 둘러싼 논쟁과 갈등에서 가장 첨예한 쟁점들 가운데 하나로 남아 있다.

특히 이 문제와 관련하여 고용주/업계와 이주노동자/이주인권단체는 커다란 인식의 차를 보이는데 이는 사업장 이동 규제를 체험하고 의식적으로 사고하는 방식이 상이했기에 더욱 그러했다. 인도네시아 출신의 한 이주노동자는 자신이 직접 감독과 주연을 맡은 단편 영화 〈엄마 보고 싶어〉(2016)에서 고용허가제하에서의 사업장 이동에 대해서 다음과 같이 토로했다. "호랑이 입에서 나와서 늑대 입으로 들어갔다". 사업장 이동 규제가 지닌 구조적 폭력의 가능성을 은유적으로 표현한 이 대사는 개별 고용주의 문제를 넘어 제도 자체에 대한 비판적 문제의식을 담고 있다. 이것이 이주노동자들(E-9)과 이주인권단체의 인식이라면 업계의 인식은 정반대다. 예컨대 중소기업중앙회의 조사 결과에 따르면 외국인력을 활용한 경험을 가진 중소제조업체들은 이주노동자의 '무리한 이직 요구'와 이를 업체가 들어주지 않을 때 이어지는 '태업과 불량한 업무태도'를 가장 큰 고충으로 꼽았다(중소기업중앙회 2019).

이처럼 사업장 이동 규제가 고용허가제 운용과 관련하여 첨예한 쟁점이었던 만큼 이에 관한 연구도 지속되어 왔다. 비교적 최신의 논의를 살펴보면, 먼저 사업장 이동 규제를 둘러싼 구체 쟁점들을 검토한 논의가 있다. 사업장 이동 규제의 완화 내지 폐지를 둘러싸고 팽팽히 맞서고 있는 상반된 입장들의 기저에 깔린 가치 지향과 논거를 살핀 연구들이다 (최서리·이창원 2015; Han 2020). 다음으로 사업장 이동 규제를 비판적으로 검토한 다수의 공법연구가 있다. 이 연구들은 사업장 변경 제한의 근거가 되는 법령 조항들이 강제노동금지 원칙이라든지 일할 환경에 관한 권리와 같은 헌법상 원칙과 권리를 위배하는지를 분석한 뒤 개선 방향을 제시한다. 이를테면 2007년과 2020년에 제기된 두 차례의 헌법소원청구에 대한 헌법재판소 결정 내용을 비판적으로 검토하고 강제노동금지원칙와 과잉금지원칙 등에 비추어 위헌성을 적극 심사할 필요성을 제기하거나, 사업장 변경 사유 및 횟수 제한을 완화할 것을 주창하거나, 일정 기간 이후 사업장 변경 제한을 풀 것을 제안하고 있다(김지혜 2016; 2022; 김남진 2016; 모혜수 2017; 노호창 2019; 노기호 2021). 특히 마지막 제안과 관련해서는 적절한 사업장 변경 제한 기간을 '1년'으로 판단한 실태조사 결과가 나온 바 있기도 하다(이규용·신선호 2021). 이 밖에도 사업장 이동 규제 문제의 핵심을 관료제 경직성을 비롯한 '제도의 운용'에서 찾으면서 절차와 규정을 정비하고 법령에 규정된 절차에 따라 사업장 변경을 확실히 보장할 것을 강조한 논의도 있다(설동훈 2022).

이 연구는 전술한 연구 성과들에 토대를 두면서도 기존 연구와는 차별화된 시선에서 사업장 이동 규제 메커니즘의 특징을 규명하려는 하나의 시도다. 사업장 이동 규제와 관련하여 제도 변천, 갈등적 쟁점, 법리적 판단, 실태조사에 기반한 대안 제시 등을 다룬 기존 논의와 비교할 때 이 연구는 사업장 이동 규제를 '통치'라는 주제어로 분석한다. 핵심은 고용허가제 사업장 이동 규제를 '통치성'(governmentality) 실천, 즉 특정한 '통치 합리성'에 기반을 둔 구체 '통치 기술'의 실천으로 분석하는 것이다. 이와 같은 분석의 관점을 채택한 까닭은 한국 이주노동정책 영역에서 첨예한 쟁점인 사업장 이동 규제에 관한 보다 합리적인 공적 토의를 위해서는 그것의 심층에 깔린 보다 근본적인 특징과 구조를 해명할 필요가 있는데 통치성 시각이 이러한 분석을 가능케 해줄 것으로 판단했기 때문이다(통치성 개념에 관한 구체 설명은 Ⅲ에 담겨 있다). 결론적으로 이 글은 고용허가제 사업장 이동 규제가 통치 기술로서 드러내 보이는 다양한 측면들을 사업장 이동 규제 메커니즘의 기저에 깔린 통치 합리성과 적극적으로 연계하여 사고하지 않고서는 사업장 이동 규제 메커니즘은 물론, 더 크게는 한국 한시노동이주제도의 질적 변화를 기대하기 어렵다는 논지를 담고 있다.

이 글은 이러한 문제의식을 바탕으로 다음 순서로 논의를 전개한다. 먼저 Ⅱ절에서는 사업장 이동 규제를 네 차원을 아우르는 강도 높은 복합 규제로 분석한 뒤 일련의 법령 개정을 통한 완화에도 불구하고 변화보다는 지속성이 더욱 두드러진다고 설명한다. Ⅲ절에서는 전 장의 논의를 바탕으로 사업장 이동 규제 메커니즘의 바탕에 깔린 통치 합리성과 이에 기반한 통치 기술을 검토한다. 보다 구체적으로는 이주노동자를 '생물학적 존재로서의 이방인'으로 바라보는 통치의 시선을 규명한 뒤 이를 바탕으로 한 구체 통치 기술을 '사법-규율 메커니즘'과 '조절 메커니즘'의 두 차원으로 나누어 분석한다. 이어진 Ⅳ절에서는 사업장 변경 제한과 관련된 법령 조항들에 대한 두 차례의 위헌심사를 검토한다. 특히 이주인권단체들이 '논의의 장'을 헌법재판소로 옮겨 위헌심사를 통해 근본적인 수준에서의 제도 변화를 견인하려 했으나 그러한 기대와 달리 결과적으로 헌법재판소가 사업장 이동 규제의 통치성 일부로 기능하게 되었다고 설명한다. 마지막으로 Ⅴ절에서는 본문의 내용을 토대로 통치성 실천으로서의 사업장 이동 규제의 기저에 깔린 통치 합리성에 대해 의문을 제기하고 외고법 제1조를 쟁점화할 필요성을 제기한다.

II. 사업장 이동에 대한 복합 규제: 변화와 지속

'원칙적 금지-예외적 허용' 방식에 기반을 둔 고용허가제 사업장 변경 규제는 '사유', '횟수', '기간', '절차'의 네 차원을 아우른다. 그렇기에 사업장 변경 규제 메커니즘의 특성을 잘 이해하려면 각각에 대한 이해를 바탕으로 네 차원의 복합적인 작용 방식에 주목해야 한다.

먼저 '사유' 측면을 살펴보면 예외적 인정 사유에 대해서, 정부의 광범위한 규제 권력 행사를 쉽게 만드는 포지티브 시스템을 적용해 오고 있다. 고용허가제 시행 초기 인정 사유는 크게 네 가지였다. 첫째, 사용자가 정당한 사유로 해고하거나 근로계약 만료 이후 갱신을 거절하는 경우다. 여기서 '정당한 사유'와 관련해서는 행정 기록에는 '자율 합의'지만 자율과 강제의 구분이 모호한 경우가 적지 않았다.[2] 둘째, 휴·폐업을 포함해

---

2   고용허가제 이주노동자 노동조건에 관한 한 실태조사의 결과에 따르면, 설문 응답자 648명 중에서 사업장 변경 경험이 있는 374명 가운데 113명(30.2%)이 본인의 잘못이 아닌 회사의 잘못으로 사업장을 변경했음에도 '근로계약 해지, 계약만료'의 사유로 사업장 변경 횟수에 산입된 적이 있다고 답했다. 그 이유는 '빨리 사업장 변경을 하고 싶어서' 32.7%(37명), '사업주가 강요해서' 31.0%(35명) 순으로 나타났다(김사강 2020, 13).

'외국인근로자의 책임이 아닌 사유'로 동일 사업장에서 계속 근로하기 어려운 경우다. 하지만 구체 사유 내용이 제시되지는 않았을뿐더러 '입증책임'의 문제가 남았다. 셋째, 고용허가가 취소되거나 고용이 제한된 경우다. 넷째, 상해 등으로 기존 사업장에서 계속 근무하기 어렵지만 다른 사업장 근무는 가능한 경우다.

'횟수'와 관련해서는 고용허가제 시행 초기 사업장 변경은 최초 입국 시 허용된 취업활동기간(최장 3년) 동안 원칙적으로 3회를 초과할 수 없었다. 다만 전술한 인정 사유들 가운데 두 번째와 네 번째 사유만으로 3회 변경한 경우 1회에 한해 추가 변경이 가능했다. 그렇지만 복합 규제의 관점에서 보면 횟수 제한이 사유 제한과 결합되면서 이주노동자의 사업장 이동 자유를 과도하게 제약하는 구조가 만들어졌다. 이를테면 이주노동자는 본인 책임이 아닌 사유로 사업장을 3회 변경한 경우에도 추가적으로 사업장 변경을 하게 되면 체류자격이 상실되어 강제퇴거 대상자가 된다.

이어서 '기간' 측면을 보면 이주노동자는 근로계약 종료 후 1개월 이내에 사업장 변경을 신청해야 했고 사업장 변경 신청일로부터는 2개월 이내에 근무처 변경허가를 받아야 했다. 기간 규정을 통지받지 못한 경우처럼 본의 아니게 규정 위반이 발생하더라도 행정처분(과태료 등) 대상이 아니라 곧장 강제퇴거 대상자로 전락할 수 있다. 이 경우 권리 구제 또한 어렵다. 또한 2개월의 짧은 구직기간은 원치 않는 사업장으로의 이직과 강제노동의 원인이 될 수 있고, 기간 경과는 체류자격 상실로 이어질 수 있다.

마지막으로 '절차' 측면이다. 이와 관련한 정부의 공식 입장은 제도

운용의 공공성과 투명성을 기하기 위해 사업장 변경 신청 후 재취업 과정에서 직업안정기관이 아닌 자가 일절 개입하지 못하도록 한다는 것이었다. 하지만 이는 문제의 핵심을 비껴간 것이었을 뿐만 아니라 직업안정기관의 역할은 의구심의 대상이었다. 근로계약 갱신 권한이 전적으로 고용주에게 있었을 뿐만 아니라 현장에서 사업장 변경 사유에 관한 조사 절차 과정이 이주노동자에게 불리한 방향으로 진행된다는 비판이 줄곧 제기되었다.

결국 전술한 규제의 네 차원이 한데 어우러져 작용한 결과 고용허가제하에서 이주노동자의 사업장 이동은 매우 강한 통제를 받게 되었다. 이에 대해 국내 이주인권단체들은 물론이거니와 유엔인종차별철폐위원회, 국제노동기구, 국제앰네스티 등 국제인권기구들까지 나서 날 선 비판을 가하면서 정책 개선을 권고했다(CERD 2018, 3; ILO 2020; Amnesty International 2012).

이렇듯 고용허가제 시행 초기부터 사업장 이동 규제는 과도했고, 그로 인해 제도 개선에 대한 요구가 간단없이 제기되어왔다. 이후 일련의 법령 개정으로 일정 부분 제도적 정비가 이루어졌다. 본격적인 출발점은 2009년 10월 9일 외고법 제25조의 개정이었다. 구직기간이 3개월로 한 달 늘었고 이 기간을 계산할 때 업무상 재해, 질병, 임신, 출산 등의 사유로 당장에 근무처 변경 허가를 받을 수 없거나 근무처 변경신청을 할 수 없는 경우 그 사유가 없어진 날로부터 기간을 산정하도록 했다.

횟수와 관련해서는 '외국인근로자의 책임이 아닌 사유'로 사업장에서 근로를 계속할 수 없게 되었다고 인정되는 경우 이를 사업장 변경 횟수 산입에서 제외하기로 했다. 이에 더해 실제 근로조건이 계약 내용과 다른 경우와 근로조건 위반 등 사용자의 부당한 처우로 인해 사회통념상 근로계약을 유지하기 어려운 경우가 사업장 변경 허용 사유로 법률에 명기되었다. 이 외에도 '외국인근로자 권익보호협의회' 설립에 관한 법률 조항(외고법 제24조의2)이 신설되었다. 아울러 2010년 4월 7일 외고법 시행령 제30조의 개정에 따라 이주노동자가 입국하여 최초 사업장에 배치되기 전까지 사용자 귀책사유로 사업장을 1회 변경한 경우에 총 3회로 한정된 허용 횟수에 1회를 추가 산정하도록 했다.

그렇지만 사유와 관련해서는 개정법에서 '외국인근로자의 책임이 아닌 사유'가 휴업과 폐업을 제외하고 정확하게 어떤 경우들을 포함하는지가 여전히 모호했다. 그런 점에서 2012년 2월 1일 외고법 제25조의 개정은 이러한 공백을 어느 정도 메우는 효과를 가졌다. 즉, 사업장 변경 횟수에서 제외되는 '외국인근로자의 책임이 아닌 사유'를 보다 포괄적으로 제시하면서 그 구체 사유를 '고용노동부장관 고시'를 통해 밝히도록 한 것이다. 이에 동년 7월 2일 '외국인근로자의 책임이 아닌 사업장 변경 사유 고시'(이하 사업장 변경 사유 고시)가 제정되었다. 여기에는 '사업 또는 사업장의 휴업, 폐업 등으로 근로를 계속할 수 없게 되었다고 인정되는 경우', '사용자의 근로조건 위반 또는 부당한 처우 등으로 근로를 계속할 수 없게 되었다고 인정되는 경우', '고용허가의 취소 또는 고용의 제한'의 세 가지 대항목을 바탕으로 다양한 사유 항목들이 담겼다.

여기서 잠시 고시 제정이 지닌 통치적 의미를 설명하면, 먼저 이는 인정 사유에 관한 규정 권한이 대의기구인 의회에서 행정기구인 부처로 상당 부분 위임되었음을 의미한다. 이주노동자의 권리와 관련된 주요 사안에 대한 의사결정을 행정 처분에 내맡긴다는 지적을 받을 수 있는 대목이다. 아울러 이는 그만큼 의회가 삼권분립의 정신에 따라 행정권력의 고시 관리 및 운용에 대해서 감시, 견제해야 할 또 다른 책무를 지니게 되었음을 뜻하는 것이기도 하다.

본 논의로 돌아가면, 이후로는 일련의 사업장 변경 사유 고시 개정을 통해 사유와 관련된 내용이 정교화되어왔다. 2016년 1월 20일 고시 개정에 따라 '근로조건 위반'에 산업안전보건 관련 내용이, '임금 체불 또는 지급 지연'에 최저임금 지급을 위반한 경우가 추가되었다. 이와 더불어 '외국인근로자 권익보호협의회의 사업장 변경 허용 인정'에 관한 항목이 신설되었다. 권익보호협의회는 사업주와 이주노동자 사이에 주장이 불일치하거나 입증자료가 부족한 경우 등 사업장 변경 허용 여부를 판단하기 곤란한 경우 이를 해소할 수 있는 제도적 권한을 행사할 수 있다. 이어서 2017년 말 고시 개정으로 '임금 체불 또는 지급 지연'에 관한 부분이 정비되었다. '2개월분 이상의 임금을 전액 지급받지 못한 경우'가 '임금 일부를 지급받지 못한 경우'로 바뀌었고 '임금의 30퍼센트 이상을 지급받지 못한 경우'가 '월 임금의 30퍼센트를 초과하여 지연 지급받은 사실이 2개월 이상 지속된 경우'로 구체화되었다. 이어서 2018년 3월 30일 고시 개정으로 '사용자의 근로조건 위반 또는 부당한 처우 등으로 근로를 계속할 수 없게 되었다고 인정되는 경우'에 '주거시설 위반' 항목이 추가되었다.

이후 2019년 1월 11일 개정으로 고시의 전반적인 내용 구성이 보다 체계화되었다. 제2조는 '휴업, 폐업 등', 제3조는 '고용허가의 취소, 제한', 제4조는 '근로조건 위반', 제5조는 '부당한 처우 등', 제6조는 '권익보호협의회의 인정'에 관한 내용을 담았다. 이와 함께 사업장 변경 허용 사유가 부분적으로 조정되었다. 예컨대 고시 제2조와 관련해서는 사업장 변경 신청일 이전 1년 동안 휴업, 휴직 전 평균임금의 90퍼센트에 해당하는 금액보다 적은 기간이 4개월 이상인 경우가 사업장 변경 허용 사유로 인정되었다. 이는 6개월에서 4개월로 완화된 것이었다. 제4조와 관련해서는 근로시간대 임의 변경을 근로조건 위반으로 판단할 때에 '농축산업, 어업 등 사업의 특성을 충분히 고려하여 판단한다'는 내용이 삭제되었다. 이 외에도 '외국인근로자가 사업장 등 사용자의 관리가 미치는 범위 내에서 직장 동료, 사업주의 배우자 또는 직계존비속으로부터 성희롱, 성폭행, 폭행, 상습적 폭언 등을 당함으로써 그 사업장에서 근로를 계속할 수 없게 되었다고 인정되는 경우'가 '부당한 처우'의 세부 항목으로 추가되었다. 이상의 내용에서 보듯이 정부는 부처 고시라는 행정입법 수준에서의 매우 기술적인 방식의 조정을 통해 사업장 변경 인정 사유를 체계화되고 구체화해 왔다.

한편 2019년 1월 15일 외고법 제25조 개정으로 '외국인근로자의 책임이 아닌 사유'에 '제22조의2를 위반한 기숙사의 제공'이라는 표현이 추가되었다. 이는 법률 수준에서 기본권과 관련한 사유를 보다 구체화했다는 점에서 긍정적으로 볼 수 있겠으나 다음과 같은 한계를 드러내보인 것도 사실이다. 첫째, 사업장 변경 유인을 줄이기 위한 국가의 역할에 관한 내용이 명기되지는 못했다. 둘째, 인간 존엄을 지키기 위한 최소 요건을 갖춘 주거 환경을 마련하지 않은 사업장에는 애초에 이주노동자를 고용할 수 없도록 한 조항이라든지 중앙정부나 지자체가 기숙사의 설치 및 운영에 필요한 비용을 지원한다는 등의 내용이 입법 과정에서 빠져 버린 것이다.

지금까지의 설명에서 알 수 있듯이 고용허가제가 시행된 이래로 강도 높은 사업장 이동 규제가 일정 부분 완화되어 온 것은 분명한 사실이다. 그렇지만 이를 과대평가해선 안 된다. '변화'보다는 '지속'이 두드러졌기 때문이다. 첫째, 사업장 변경의 '원칙적 금지-예외적 허용'이라는 대원칙은 변함이 없다. 둘째, 고용허가제하에서 이주노동자는 아무리 오랜 기간 합법적으로 체류하더라도 여전히 고용주의 동의 없이 자유의사로 근로계약을 해지할 수 없다. 다시 말해 고용주와의 '불평등한 권력관계'에도 근본적인 변화가 없다. 셋째, 사업장 변경의 사유와 횟수를 '동시 규제'하는 '과잉규제'의 패턴에도 변함이 없다.[3]

아울러 이러한 지속성의 기저에는 인력수급과 관련한 업계의 요구를 우선적으로 반영하고 노동시장에서 자국민을 보호하겠다는 정부의 통치 관점이 깔려 있다. 2018년 3월 29일 김영주 고용노동부 장관은 취임 후 처음 가진 고용허가제 송출국 대사 간담회에서 '노동이 존중받고 사람이 우선인 사회'를 만드는데 있어 이주노동자도 예외가 아님을 강조했다. 아울러 이주노동자가 더 나은 환경에서 일하고 정당한 대우를 받을 수 있도록 최선을 다하겠다는 의지를 보였다(고용노동부 2018). 이 발언은 향후 고

---

3 이것이 과잉규제임을 대만과의 비교를 통해서도 알 수 있다. 한국 고용허가제 입법의 주요한 참고 모델로 평가받는 대만에서는 사업장 변경과 관련하여 변경 사유를 제한하면서도 그 횟수에 대해서는 제한을 두지 않았다. 대만의 '취업서비스법'(就業服務法) 제59조에 의하면 사업장 변경 사유로 사용자(또는 피간호자)가 사망하거나 타국으로 이주한 경우, 선박의 피랍·침몰·수선으로 계속 근로를 할 수 없는 경우, 사업주의 폐업·휴업 또는 사업주가 근로계약에서 정한 임금을 지급하지 않아 계속 근로할 수 없는 경우, 이외에 이주노동자에게 책임이 없는 사유로 근로를 계속할 수 없는 경우가 규정되었다. 그렇지만 그 변경 횟수를 제한하고 있지는 않았다(윤지영 2012).

용허가제 정책 변화에 대한 기대를 갖게 했지만 이후로도 뚜렷한 변화는 나타나지 않았다. '인력난 해소'와 '내국인일자리 보호'라는 고용허가제의 정책 목표를 달성하려면 사업장 변경 제한이 불가피하다는 '국민경제'와 '국민적 시민권'의 논리가 여전히 지배적이다.

Ⅲ. 사업장 이동 규제의 생명관리정치적 통치성

본 절에서는 앞의 논의를 바탕으로 통치성 시각에서 고용허가제 사업장 이동 규제 메커니즘의 기저에 깔린 통치 합리성과 이를 바탕으로 한 구체 통치 기술을 살펴보고 그것의 생명관리정치적 성격을 분석하고자 한다. 본격적인 논의에 앞서 먼저 통치성 개념에 관해 간략히 설명하면 *gouverner*와 *mentalité*의 두 용어가 합쳐진 조어 방식에서도 짐작할 수 있듯이 '통치 합리성'에 기반한 '통치 기술'의 실천을 일컫는다. 그런 점에서 통치성에 대한 분석은 특정한 '지식-권력(knowledge-power) 레짐'에 대한 검토의 성격을 갖는다(Foucault 1988; Lemke 2002; 한준성 2022b, 5-6).

이와 관련하여 푸코는 '권력' 작용이 특정 '지식'을 창출하는 '담론'과 구체 '실천'을 통해 사회 전반으로 확산된다고 설명한 바 있다(Hoang 2017, 2). 이때 통치성 실천으로서의 담론 형성과 지식 창출은 특정 인구 집단에 대한 대상화(labelling)를 수반하는데, 이는 표적 인구 집단을 규율하거나 통제하는 효과를 갖는다(Çarıkcı 2017, 5). 그런 점에서 통치성은 이러한 과정을 통해 표적 인구의 개개인들을 '통제하기 수월한 주체들'(governable subjects)로 변모시키려는 기획의 성격을 띤다(Nonini 2002, 15). 이런 점들을 고려할 때 통치성 연구가 우선 주목해야 할 지점은 표적 인구 집단에 대한 특정한 이미지나 서사와 같은 담론과 지식의 차원이다.

아울러 이러한 논의의 연장선상에서 통치성 실천을 '생명관리권력'(bio-power)의 작동으로 볼 수 있다. 여기서 생명관리권력은 생명/삶(life)을 '정치적 계산'에 인입시킴으로써 개인과 사회의 행태를 특정한 방식으로 관리하는 '지식-권력'이다(Çarıkcı 2017, 29-34). 이러한 의미에서의 생명관리권력은 통치의 목적을 위해 표적 인구 집단의 개개인들에게 특정한 자질(skills)과 더불어 특정한 태도(attitudes)까지 갖추도록 유도하거나 강제한다(Rudnyckyj 2004, 412; Foucault 1997, 225). 이러한 생명관리권력의 작동 과정에서 표적 인구 집단은 '생물학적 존재'(biological existence)로 그 존재 의미가 격하된다. 이는 내치(police)의 시선 속에서 표적 인구 집단의 개개인이 사회적, 정치적, 문화적 존재로서 지닌 고유하고 다양한 특성들이 회석, 무시, 배제된다는 의미에서 생물학적 존재로 간주됨을 뜻한다. 다시 말해서 소망과 열정, 행동의 주체성, 특유한 문화 정체성을 지닌 개인의 고유성이 소거된 채 국력(國力)의 보존과 증강을 위한 도구로 전락하게 된다. 일종의 사물화 경향이 발생하는 것이다.

이렇듯 생명관리권력은 표적 인구 집단의 개개인들을 생물학적 존재로 바라보면서 특정한 '규제 메커니즘'으로 밀어 넣는다. 그리고 이처럼 생명관리권력에 의해 '규제 메커니즘'이 창출, 유지, 관리되는 과정이 바로 '생명관리정치'(biopolitics)다. 생명관리정치는 국력의 유지·증대 내지는 인구 전반의 복리를 위해 국가권력이 인구 개개인의 삶에 구체적으로 개입하는 통치의 양태를 일컫는데, 이는 자국민 복리를 위해 비국민을 표적 인구 집단으로 삼아 이들 개개인의 삶에 구체적으로 개입하는 권력 메커니즘까지 아우른다(한준성 2022b, 6).

아울러 이러한 생명관리정치에서는 정상화(normalization) 과정이 특징적이다. 즉, 먼저 '정상적인 것'에 대해서 규정한 뒤 이에서 벗어나지 못하도록 규율하고 이탈 행위에 대해서는 처벌(의 위협)을 가하는 것이다. 생명관리정치는 이처럼 표적 인구 집단을 국가가 정한 '정상'의 틀에서 벗어나지 않도록 규율, 통제함으로써 정치경제적 이득을 기대하는 것이다 (Çarıkcı 2017, 33). 이제 지금까지의 논의를 바탕으로 사업장 이동 규제 메커니즘의 생명관리정치적 통치성에 대해서 살펴보도록 하자.

1. 이중의 타자화: 생물학적 존재로 격하된 이방인

사업장 이동 규제 메커니즘의 기저에 깔린 통치 합리성을 이해하려면 규제의 대상인 이주노동자들(E-9)에 대한 통치의 시선, 즉 이들에 대한 특정한 담론과 지식이 무엇인지 살펴봐야 한다. 이는 관련 통치 문헌을 통해 확인할 수 있는데, 여기에 담긴 이주노동자들에 대한 특정 담론과 지식은 이들에 대한 생명관리정치의 정당화 기제라고 말할 수 있겠다. 이제 주요 문건들의 내용을 살펴보자.

먼저 외국인력정책 전반에 대한 정부의 관점과 인식을 추정할 수 있는 범부처 인구정책T/F의 논의를 들여다보자. 인구정책T/F는 관계부처와 합동으로 '외국인정책반'을 구성해 논의 끝에 2021년 7월 7일 "인구감소시대, 외국인 역량을 국가 성장동력으로"의 주제로 배포한 보도자료를 통해 인구감소 등으로 인한 인력 부족을 완화하고 국가 성장동력을 제고한다는 방침을 밝혔다(법무부 2021). 이 자료에서는 외국인력정책이 인구절벽에 따른 생산가능인구 급감 등의 인구사회적 위기와 4차 산업혁명으로 일컬어지는 기술 환경의 변화에 대응하기 위한 성장 전략의 한 방편으로 부각되었다.

범위를 좁혀 '비전문 외국인력' 내지 '단순기능 외국인력'에 대한 국가의 시선을 살펴보자. 대표적으로 제3차 외국인정책 기본계획(2018년~2022년)에서 여러 추진 과제들 가운데 하나로 제시된 '비전문직 취업이민자 유입·활용 체계 고도화'의 내용을 들여다보면 '국민 일자리보호 강화', '정주화 방지 강화', '유입단계 검증 제도 개선'에 관한 내용이 담겨 있다. 구체적으로 들여다보면, 먼저 국민의 일자리보호 강화를 위해 고용주에 대한 고용부담금 제도 도입을 중장기적으로 검토한다는 방침이다. 정주화 방지를 위한 방안으로는 출국상황 모니터링 강화, 미출국자 다발국가 도입인력 제한, 만기도래자 출국 유도 방안 마련, 체류자격 변경 심사 기준 강화가 제시되었다. 유입단계 검증 제도의 개선과 관련해서는 도입 규모 결정 시 국내일자리 잠식 여부 검증 강화 및 송출국가 '불법' 체류율 반영, 사증 신청 시 가족관계 자료 수집·관리를 통한 장기체류 억제, '불법' 체류자 관리 강화 등의 방침을 밝히고 있다. 이같은 방침의 근저에 깔린 통치 합리성의 서사 구조를 살펴보면 자국민의 물질적, 정서적 이득이 부각되면서 '비전문' 외국인력을 이러한 자국민 복리에 부정적 영향을 끼칠지도 모르는 잠재적 위협으로 재현하는 동시에 국가에 수호자의 이미지를 부여하고 있다.

시선을 더 좁혀서 고용허가제 이주노동자에 대한 특정한 담론 형성 및 지식 창출과 직접적으로 관련된 법률인 외고법에 나타난 국가의 태도와 입장을 살펴보면, 제1조(목적)에서 다음과 같이 밝히고 있다. "이 법은 외국인근로자를 체계적으로 도입·관리함으로써 원활한 인력수급 및 국민경제의 균형 있는 발전을 도모함을 목적으로 한다". 경제와 질서의 측면이 부각된 반면 권리에 대해 침묵하고 있는 본 조항은 이주노동자를 다분히 노동시장관리 및 국가경제발전을 위한 도구로 간주하고 있는 국가의 시선을 추론할 수 있는 대목이다.

전술한 문건들의 내용을 종합하면 다음과 같이 말할 수 있다. 우선 자국민의 물질적, 정서적 복리의 유지 및 증대를 우선시하는 통치의 시선 속에서 고용허가제 이주노동자들은 자신들의 고유한 열망과 욕구 및 문화 정체성 등을 인정받지 못한 채 '생물학적 존재'로 격하된다. 이는 이들의 신체(bodies)를 인간적, 문화적 존재이기에 앞서 경제적 자원으로 바라보는 시선이다. 특히 이러한 통치의 시선은 자국민과 비교해 상대적으로 높은 이주노동자 산재율이라든지 이들에 대한 부당한 차별에 대한 비판적 사고를 무디게 만들 수 있다(Hiemstra 2010, 86).

아울러 이주노동자를 생물학적 존재로 바라보는 국가의 도구주의 접근은 직장 선택의 자유 내지 '사직할 자유'를 지닌 권리 담지자로서의 이주노동자의 모습을 정상성의 범주 바깥으로 밀어낸다. 다음은 과거 고용노동부 외국인력정책과가 제시한 공식 입장이다. "잦은 사업장변경은 생산성을 떨어뜨리고, 영세업체의 인력난을 심화시키며, 성실한 다른 근로자까지 근로의욕 저하 문제 유발"하고, "일부 휴·폐업 또는 사업주의 부당한 처우에 의한 경우를 제외하면, 대부분은 근로조건 향상을 위해 사업장변경"이라는 논리다(고용노동부 외국인력정책과 2012). 문제의 핵심을 간파

하지 못한 이러한 사고에서는 이주노동자들이 생물학적 존재로 간주될 뿐 이들이 도대체 어떤 이유에서 '근로조건 향상'을 위해 사업장 변경을 바라는지가 좀처럼 진지하게 고려되지 않는다.

　시선을 조금 달리하여 '문화정치'의 관점에서 보면 통치 시선 속에서 생물학적 존재로 간주된 이주노동자가 보이는 또 다른 특징은 '이방인성'이다. 합법적으로 체류한 전체 기간이 5년을 훌쩍 넘어도 고용허가제를 통해 취업활동을 이어가는 '비전문 인력'인 한 여전히 '한시체류자'로 간주된다. 재입국을 거쳐 최장 10년 가까이 거주하며 취업활동을 해 왔더라도 여전히 가족동반도 할 수 없는 한시체류자인 것이다. 이들의 모습은 흡사 '영구적 한시체류자'에 가깝다.[4] 특히 한국 한시이주노동정책의 '정

4　고용허가제 도입 이래로 장기간 일할 수 있는 숙련인력 확보에 대한 시장 수요로 인해 취업활동 기간을 연장하는 법령 개정이 이루어져 왔다. 애초에 취업활동기간은 최장 3년이었으나 이후 재고용 방식으로 최장 2년이 추가되어 총 5년 이내 취업활동을 이어갈 수 있도록 했고, 다시 재입국 방식으로 종근무지와 동일 사업장에서 취업활동을 이어갈 수 있도록 하여 10여 년 가까이 근무할 수 있도록 제도 설계를 변경했다. 그렇지만 이들에게 정주민으로서의 권리 획득 기회는 무척 제한적이었다. 이들의 체류 기간에 대한 '행정적 시간 셈법'은 이른바 '우수인재'와 잠재적 국민으로 간주되는 결혼이민자(F-6)에 대해 적용되는 방식과 크게 달랐다. 체류자격에 따라 체류 기간에 대한 행정적 시간 셈법을 달리한 것이다. 통상 정주 자격 획득의 체류기한 조건인 5년을 행정적인 시간으로 보면, 후자에게는 이 시간은 보다 짧게 압축된 반면 고용허가제 이주노동자(E-9)에게는 전술한 법령 개정 속에서 무한정 길게 늘어난 셈이다. 즉, 실제 10여 년간 합법적으로 체류하며 취업활동을 이어왔다고 하더라도 한시 체류자로 간주되는 한 행정적 시간으로는 5년에 채 다가가지도 못하는 것이다. 체류 외국인의 체류자격에 따른 국가 행정의 차등화된 체류기간 산정에 관한 보다 상세한 논의는 아예렛 샤하르(Shachar 2020, 119-122)의 설명을 참조하시오.

주화 방지' 원칙하에 이주노동자의 체류권과 관련하여 '한시체류'와 '정주'를 연계하는 사고는 좀처럼 정책 영역에 인입되지 못한다. 고용허가제 이주노동자(E-9)가 E-7-4(숙련기능인력)나 F-2(거주) 자격을 취득할 수 있는 조건은 무척 까다로울 뿐만 아니라 E-7-4로 체류자격 전환에 성공했다고 하더라도 사업장 변경 금지 원칙이 변함없이 적용된다. 이처럼 전술한 도구주의 접근은 이주노동자의 이방인성의 기제로 작동하면서 이들의 '소속의 정치'에도 부정적인 영향을 끼친다.

정리하면 한국의 대표적인 한시노동이주제도인 고용허가제하에서 이주노동자들(E-9)은 통치의 시선 속에서 정치경제적으로는 노동시장의 인력 공급원으로 충원되는 생물학적 존재로, 문화정치적으로는 합법적 체류 기간과 무관하게 정주 기회가 희박한 이방인으로 간주된다. 전자가 '경제적 타자화'라면 후자는 '문화적 타자화'다. 결국 이같은 '이중의 타자화'는 성원권에 대한 정당한 요구라든지 정치적 주체성에 대한 몰각으로 이어지고, 이러한 인식과 태도는 다시금 이주노동자의 사업장 변경 제한과 관련된 구체 통치 기술들을 정당화하는 토양이 된다.

2. 통치 기술로서의 사업장 이동 규제: '불법성'(illegality) 활용과 조절 메커니즘

통치성 논의에서 '통치 기술'은 크게 '사법', '규율', '안전'의 세 측면에서 살펴볼 수 있다. 여기서 '사법' 메커니즘은 위반에 대한 처벌을 특징으로 하고, '규율' 메커니즘은 감시와 교정에 초점을 맞추며, '안전' 메커니즘은 위험 수준의 조절을 통한 관리의 특징을 보인다(임미원 2016, 108-119; 한준성 2022b, 6). 이에 비춰볼 때 고용허가제 사업장 이동 규제의 통치성 실천은 앞 절에서 설명한 통치 합리성에 기반한 세 차원의 통치 기술들의 복합 작용이라고 말할 수 있다. 이하에서는 이 점을 염두에 두되 사업장 이동 규제의 통치 기술적 측면에 대한 보다 효과적인 분석을 위해 전술한 세 측면을 '사법-규율' 메커니즘과 '조절' 메커니즘의 두 차원으로 재구성 하여 각각을 가장 잘 드러내 보이는 요소인 '불법성'의 행정 표지와 행정 입법인 사업장 변경 사유 고시에 초점을 맞춰 설명할 것이다.

1) 사법-규율 기제로서의 '불법성', 그리고 '법적으로 생산된 강제노동'의 문제

이민정치에서 '불법성'은 외국인의 국내 체류에 대한 법률적, 행정 적 규제 및 이와 연동된 체류 외국인에 대한 담론과 지식을 통해서 구조 적 불평등과 부당한 차별을 강제하고 합리화하는 방식으로 신자유주의 체제를 지지하는 강력한 통치성 기제로 작동한다. 이러한 의미에서의 불 법성이 사법-규율 기제로 작동하는 패턴을 간략히 설명하면 다음과 같다 (Hiemstra 2010, 92-93).

첫째, 통치성으로서의 불법성은 표적 이주배경인구를 특정한 방식으 로 범주화 내지 인종화한다. 이로 인해 이들은 자신들에게 부과된 규칙을 따르지 않을시 처벌되어야 할 잠재적 범죄자로 간주되곤 한다. 이같은 경 향은 체류자격을 상실하거나 미등록 상태인 이주민에게 더욱 가혹하게 표출된다. 이때 관련되어 적용되는 규칙들은 사회적 규범이나 도덕적 가 치의 표현물이라기보다는 '명령으로서의 법'에 가깝다. 둘째, 통치성 기제로서의 불법성은 이주민의 개인책임성 논리와 긴밀하게 관련되어 작동한다. 즉, 체류와 관련하여 이주민이 겪는 어려움의 원인을 불평등 구조나 부당한 차별 시스템이 아닌 개인의 선택과 책임으로 돌리는 것이다. 셋째, 불법성의 행정 표지와 정책 담론은 이주민의 기여를 상쇄시키고 이들이 지닌 (잠재적) 가치를 공적 시선에서 소거시키는 경향을 지닌다. 넷째, 합법적 체류자격을 지닌 이주민의 경우에도 상황에 따라 언제든 체류자격을 박탈당해 추방될 수 있다는 공포(deportability)의 심리로 인해 고통을 겪을 수 있다(de Genova 2002). 무엇보다도 불법성의 행정 표지에 기인한 이같은 공포 심리는 이주민의 취약성과 착취 가능성으로 이어진다.

사법-규율 기제로서의 불법성에 관한 이상의 논의를 사업장 이동 규제 메커니즘의 통치성 분석에 적용해 보면, 외국인 체류자격제도를 다루는 '출입국관리법'과 고용허가제의 모법인 '외국인근로자의 고용 등에 관한 법률'의 연계성이 눈길을 끈다. 이는 이러한 연계성이 사업장 변경에 대한 법적, 행정적 제한이 지닌 불법성 기제로서의 성격을 이해할 수 있는 대목이기 때문이다. 한마디로 사업장 이동 규제를 강제퇴거제도와 연계하여 분석할 수 있다. 이해를 위해 관련된 사건들 가운데 일부를 소개하면 다음과 같다.

고용허가제로 입국해 일하기 시작한 몽골 출신의 이주노동자 A씨는 고용주 지시에 당황했다. 지게차 운전을 지시했는데 그에게는 관련 면허가 없었기 때문이다. 면허 없이 지게차를 조종하는 것은 형사처벌의 대상이다. 이에 그는 사고 발생 시 따를 어려움을 이유로 다른 업무를 하게 해달라고 요청했다. 하지만 고용주는 "몽골로 보내버리겠다", "불법체류자로 만들겠다"고 협박을 했다. 이에 그는 고용센터를 통해 사업장 변경을 신청했지만 받아들여지지 않았다. 사업장 변경 사유에 해당하지 않는다는 이유에서였다. 결국 그는 고용주에게 폭행을 당하고 나서야 비로소 사업장을 옮길 수 있었다(조문희 2020). 또 다른 사례로 '성실근로자'로 재입국해 근무하던 이주노동자 B씨는 공장에서 대형 폭발로 사상자가 발생한 사고를 목격한 뒤 산재사고의 트라우마로 근무가 어려워 여러 차례 사업장 변경을 요구했으나 거절당했다. B씨의 경우는 행정기술적으로 '사업장 변경 사유'에 해당되지 않는 것으로 확인되었다(헌법소원심판청구서 2020).

위 사례들로 짐작할 수 있듯이 사업장 변경에 대한 '원칙적 금지-예외적 허용' 방식에 기반한 고용허가제는 무척 까다로운 사업장 이동의 조건성과 체류자격을 결합시켜 "근로관계의 문제를 체류의 불이익과 연결"시킨다(정진아 2022, 22). 즉, 사업주 동의를 얻거나 자신의 책임이 아닌 사유임을 입증해야만 사업장 변경이 가능하며 그렇지 못한 경우의 이동은 사업장 '이탈', 즉 '정상성'에서 벗어난 '불법' 행위로 간주되고, 그에 따라 해당 이주노동자는 출입국관리법령에 따라 강제퇴거의 대상이 되어 버린다.[5] 이 과정에서 행정은 앞서 설명한 것처럼 생물학적 존재로 격하된 이방인인 이들의 '체류권'과 관련하여 총 체류 기간, 기여, 유대 관계 등을 좀처럼 고려하지 않는다. 결국 이런 상황에서 특정 사업장에 계속해서 근무하지 않으면 받게 되는 체류자격 박탈 위협(deportability)은 강제노동의 요인으로 작동할 공산이 크다. 더하여 사업장 변경 제한에 기인한 체류자격 박탈의 위협은 입국 전 사전교육에서부터 체류 중 이루어지는 대사관 간담회나 직업교육 훈련 등을 통해 주입된다. 외적 규율이 이주 과정의 전반에 걸쳐 작동함으로써 이주노동자의 내적 규율을 강화하게 되는 셈이다.

아울러 이처럼 사업장 이동 규제에 체류자격 상실 위험이 더해지면서 고용주는 결과적으로 작업장에서 이주노동자의 신체와 이동을 통제하고 규율할 수 있는 상당한 수준의 재량권을 부여받게 된다. '불법성'의 영역으로 떠밀리지 않기 위해 저항하지 못한 채 불평등한 노사관계에 순응할 것을 강요당하는 상황에서는 고용주에 대한 이주노동자들의 개인적, 집단적 협상력이 약화될 수밖에 없는 것이다. 이런 점에 비춰보면 결국 국가가 고용주에게 이주노동자의 취약성을 활용해 생산성을 유지할 수 있도록 강제할 수 있는 길을 합법적으로 열어준 모양새라고 말해도 과언이 아니다.[6] '법적으로 생산된 강제노동'이라는 역설이 발생하게 되는 지점이다.

---

5   참고로 법무부 통계에 의하면 고용허가제 이주노동자(E-9)의 '불법체류 신규발생' 건수는 2020년 7,875건, 2021년 9,295건이다(법무부 출입국·외국인정책본부 2021, 28).

6   이런 점에 비춰볼 때 행정 처리상 사업장 변경 사유 가운데 가장 큰 비중을 차지하는 '자율합의에 의한 근로계약 해지'가 갖는 허구성에 대한 지적이 제기될 수 있다. 이를테면 사업장 변경 신고 과정에서 이주노동자는 제대로 설명을 듣지 못하거나 그 중요성을 모르는 상황에서 해당 항목에 체크할 수 있고, 고용주가 이주노동자에게 숨기고 합의에 의해 근로계약이 해지된 것처럼 관할 고용노동청에 신고할 수도 있기 때문이다. 혹은 사실상 강요에 의해 '자율합의'에 체크를 하는 경우도 있을 수 있다.

2) 조절 메커니즘으로서의 사업장 변경 사유 고시, 그리고 이주노동인권활동의 딜레마

통치성 실천으로서의 고용허가제 사업장 이동 규제의 특징을 보다 총체적으로 이해하기 위해서는 일방적인 명령과 억압적인 규율 외에도 이주노동자의 이동성을 '조절'하는 개입 방식을 함께 살펴야 한다. 이는 사법 권력과 규율 권력이 조절 권력과 복합적으로 어우러지면서 사업장 이동 규제 메커니즘을 구성하고 있기 때문이다.

사업장 이동 규제 메커니즘의 조절적 측면을 보여주는 대표적인 기제가 바로 '사업장 변경 사유 고시'다. 이미 설명했듯이 정부는 2012년 2월 1일 외고법에 따라 공식 사업장 변경 횟수에서 제외되는 '외국인근로자의 책임이 아닌 사유'를 보다 포괄적으로 제시하면서 그 구체 사유를 고용노동부장관 고시를 통해 밝히도록 했다. 이에 동년 7월 2일에 사업장 변경 사유 고시가 제정된 것이다. 이는 부처 수준의 '행정입법'으로 상황 변화에 따라 사유의 구체 내용과 조건의 신축적인 조절이 가능한 통치 기술이라고 말할 수 있다. 이전 장에서 보았듯이 고시는 이후 수차례 개정을 거치며 매우 '기술적인' 방식의 조정을 통해 이주노동자의 책임이 아닌 사업장 변경 사유를 체계화되고 구체화해 왔다.

이러한 고시가 조절 권력에 기반한 통치 기술로서 드러내 보이는 특징을 설명하면 다음과 같다. 먼저 적용 대상 인구 집단인 이주노동자들(E-9)의 사업장 변경과 관련된 문제를 지극히 '기술적인' 문제로 바라보는 행정 시선 속에서 취약성, 강제노동과 착취, 불평등, 차별과 같은 구조적 폭력의 문제는 희석되는 경향이 나타난다. 말하자면 이주노동자의 권익에 관한 이슈들이 '정치적 논의'의 영역에서 '기술적 대응'의 영역으로 옮겨진 셈이다.

더욱이 이러한 기술적인 조정이 그 나름의 성과에도 불구하고 과도한 규제에 따른 우려와 문제에 대한 충분한 해법을 제공해주었다고 보기 어렵다. 여전히 고시에 제시된 사유로 인정되지 못하는 경우들이 존재할 뿐더러 입증책임의 문제가 남아 있다. 이에 더하여 포지티브 시스템 하에서는 사유가 세세하게 규정될수록 기술적 판단과 책임 입증이 어려워져 오히려 사업장 변경이 더욱 까다로워질 수도 있다. 한 이주인권활동가의 다음 설명은 이 점을 예리하게 짚고 있다.

사업주의 근로조건 위반에 해당하는 사유는 노동부장관 고시에 정해져 있다. 월 임금 30퍼센트 이상을 2개월 이상 지급하지 않거나 지연해서 지급한 경우, 월 임금 10퍼센트 이상을 4개월 이상 지급하지 않거나 지연해서 지급한 경우, 최저임금에 미달해서 지급한 경우, 폭행, 성폭력, 불합리한 차별대우 등의 경우이다. 이것들을 증명하는 것은 까다롭고 오래 걸린다. 고용센터에서는 근거자료를 요구하기 때문에, 예컨대 임금문제의 경우 체불임금확인서를 근로감독관에게서 받아야 하는데 그 과정도 쉽지 않고 기간도 짧지 않다. 그리고 일단 이러한 사유들로 고용센터에 변경 신청을 해서 사업주가 알게 되면 그때부터 노동자는 사업장 내에서 모진 압박과 시련을 견뎌야 한다. 대부분의 사업주는 노동자가 다른 사업장으로 옮겨 가는 것을 싫어하고, 근로조건 위반 사유로 기록에 남으면 나중에 이주노동자 채용에 감점 요소가 되기 때문에 이주노동자가 주장하는 사유를 인정하려 하지 않는다(정영섭 2020).

이게 다가 아니다. 정부의 이주노동정책에 비판적 입장을 견지할 것으로 기대되는 시민사회 단체들은 고시에 근거한 기술적 대응 속에서 의도치 않게 통치성 실천에 '연루'될 수 있다. 이는 이주노동자 지원 활동이나 이주인권활동이 본의 아니게 통치성으로 흡수(co-optation)될 수 있음을 뜻한다. 이를테면 당장에 직면한 사업장 변경과 관련한 이주노동자의 고충을 풀기 위해 고시의 조건에 제시된 기술적 조건들을 충족시켰음을 입증하기 위한 노력에 힘을 쏟을 수밖에 없는 상황에서는 고시 자체에 대해 근본적으로 비판적 입장을 견지하고 있더라도 일단 이를 전제로 하여 기술적으로 대응할 수밖에 없다.[7] 결국 이같은 상황은 현장 활동가에게 딜레마와 정신적 스트레스로 이어질 공산이 크다.

---

[7] 예컨대 다음과 같은 상황이다. 작업장에서의 폭언과 폭행을 견디다 못한 이주노동자 A씨는 이주노동자 상담소를 찾았다. 하지만 상담소는 곤경에 처한 A씨의 사업장 변경을 위해 '입증'이 어려운 폭행 사실을 우선은 묻어둘 수밖에 없었다(신동명 2009). 또한 필자는 미등록 이주배경아동의 체류권 보장을 위해 행정 당국과 기술적인 문제를 풀어가는 가운데 정작 구조적인 문제를 적극적으로 제기하기 어려운 상황에 갑갑해 하는 어느 이주인권활동가의 고충을 들은 바 있기도 하다.

IV. '위헌심사'를 통한 현상타파 시도와 좌절: 두 차례의 헌법소원

1. '제도적 전장'으로서의 헌법재판소

사업장 이동 규제는 근로관계의 문제를 체류자격제도의 운용과 연동시키고 있다. 즉, 근로관계 문제를 체류 불이익과 결합한 통치 기술의 성격을 지니고 있다(박영아 2022, 22). 이러한 규제 방식은 체류자격 박탈에 따른 강제퇴거 위협에 기인한 이주노동자의 취약성과 강제노동의 구조적 배경 요인이 된다. 게다가 합법적인 이직의 길이 막힌 이주노동자가 사업장을 '이탈'하는 경우에는 불법화 메커니즘으로 변질된다. 문제는 여기서 그치지 않는다. 과도한 사업장 변경 제한과 관련해 발생한 것으로 추정되는 사망 사건들이 보여주듯이 사업장 이동 규제의 '생명관리정치'는 때로 예기치 않은 죽음으로 이어지기도 한다.[8] 이는 사업장 이동 규제와 관련한 '불법'과 '합법'의 유동적이고 불안정한 경계가 또한 사선(死線)이 될 수 있음을 일깨워준다. 네팔 출신의 한 이주노동자의 유서 내용이다.

---

[8] 푸코에 의하면 생명관리정치에서 인구는 국가가 자신을 위해서 다루는 존재 그 이상이 아니다. 심지어 국가는 자신의 존립과 번영을 위해서는 인구의 일부를 죽음에 이르게 할 수도 있다. 그런 점에서 그는 '생명관리정치'와 '죽음의 정치'(thanatopolitics)가 서로 모순되지 않는다고 말한다(Foucault 1988, 160).

제가 세상을 뜨는 이유는 건강 문제와 잠이 오지 않아서 지난 시간 동안 치료를 받아도 나아지지 않고, 시간을 보내기 너무 힘들어서입니다. … 회사에서 스트레스도 받았고, 다른 공장에 가고 싶어도 안 되고, 네팔 가서 치료를 받고 싶어도 안 되었습니다(최진렬 2017, 47).

물론 개별 사건은 저마다 고유한 맥락과 경위 및 동기를 갖는다. 그렇지만 과도한 사업장 이동 규제가 행정의 시선 속에서 생물학적 존재이자 이방인으로 표상되는 이주노동자들의 죽음의 배경 요인이라는 해석은 전혀 무리가 아니다. 그런데도 이러한 사망 사건들과 그 구조적 배경 요인 가운데 하나인 사업장 이동 규제는 공적 영역에서 좀처럼 적극적으로 다뤄지지 못한 채 묻히고 만다. 이주노동자들이 처한 구조적 취약성과 이들의 불안정한 삶에 관한 사회적 침묵은 이들이 몸소 겪는 일상적인 위기와 고통을 공적 시선에서 지워버린다. 사업장 변경 제한과 관련해 과감한 입법 개혁이 좀처럼 이루어지지 못하는 까닭이다.

이에 이주인권단체들은 현상 타파를 위해 입법기구나 행정기구가 아닌 또 다른 국가 제도로 위헌심사의 가능성에 주목했다. 헌법재판소를 사업장 이동 규제의 통치 정당성을 헌법적 가치에 근거해 따져 물을 수 있는 또 다른 '제도적 전장'(arène)으로 바라본 것이다. 여기서 '제도적 전장'은 사회운동 이론가 에릭 느뵈(Erik Neveu)의 표현으로, 그는 사회운동이 "미디어, 법원, 선거, 국회, 지방의회 등 제도화된 사회적 전장을 이용할 수 있다"는 점을 간과해선 안된다고 보았다. 그러면서 그는 사회운동이 촉발하는 '비제도적 전장'과 이러한 '제도적 전장'의 연계성을 강조했다

(Neveu 2015, 32-33).

사업장 이동 규제의 통치 메커니즘에 대한 헌법소원도 이런 맥락에서 이해할 수 있다. 이주인권운동은 사회운동으로서 기성 공식 제도 영역의 바깥에서 이루어지는 집단행동의 모습이 두드러지는데 이는 의회를 비롯한 대의기구나 국가 행정에서 이루어지는 의사결정과정에 대한 공인된 접근성을 확보하고 있지 않기 때문이다(Kriesi 2008, 394-395). 그렇다고 이주인권단체들이 공식적인 제도를 도외시하는 것은 아니었다. 정반대로 국가의 사업장 변경 제한에 대해 위헌심사라는 공식 제도를 전략적인 방식으로 활용했다. 위헌심사제도를 활용하기로 한 결정은 '제도적 전장'을 입법과 행정의 영역으로부터 헌법재판소로 옮겨 사업장 변경과 관련해 이주노동자 권리를 공론의 이슈로 부각시키고 위헌심사 결과를 통해 우회적인 방식으로 제도 개선을 견인하려는 이주인권운동의 전략적 시도였던 것이다.

이처럼 헌법재판소를 대안적 '제도적 전장'으로 선택한 이주인권운동의 선택을 보다 분석적으로 설명하기 위해 잠시 버지니 귀라우돈(Virginie Guiraudon)의 논의를 살펴보면 다음과 같다. 귀라우돈에 의하면 이주민 권리 보장을 위한 개혁에 있어서 중요하게 고려해야 하는 요소는 '논의의 장'(loci of debate)이다. 요지는 이주민 권리가 제한된 논의의 장에서 가장 합리적으로 논의될 수 있다는 것이다. 보다 구체적으로 설명하면 사안을 의회로 가져가면 과도한 정치화의 문제가 발생하는 반면 사회적 이해관계라든지 정치세력들의 대립과 보다 절연된 상태에 있는 영역, 이를테면 법정에서는 법 전통(legal tradition)에 기반한 합리적 판단이 이루어질 가능성이 크다는 것이나(Guiraudon 1998, 287-303). 이런 논의에 비춰보면 한국사회에서는 입법 영역에서의 과도한 정치화를 논하기에 앞서 전반적인 무관심과 침묵이 더 큰 문제인 듯하다. 다만, 이주인권단체들은 위헌심사제도를 활용함으로써 '논의의 장'을 그러한 입법의 영역에서 헌법재판소로 옮겨 (입법 개혁의 동인이 될) 합리적인 법적 판단이 나오기를 기대했을 것이다. 하지만 이러한 기대는 연이어 꺾이고 말았다.

2. '헌법'과 '통치' 사이에서 사업장 이동 규제의 통치성을 승인한 헌법재판소

첫 번째 헌법소원은 2007년에 제기되었다. 당시 청구에서 헌법 위배 결정을 구한 법령 조항은 외고법 제25조 4항과 동법 시행령 제30조 2항이었다. 헌법소원 청구인 측은 당시 고용허가제의 사업장 변경 제한이 '과잉금지원칙'에 비춰볼 때 과도한 규제라고 주장했다. 사업장 변경 사유에 더해 최대 변경 가능 횟수를 설정하고 이를 3회로 제한한 것이 과잉금지원칙에 위배된다는 것이다. 아울러 "체류자격 박탈 및 출국으로 이어질 수 있다는 점에 대한 심리적 위축"으로 인해 고용주의 인권침해나 차별행위에 대해 적극적으로 대처할 수 있는 기회를 차단당하고 있다는 점을 강조했다. 이는 앞 장에서 설명한 통치성 기제로서의 '불법성'에 대한 문제 제기로 볼 수 있다. 실제로 청구인 측은 사업장 변경에 대한 '원칙적 금지-예외적 허용' 규정이 결과적으로 "불법체류자를 양산"하는 불법화 메커니즘으로 작동한다는 점을 지적했다 (헌법소원청구서 2007).

이같은 헌법소원청구에 대해서 헌법재판소는 2011년 기각 결정을 내렸다. 헌법재판소는 외국인력의 도입에 관한 제도의 내용 구성에 있어서 입법자, 즉 국회의 "광범위한 입법재량"을 인정하면서 외고법의 입법 목적과 전반적인 취지, 보다 구체적으로는 목적조항인 제1조의 내용을 적극적으로 고려했다. 이는 당시 헌법재판소 결정이 사업장 이동 규제의 '통치 합리성'을 비판적 검토의 대상으로 삼지 않은 채 그대로 수긍한 것으로 볼 수 있는 대목이다. 결국 헌법재판소는 이렇게 결론을 내렸다. "이 사건 법률 조항은 … 사업장 변경을 일정한 범위 내에서 가능하도록 하고 있으므로 … 입법자의 재량의 범위를 넘어 명백히 불합리하다고 할 수 없다. 따라서 이 사건 법률 조항은 청구인들의 직장 선택의 자유를 침해하지 아니한다"(헌법재판소 2011.9.29. 선고 2007헌마1083 결정).

두 번째 헌법소원은 2020년 3월에 제기되었다. 당시 청구에서 헌법 위배 결정을 구한 법령 조항은 외고법 제25조 1항, 4항 및 사업장 이동 사유 고시 제4조, 제5조, 제5조의2였다. 제1차 헌법소원에서 좌절을 경험한 이주인권단체들에게 또 한 번의 헌법소원은 쉽지 않은 결정이었다. 그런 만큼 더욱 세심한 준비와 보다 전략적인 접근이 필요했다. 이들은 3월 18일 '사직을 허하라!'는 주제의 공동기자회견문을 통해서 사업장 변경 제한의 문제가 '직장 선택의 자유'의 문제에 한정된 것이 아니라 '직장을 떠날 자유'의 문제를 아우른다고 역설했다(이주인권단체 공동기자회견문 20/03/18). 이는 제1차 헌법소원청구에 대해서 헌법재판소가 사업장 이동 규제로 인한 강제노동의 문제를 적극적으로 다루지 않고 사안을 직장 선택의 '기회'의 문제로 축소, 환원시켰다는 판단에 따른 전략적 대응이었다(김지혜 2016, 196).[9]

청구인 측은 "국가적 차원에서 이루어지는 외국인근로자에 대한 '사업장 변경'에 대한 규제"는 "공익적 목적보다 사용자의 사익만을 앞세운 결과"로 "근로관계를 해소할 근로자의 권리를 제한함으로써 근로자의 사용자에 대한 지위를 더욱 약화시키는 결과를 가져"온다는 점을 지적했다. 아울러 "사업장 변경의 사유와 횟수 모두를 제한하는 매우 높은 수준의 규제"라는 "국가행위"가 "현재의 직장을 떠날 권리"를 "근로자로부터 빼앗아 근로관계를 사용자의 처분에 의한 강제노동으로 변질"시킨다고 역설했다. 사업장 변경 사유 고시와 관련해서는 "근로기준법과 근로계약 등 법률과 계약상 근로조건을 위반하는 경우에도 사업장 변경 사유에 포함하지 않을 수 있도록 위임"하고 있다는 점을 지적했다.[10]

　　제2차 헌법소원청구에 대한 헌법재판소 결정은 이듬해 말에 나왔다. 주로 '사유' 제한 조항에 초점을 둔 헌법재판소 결정의 요지는 사업장 이동 규제 메커니즘의 '통치 합리성'에 해당하는 "고용허가제의 취지"에 맞게 제도를 운영하기 위해서 '통치 기술'에 해당하는 사업장 변경의 사유를 제한하는 현행 방식이 "명백히 불합리하다고 볼 수 없다"는 것이었다 (헌법재판소 2021.12.23. 선고 2020헌마395 결정). 아울러 헌법재판소는 그런 이유에서 사유 제한 조항이 청구인들의 '직장 선택의 자유'를 침해하지 않는다는 결론을 내렸다. 그런데 이는 결과적으로 사안을 '직업선택의 자

9　제2차 헌법소원에서 청구인 측이 준용한 해외 판례는 2006.3.30.자 이스라엘 대법원 판결(HCJ 4542/02)이다. 이에 따르면 근로관계를 종결하고자 하는 노동자에게 '체류자격 박탈'의 제재를 가하는 것은 '사직할 자유'(the basic right to be released from an employment contract)의 침해다.

10　예컨대 고시의 임금체불 관련 규정은 사업장 변경이 가능한 임금체불과 그렇지 않은 임금체불을 나누고 있는데 그러한 구분의 합당한 기준이나 이유가 불분명하다.

유'로 한정한, 고용노동부 장관 대리인 의견서(2020/07/21)에 제시된 견해와 호응하는 것이었다.[11] 결국 제1차 결정과 마찬가지로 강제노동의 문제와 직장을 그만둘 권리는 적극적으로 다뤄지지 않았다. 더욱이 헌법재판소는 "불법체류자가 급격히 늘어나는 상황"을 문제시하고 그에 따른 사업장 이동 규제의 필요성에 수긍하는 듯한 입장을 피력했는데 이는 헌법재판소가 불법화 메커니즘에 대해 충분히 이해하지 못한 것으로 볼 수 있는 대목이다.

특히 두 차례의 위헌심사에서는 불평등한 근로관계에 따른 취약성과 강제노동 등 이주노동자의 기본권 관련 쟁점이 적극적으로 다뤄지지 않았다. 또한 근로관계 문제를 체류자격과 결합한 사업장 이동 규제 메커니즘이 통치성으로서의 '불법성'과 밀접하게 관련되어 작동하고 있다는 점에 대한 이해가 충분하지 않아 보인다. 무엇보다도 이 연구의 기본 문제의식에 비춰보면, 헌법재판소는 논쟁적이겠으나 두 차례의 위헌심사를 통해 결과적으로 사업장 이동 규제의 통치성 일부로 기능하고 말았다. 무엇보다도 입법자의 광범위한 입법재량을 인정한다는 이유로 외고법 제1조로 대변되는 사업장 이동 규제의 '통치 합리성'을 승인하고 말았으며 그에 따라 사유, 횟수, 기간, 절차의 네 측면에 걸친 복합 규제의 통치 기술에 대한 근본적인 비판의 칼날이 무뎌지고 말았다. 결국 위헌심사의 영

---

11 의견서의 다음 내용을 보시오. "심판청구가 적법하다고 가정하더라도, 이 사건 법률조항과 고시조항에 의하여 제한되는 청구인들의 기본권은 직업선택의 자유에 한하고, 신체의 자유나 근로의 권리 및 평등권 등 청구인들의 다른 기본권들을 제한하지 않습니다".

역에서도 이주노동자는 생물학적 존재로서의 이방인성에서 크게 벗어나지 못한 듯하다.

V. 나가는 말

이 연구는 통치성 관점에서 고용허가제 사업장 이동 규제를 특정한 '통치 합리성'에 기반을 둔 구체 '통치 기술'의 실천으로 분석하고자 했다. 아울러 이를 통해서 통치성 실천으로서의 사업장 이동 규제의 기저에 깔린 합리성에 대해 의문을 제기하고 쟁점화할 필요성을 제기하고자 했다. 본문에서 살펴보았듯이 외고법령이 시행된 이래로 사업장 변경 제한 조항들에 대한 일련의 기술적인 조정을 거치며 규제가 부분적으로 완화, 개선되어왔다. 그렇지만 사업장 변경에 대한 복합 규제의 전반적인 패턴과 지배적인 특징을 보면 변화보다는 지속성이 두드러진다. 대표적으로 '원칙적 금지-예외적 허용'이라는 대원칙과 사유와 횟수의 동시 규제 패턴에 변함이 없다. 더욱이 이러한 규제는 취업 활동 기한의 연장으로 최장 10년 가까이 체류한 이주노동자(E-9)에게도 예외가 아니다.

결국 이러한 모습은 사업장 이동 규제의 통치 합리성을 그대로 둔 채 기술적인 제도 정비만으로 해결할 수 있는 영역이 근본적으로 제한적일 수밖에 없음을 일깨워준다. 앞서 말했듯이 사업장 이동 규제의 통치 합리성의 핵심은 외고법 제1조에서 찾을 수 있다. 한국 한시노동이주제도의 근본 조항이라고 봐도 과언이 아닌 이 조항은 '국민경제의 논리'를 담고 있다. 특히 이러한 합리성에 기반한 통치의 시선에서 이주노동자는 생물학적 존재로서의 이방인으로 재현될 공산이 크다. 이렇듯 통치성 관점에서 볼 때 통치 합리성을 응축하고 있어 전면 쟁점화가 될 필요가 있는 대목인 외고법 제1조가 쟁점의 대상이 되기는커녕 외려 (암묵적으로) 수용되어 온 모습은 의아하다.

이에 이 글은 외고법 제1조에 응축된 사업장 이동 규제의 통치 합리성에 대한 반성적 사고가 필요하다고 주장하며 글을 맺고자 한다. 고용허가제 사업장 이동 규제의 통치 합리성을 달리 사고할 수 있다면, 다시 말해 이주노동자의 실존을 생물학적 존재로서의 이방인성에 함몰시키지 않고 이들이 가진 노동자와 인간으로서의 얼굴을 함께 마주할 수 있다면, 그에 따라 사업장 이동 규제라는 통치 기술의 과감하고 혁신적인 변화를 기대할 수 있다.[12] 말하자면 정책적 상상의 외연이 확대되면서 그 안으로 새로운 정책 실험이 가능해지는 것이다. 이를테면 한시적 체류를 전제로 한 교체순환 원칙에도 불구하고 그간의 법령 개정으로 합법적 취업활동 기간이 이미 최장 9년 8개월까지 늘어난 상황에서는 '이민윤리' 관점을 바탕으로 체류권(내지 성원권)을 고려해 체류 기간을 포함해 일정한 자격 요건을 충족한 경우 사업장 변경 규제를 대폭 완화 내지 미적용할 수 있

---

12 제19대 국회에서는 외고법의 법명과 제1조를 개정하는 법안이 발의된 바 있다. 법률 제명을 "외국인근로자의 고용 및 보호에 관한 법률"로 변경하고, 제1조를 "이 법은 외국인근로자를 체계적으로 도입·관리함으로써 원활한 인력수급 및 국민경제의 균형 있는 발전을 도모하며 외국인근로자에 대한 차별을 금지하고 권익을 보호함을 목적으로 한다"로 바꾸는 내용이다. 하지만 이 법안은 심도 있는 논의를 거치지 못한 채 임기만료로 폐기되고 말았다.

다. 이렇듯 통치 합리성을 새롭게 하면 사업장 이동 규제라는 '통치의 기술'(technologies of government)이 그저 차가운 기술 합리성의 산물이 아닌 '삶의 기예'(art of life)의 색채를 띨 수도 있다. 이것은 이주노동정책과 이민행정에 윤리적 요청이 끊임없이 투입되어야 하는 까닭이기도 하다.

참고문헌

고용노동부 외국인력정책과. 2012. "외국인근로자 사업장변경 개선 및 브로커 개입 방지 대책." (6월 4일).

고용노동부. 2018. "김영주 장관, 취임 후 첫 고용허가제 송출국 대사 간 담회 가져." (3월 29일).

고용허가제 사업장 변경 제한 헌법소원심판청구서 (2007년, 2020년).

김남진. 2016. "외국인근로자 인권보장을 위한 사업장변경의 자유." 『법학연구』 16권 2호, 47-72.

김사강. 2020. "2020 고용허가제 이주노동자 노동조건 실태조사 결과." 고용허가제 이주노동자 노동조건 실태조사 결과발표 및 토론회. 서울. 8월.

김지혜. 2016. "외국인근로자의 사업장 변경제한과 강제노동금지의 원칙." 『공법연구』 44집 3호, 189-210.

김지혜. 2022. "외국인근로자에 대한 재판의 공정성: 사업장 변경 제한에 대한 헌법재판소 2021.12.23. 2020헌마395 결정 비판." 『사회법연구』 46호, 555-587.

노기호. 2021. "외국인 근로자에 대한 사업장변경 제한의 위헌성 검토." 『한양법학』 32권 1집, 3-30.

노호창. 2019. "외국인근로자 고용에 있어서의 법적, 정책적 쟁점." 『노동법학』 70호, 179-230.

모혜수. 2017. "외국인근로사의 사업장 변경의 제한에 관한 연구." 『인권

법평론』19호, 81-109.

박영아. 2022. "고용허가제 위헌소송 경과 보고." 이주노동자 사업장변경 제한 합헌결정 비판 토론회. 서울. 2월.

법무부 출입국·외국인정책본부. 2021. 『출입국외국인정책 통계월보』12 월호.

법무부. 2021. "인구감소시대, 외국인 역량을 국가 성장동력으로." (7월 7 일).

설동훈. 2022. "한국 사회의 이주노동자 포용." 『기독교사상』 759호, 37-48.

송진영. 2011. "우리공단에서 대상을 받은 UN 공공행정상(PSA) 개요 및 2011년 수상기관 현황." (5월 2일), https://www.hrdkorea. or.kr/1/3/4?k=37492&pageNo=6&searchType=&searchText=(검 색일: 2020년 6월 5일).

신동명. 2009. "욕먹고 맞아도 일터 못 옮겨." 『한겨레』(8월 16일).

우삼열. 2022. "사업장변경제한 합헌결정의 문제와 향후 활동방향." 이주 노동자 사업장변경 제한 합헌결정 비판 토론회. 서울. 2월.

윤지영. 2012. "이주노동자 사업장 이동의 자유, 어떻게 보장할 것인가." 은수미 의원실 개최 국회 토론회. 서울. 8월.

이규용·신선호. 2021. 『사업장 변경제도 개선방안 연구』. 고용노동부 연 구과제보고서.

이스라엘 대법원 2006.3.30.자 판결(HCJ 4542/02).

이승인. 2020. "외국인 '성실근로자 자격 요건' 개선해야." 『농민신문』(9월 4일).

이주인권단체 공동기자회견문. 2020. "사업장 이동제한은 위헌이다!!." (3월 18일).

임미원. 2016. "푸코의 통치성 분석에 대한 기초적 고찰." 『법철학연구』 19권 1호, 99-136.

정영섭. 2020. "피해만 양산하는 '사업장 변경 제한': 이주노동자의 생생한 증언이 울려 퍼지다." 『MWTV 뉴스 VOM』 (10월 31일).

정진아. 2022. "고용허가제 합헌 결정의 문제점." 이주노동자 사업장변경 제한 합헌결정 비판 토론회. 서울. 2월.

조문희. 2020. "'강제노동, 사업장 변경 제한 탓'… 이주노동자들 헌법소원 청구." 『경향신문』 (3월 18일).

중소기업중앙회. 2019. 『외국인력(E-9) 활용 중소 제조업체 현장방문 결과보고서』. 서울: 중소기업중앙회.

최서리·이창원. 2015. "고용허가제 사업장 이동 제한의 쟁점." 『이민정책연구원 정책보고서』 2015-01.

최진렬. 2017. "이주 노동자들이 죽음으로 호소하는 것." 『시사IN』 (9월 4일).

한준성. 2022a. 『이주와 정치: 다문화사회의 이민정치와 이주평화학의 모색』. 서울: 당대.

한준성. 2022b. "통치성 관점에서 본 글로벌 난민정치: '국민국가 주권'에 포획된 '국가들의 사회'." 『민족연구』 79호, 4-30.

헌법재판소 2011.9.29. 선고 2007헌마1083 결정.

헌법재판소 2021.12.23. 선고 2020헌마395 결정.

Amnesty International. 2012. "South Korea: New Regulation Will Increase

Risk of Exploitation for Migrant Workers." (July 29).

Çarıkcı, Elif Elçi. 2017. *The Foucauldian Concept of Governmentality: A Case of Seasonal Migrant Agricultural Workers in Turkey.* LAMBERT Academic Publishing.

CERD. 2018. "Concluding Observations on the Combined 17th to 19th Periodic Reports of the Republic of Korea." (December 14).

de Genova, Nicholas. 2002. "Migrant 'Illegality' and Deportability in Everyday Life." *Annual Review of Anthropology* 31: 419-447.

Foucault, Michel. 1988. "The Political Technology of Individuals." In *Technologies of the Self: A Seminar with Michel Foucault,* edited by Luther Martin, Huck Gutman, and Patrick Hutton. Massachusetts: University of Massachusetts Press.

Foucault, Michel. 1997. "Technologies of the Self." In *Ethics: Subjectivity and Truth,* edited by Paul Rabinow. New York: The New Press.

Ginsburg, Tom. 2008. "The Global Spread of Constitutional Review." In *The Oxford Handbook of Law and Politics,* edited by Gregory A. Caldeira, R. Daniel Kelemen, and Keith E. Whittington. Oxford: Oxford University Press.

Guiraudon, Virginie. 1998. "Citizenship Rights for Non–Citizens: France, Germany, and The Netherlands." In *Challenge to the Nation-State: Immigration in Western Europe and the United States,* edited by Christian Joppke. New York: Oxford University Press.

Han, Junsung. 2020. "K-EPS' Regulation Limiting the Workplace Changes:

History, Issues and Policy Recommendation." *MRTC Issue Brief* NO. 2020-12.

Hiemstra, Nancy. 2010. "Immigrant 'Illegality' as Neoliberal Governmentality in Leadville, Colorado." *Antipode* 42(1): 74-102.

Hoang, Lan Ahn. 2017. "Governmentality in Asian Migration Regimes: The Case of Labour Migration from Vietnam to Taiwan." *Population, Space and Place* 23(3): 1-12.

ILO. 2020. "Direct Request (CEACR) - Adopted 2020, Published 109th ILC Session (2021)." https://www.ilo.org/dyn/normlex/en/f?p=1000:13100:0::NO:13100:P13100_COMMENT_ID:4042081 (검색일: 2022년 6월 5일).

Kriesi, Hanspeter. 2008. "Social Movements." In *Comparative Politics,* edited by Daniele Caramani. Oxford: Oxford University Press.

Lemke, Thomas. 2002. "Foucault, Governmentality, and Critique." *Rethinking Marxism* 14(3): 49-64.

Neveu, Erik 저·손영우 역. 2015. 『사회운동: 어디에서 오고, 무엇이며, 어디로 갈까』. 서울: 이매진.

Nonini, Donald M. 2002. "Transnational Migrants, Globalization Processes, and Regimes of Power and Knowledge." *Critical Asian Studies* 34(1): 3-17.

Rudnyckyj, Daromir. 2004. "Technologies of Servitude: Governmentality and Indonesian Transnational Labor Migration." *Anthropological Quarterly* 77(3): 407-434.

Shachar, Ayelet. 2020. *The Shifting Border: Legal Cartographies of Migration and Mobility.* Manchester: Manchester University Press.

7장 선거 이슈와 유권자 선택의 다층성: 제20대 대통령선거를 중심으로*

송경재

I. 서론

대통령제를 채택하고 있는 한국은 5년마다 치열한 정치적 경쟁과 선거가 진행되고 있다. 과거 권위주의 정권하에서 진행된 간접선거 방식의 대통령 선출이 1987년 민주화 이후 직선제로 바뀌면서 여러 차례의 정권교체가 진행될 정도로 정치적 격돌의 장이 되고 있다. 특히 대통령제도가 가지는 승자독식과 정치적 승리란 상징성은 매우 크기 때문에 헤이우

---

*   7장의 주요 내용은 필자의 "선거 이슈와 유권자 선택: 제20대 대통령선거를 중심으로"『한국과 세계』4권 3호(2022)에 실린 내용을 수정·보완한 것이다.

드(Heywood 2014)는 선거를 경쟁 정당과 집단 간 경합의 장이며, 정치세력 간의 합법적인 수권 투쟁의 공간이라고 평가했다.

무엇보다 선거가 가지는 본질적인 의미를 차치하더라도 아직 중앙집권적 경향이 강한 한국 정치구조에서, 대통령선거는 향후 5년의 정치 지형을 예측할 수 있다는 점에서 국민의 관심이 집중되는 정치 이벤트이다 (최장집 2010). 한국은 5년 단임제의 대통령제를 제도적으로 정착시킨 이래 5년마다 정치적인 격돌이 주요 정당 간에 반복되고 있으며 30여 년 동안 안정적인 제도화가 이루어졌다는 평가를 받는다. 특히 2017년 대통령 탄핵으로 예정보다 빨리 진행된 대통령선거 이후 2022년 20대 대선은 예정대로 진행된 대통령선거라는 점에서 한국 정치의 제도적 안정성을 확인할 기회였다.

2022년 20대 대선은 한국 정치사에 몇 가지 기록도 남겼다. 첫째, 19대 대선이 헌법재판소의 박근혜 전 대통령 탄핵 결정으로 인하여 급작스럽게 치러졌지만, 2022년의 20대 대선은 정상화되어 안정적으로 진행된 선거라는 의미가 있다. 이는 정치적 혼란 없이 한국의 민주주의가 제도적으로 공고화되었음을 의미한다. 둘째, 더욱 주목할 것은 20대 대선이 역대 가장 높은 사전투표율을 기록했다는 점이다. 사전투표제도가 정착되고, 지역 거주지 외에서도 투표가 가능한 장점 때문에, 사전투표율은 점점 높아지는 추세였다. 그러나 이번 20대 대선은 코로나 19 팬데믹 (pandemic) 상황에서도 36.93%로 역대 최고 사전투표율을 기록해, 지난 2017년 19대 대선 때 사전투표율(26.06%), 2020년 21대 총선 26.69%보다 10%포인트 이상 높은 수치를 기록했다(성승훈·박윤균 2022). 셋째, 20대 대선은 대통령선거에서 1, 2위 간의 표차가 역대 가장 근접한 선거로 기록되었다. 중앙선거관리위원회의 최종 집계에 따르면, 1위와 2위 간의 득표 차이는 역대 최소표차 초박빙 선거로 기록되었다. 당선인인 윤석열 후보와 2위 이재명 후보 간의 득표율 격차가 0.73%로, 표차는 불과 25만 812표로 30만 7,276표의 무효표 수보다 적었다. 이 기록은 1987년 민주화 이행 이후 시행된 대통령선거에서 가장 적은 표차로 당락이 갈린 1997년 15대 대선의 득표차(39만 557표) 기록이 15년 만에 깨진 것이다.

그러나 이러한 외연적 평가와 기록 이외에도 지난 제20대 대선은 선거운동 과정에서 몇 가지 부정적인 현상도 발견되었다. 역시 가장 논란이 된 것은 선거 때마다 나타난 네거티브 선거전이 더욱 확대되었다는 점은 심각하다. 단순히 정당과 후보 본인만이 아니라 후보자 가족까지 네거티브 선거전의 희생양이 되었고 이에 따라 후보와 가족에 대한 비호감 선거라는 안 좋은 평가까지 나왔다. 과거 대선에서도 네거티브와 흑색선전은 있었다. 특정 지역 출신이나 이념별 선호도에 따른 후보와 가족에 관한 비방·흑색선전은 있었지만, 후보와 가족의 비리와 부정, 인물평가 등으로 큰 논란이 된 적은 별로 없었다. 그러나 이번 대선에서는 후보와 가족들의 도덕성과 불법성 등이 유권자 선택에서 중요한 기준이 될 정도로 주목받았다.

이러한 후보와 가족에 대한 비호감의 중심에는 인터넷과 소셜미디어, 그리고 언론의 폭로와 녹취물의 언론 공개 등도 큰 영향이 있었다. 각 후보 캠프에서는 상대방 후보의 약점을 공격하기 위해 폭로와 녹취물 공개로 맞대응했고 여기에 언론사까지 가세하면서 선거전은 네거티브로 흘렀다. 자연스럽게 인물과 가족에 대한 공격이 집중되다 보니 정책이 상대적으로 소홀히 다루어진 감도 있나. 그런 차원에서 네거티브 선거전의 영향으로 공약이 주목받지 못한 것도 20대 대선의 중요한 특징 중의 하나이다. 과거 역사적인 전환점이라고 할 수 있는 대선이나 총선 등 중대 선거에서는 정책공약을 둘러싼 논쟁이 치열했으며, 이에 따른 유권자의 토론이 논쟁적으로 진행되기도 했다. 최근 대선만 해도 행정수도 이전(2002년), 4대강(2007년), 경제민주화(2012년), 적폐청산(2017년) 등 핵심적 정책이 선거 과정에서 쟁점으로 드러났다. 그리고 상대적으로 대선이라는 정치적으로 열린 공간에서 활발한 토론이 진행되었다. 하지만 20대 대선에서는 정책보다는 인물에 대한 평가, 과거 정부에 대한 평가가 주를 이루었으며, 이에 따라 유권자가 기억할만한 정책, 시대를 이끌 정책이 거의 등장하지 않았다.

이 장에서는 상대적으로 정책 이슈가 부족했다는 한계가 있지만 20대 대선에서 나타난 유권자의 투표행태를 주요 선거 이슈를 중심으로 분석하기 위한 목적에서 작성되었다. 기존 학계의 연구가 사회경제적 변인 또는 정치 만족 결정요인을 중심으로 투표 경향성 분석(Lipset 1960; Diamond 1999), 투표 성격이 회고적(retrospective)인지 전망적(prospective)인지를 구분하여 분석하거나(박선경 2019, 15; 송경재 2017), 경제투표에 대한 평가(Duch 2008; 박선경 2019), 한국 정치의 주요한 특징을 중심으로 한 미시적 분석(이갑윤 외 2014), 갈등집단 형성에 따른 계층·계급적 분열 양상에 대한 투표분석(Coser 1967; 서복경·한영빈 2014에서 재인용) 등이 주류였다.

이러한 선행연구의 흐름과 다르게 본 연구에서 주목한 것은 선거 이슈가 유권자에 미치는 영향이다. 연구방법론은 이메일 설문조사를 활용한 계량적 분석을 사용한다. 20대 대선 이후인 2022년 3월 14일~21일의 8일 동안 경희대학교 공공거버넌스연구소가 설계하여 〈㈜마크로밀엠

브레인〉에 의뢰한 이메일 설문조사 자료를 바탕으로 선거 이슈가 유권자 선택에 어떤 영향이 있는지를 계량적으로 분석하였다. 설문 방법은 〈(주)마크로밀 엠브레인〉의 패널 데이터를 활용하여 이메일 발송 후에 자기평가기입식(self-administration method)으로 조사했다. 표본은 성, 연령, 지역별 인구 비례에 따른 할당표집 추출법을 사용하여 1,000명을 추출하였다. 이메일 발송량은 8,202건이었고 수신 확인은 2,896건이었다. 이 중에서 접속을 완료한 건수는 1,334건이었고 중도포기자와 대상 초과 등의 데이터 마이닝 후 전체 표본은 1,000명이었다.

이 장의 구성은 다음과 같다. 다음의 Ⅱ절에서는 선거 이슈와 유권자의 선택에 관한 선행연구를 검토한다. Ⅲ절에서는 연구를 설계하여 선거 이슈 변인이 유권자 선택에 어떤 영향이 있는지 측정 지표와 가설을 추출하였다. 그리고 Ⅳ절에서는 분석과 Ⅴ절은 결론으로 연구의 요약과 함의를 제시했다.

Ⅱ. 선행연구 검토

선거 이슈(election issue)란 선거에서 부각된 중요 정책 또는 의제를 지칭한다. 일반적으로 선거 이슈 또는 이벤트(event)라고 포괄적으로 이야기하지만, 선거 이슈는 세부적으로 다양하게 구분할 수 있을 것이다. 초기 선거 이슈에 주목한 서구 학계에서는 이에 관한 다양한 논의가 진행되었다.

초기 선거 이슈가 유권자의 선택에 작은 영향만을 준다는 연구(예를 들면, Lazarsfeld et al. 1948 등) 이후 1980년대부터는 선거 이슈에 관한 연구자들의 주목도는 높아졌다. 다운스(Downs 1967)의 이슈가 선거에 미치는 영향에 대한 분석 이후 투표행태를 설명하면서 선거의 핵심 이슈는 중요한 연구주제가 되었다(정봉성·송근원 2006에서 재인용). 무엇보다 정책과 공약이 선거에서 중요도가 커지면서, 유권자 선택이 전통적인 결정요인인 사회경제적 요인보다 중요할 수 있다고 본 것이다. 특히 미국에서 선거 경합지역이 증가하면서 정책이나 후보 자질 등의 선거 이슈는 유권자의 정치선택에서 중요한 기준이 되었다. 대표적으로 라비노비츠와 맥도날드(Rabinowitz and Macdonald 1989)는 선거 과정에서 제기된 이슈가 선거에 미치는 영향에 관한 연구를 진행했다. 이들의 논의는 많은 연구자에 이어져 미국 대선에서 제기된 중요한 선거 이슈가 유권자들의 선택에 일정한 영향을 주었음을 확인하였다.

그러나 미국에서 선거 이슈가 중요하게 주목받으면서 선거 쟁점으로 떠 오른 것은 2000년대 이후이다. 특히 선거운동 과정에서 정당이나 후보가 제시한 선거 이슈에 따라 유권자의 투표가 변화하거나, 지지를 강화 또는 유지한다는 다양한 선거 실증적 연구 결과가 발표되면서 선거 이슈에 관한 관심이 커졌다. 1990년대 이후 중요한 이슈였던 이라크전쟁은 이러한 선거 이슈가 얼마나 선거에서 중요한 유권자 선택기준이 되는지 잘 보여주었다. 그리고 미시적으로도 진보와 보수적인 정책에 따라서 각기 선호하는 지지 후보가 차이가 있다는 연구도 많이 발견된다.

이처럼 선거 이슈가 본격적으로 주목을 받은 것은 앞서 제기한 바와 같이 이라크전쟁 이슈가 선거에서 주요한 주제로 주목받으면서부터이다. 대표적으로 자코비(Jacoby 2006)는 이라크 전쟁 이슈를 중심으로 미국 내 정당 간의 견해차가 결국 2004년 대선에서 유권자 선택에 중요한 변수가 되었음을 실증적인 분석을 통해서 확인했다. 그는 공화당의 부시(Bush) 후보는 테러리즘과 윤리적 이슈를 관심사로 생각하는 유권자로부터 많은 지지를 받았고, 당시 상대방이었던 민주당의 케리(Kerry) 후보는 교육, 건강보험, 경제 이슈를 중요하게 생각하는 유권자의 지지를 많이 받은 것으로 나타났다. 이러한 자코비의 연구 결과는 이후 미국 대선에서도 유사하게 주목받으면서, 선거 이슈에 따른 지지집단, 유권자 선택의 차이가 있음을 확인할 수 있게 되었다.

국내에서도 선거 이슈가 유권자 선택에 큰 영향이 있을 것이란 연구는 2000년대 들어서 본격화된다. 사실 그 이전의 선거 과정에서 유권자 선택은 정책이나 후보 자질보다 1987년 대선 이후 지역투표가 가장 강력한 변인이었다. 지역을 기반으로 하는 정당이 정치세력화되면서 지역 변인은 한국 정치 그리고 선거에서 떼려야 뗄 수 없는 중요한 변인이 되었다. 영호남의 지역적인 분할과 이에 따른 정치적 균열의 심화는 1990년대 이후까지 투표와 유권자 선택에서 중요한 결정 변인이었다고 할 수 있다(최장집 2010; 송경재 2017; 서현진·이수정 2020).

2004년 4.15총선 과정에서 등장한 노무현 전 대통령 탄핵 이슈를 분석한 강원택(2004), 윤종빈(2004), 조성대(2004)의 연구에 따르면, 선거 국면에서 탄핵이라는 선거 이슈가 유권자 선택에 큰 영향이 있음을 실증적으로 분석했다. 이들은 2004년 총선을 앞두고 진행된 노무현 전 대통령 탄핵 국회 결의가 이후 총선에서 중요한 선거 쟁점이 되었다고 분석하고 있다. 연구자들은 4.15 총선에서 탄핵 반대와 찬성이라는 중요한 선거 이슈가 주목받으면서 유권자 선택이 탄핵에 대한 의견으로 양분되었고, 그 결과 선거 이슈의 중요성이 널리 알려지게 된 계기가 되었다. 이들은 연구마다 접근 방식은 차이가 있지만, 계량적으로 그리고 실증적으로 탄핵 이슈가 당시 선거에서 유권자의 선택에 어떤 영향을 주었는지를 논리적으로 규명한 바가 있다.[1]

이후 선거 이슈에 관한 연구는 계속 발전했다. 특히 대선과정에서 선거 이슈의 중요성에 주목한 학자들의 연구가 발표되었다. 16대 대선에서 정봉성과 송근원(2006)은 당시 유력한 정당 대통령 후보의 지지율 등락을 기준으로 선거 이슈를 정책, 후보자 특성, 사건 이슈로 나누어 후보자들의 지지율 변화에 이들이 어떠한 영향을 미쳤는가를 분석하였다. 분석 결과, 16대 대선에서는 사건 이슈 및 후보자 특성 이슈가 정책 이슈보다 훨씬 영향력이 큰 것으로 나타났으며, 이슈 내용도 후보 자격과 관련된 '인물'이나 '이벤트성' 이슈였음을 확인했다. 아울러 선거 과정에서 이전 정부 실정(失政)과 같은 특정 사안을 이슈화한 예도 있지만 주로 후보자의 자격과 관련되는 사안들을 이슈화하였으며, 후보의 장점보다는 후보자의 약점을 공격하는 네거티브 전략을 채택하여 이슈 공방을 진행하였음을 확인했다(정봉성·송근원 2006에서 재인용).

선거 이슈와 관련된 연구는 이후에도 발견된다. 대표적으로 이지호(2013)는 제18대 대통령선거에서 나타난 선거 이슈가 유권자의 투표행태에 미친 영향을 분석하였다. 연구에서는 이슈를 '긍정적 이슈'(positive

---

[1] 그리고 탄핵 이슈 결과로 총선은 당시 노무현 전 대통령이 주도한 열린우리당이 국회 152석의 과반을 획득하기도 했다.

issues)와 '부정적 이슈'(negative issues)로 구분하여 유권자의 관심이 투표 참여와 투표선택에 미친 영향을 분석하였다. 즉 다양한 선거 이슈를 긍정과 부정 이슈로 그룹화하고 이러한 긍정, 부정 이슈에 따른 유권자의 선택을 계량적으로 분석한 것이다. 연구 결과에서는 긍정적, 부정적 이슈에 따라서 투표 참여와 유권자의 투표선택에 통계적인 차이가 있음을 계량적으로 증명하였다. 이처럼 전통적인 사회경제적 변인이나, 경제투표, 회고적 투표 등의 다양한 선거이론과 함께 이슈가 선거에 영향을 미칠 수 있다는 연구도 흥미로운 주제가 되었다.

이상의 선행연구를 바탕으로 본 연구에서는 정책 이슈가 선거에 미치는 영향을 중심으로 분석하고자 한다. 국내 선거 관련 선행연구에서 확인된 유권자의 선택에 영향을 미치는 변인은 학자마다 차이는 있지만 크게 ①후보자 개인 능력 선호, ②선호 정당, ③이념적 지지 여부, ④정책공약, ⑤도덕성 등 다양하게 나타난다(강원택 2004). 이 중에서 정책 이슈와 도덕성, 후보자 지지는 주요 선거에서 논쟁을 일으키기도 한다. 정봉성과 송근원(2006, 120)에 따르면, 선거 이슈는 대통령선거나 국회의원 총선거에서 나타나는 이슈들로서 정책공약이나 사건으로부터 파생된 것들도 있고, 후보의 도덕성과 같은 것도 있다. 이런 이슈들은 유권자의 후보 지지와 투표율에도 많은 영향을 미친다. 이런 차원에서 기존 연구가 주로 선거 모델에 따라 선택적 요인을 추출하고 모델화한 분석이 주류였다면, 본 연구에서는 선거 이슈를 중심으로 사회경제적 변인에 따라 투표 참여와 후보자 선택의 이유를 분석하고자 한다.

III. 연구 설계

선행연구를 살펴본 결과, 정책이나 사건 등의 이슈가 정치에 영향을 미친다는 연구들은 과거부터 많이 진행되었다. 특히 국내에서 주요한 선거 국면에서 정치적인 사건이나 정책은 유권자 선택에 일정한 영향을 미치는 것으로 나타났다. 앞서도 제기하였지만, 선거 이슈는 2000년대 이후 중요한 쟁점으로 부각되고 있다. 지난 17대 대선에서부터 중요한 선거 이슈였던 4대강 개발, 경제민주화, 적폐청산 등은 시대적 흐름에 따라 유권자가 어떤 정치적 선택을 하느냐에 일정한 영향을 미친다는 점에서 의미있는 분석 시도라고 할 수 있다.

그런 차원에서 이 연구는 20대 대선에서 주요한 정책 이슈를 중심으로 유권자 선택에 어떤 영향이 있는지를 살펴보고자 한다. 본격적인 연구에 앞서 변인의 조작화(operationalization)가 필요하다.[2] 왜냐하면, 대통령 선거의 특성상 다양한 정치 집단과 세력 간의 경합과 경쟁의 공간이기 때문에 소수의 선거 이슈를 특정하여 도출하기는 매우 어려운 과정이기 때문이다. 이에 이 연구에서 선거 이슈의 선정은 각 정당 후보자의 공약을 바탕으로 가장 많이 거론되었던 정책을 중심으로 선별하였다. 세부적인 선정 방식은 정치학자들이 대선과정 토론회와 핵심적인 주제로 거론되

---

2 사회과학연구방법론에서 조작화는 개념 구성된 것을 측정가능한 형태로 변형시키는 과정이다. 이 과정에서 개념구성은 측정가능한 지표(index)나 질문 문항으로 전환하는 것이다(Heywood 2014).

었던 이슈를 중심으로 연구자가 선행연구 설정 방식을 결합하여 분류했다. 이지호(2013)가 제기한 바와 같이, 선거 이슈를 긍정적인 이슈와 부정적인 이슈를 중심으로 구분하였고 이를 정치·경제·특정 정책 등으로 세분화하였다. 그리고 선행연구자들이 제시한 바와 같이 후보자의 개인 자질과 능력도 중요한 선거 이슈가 된다. 또 이번 대선에서 후보와 가족 문제가 중요한 쟁점이 되었다는 점을 고려하여 이를 반영했다(정봉성·송근원 2006).

그 결과 20대 대선의 주요 이슈를 정치, 경제, 여성정책, 후보 자질 및 비리문제 등 4가지 영역으로 구분하고 각각 세부 선거 이슈를 조작화하여 설정하였다. 세부적인 선거 이슈는 다음과 같다.

첫째, 정치 분야 이슈이다. 정치 분야 선거 이슈는 20대 대선에서 각 후보들 간의 논쟁이 되었던 많은 주요한 정치 쟁점 중에서 선거에 영향을 미쳤을 것으로 평가되는 3가지 하위 이슈를 추출했다. 물론 다양한 쟁점이 있었을 것이지만 주요 후보별로 핵심적인 정치 분야 선거 이슈를 제시하고자 했다. 그 결과 선거기간 동안 가장 많이 거론된 선거 이슈인 정권교체, 통합 정치, 단일화 등을 선정했다.

둘째, 경제 분야 이슈이다. 20대 대선 동안 경제 이슈는 중요한 논쟁점 중의 하나였다. 특히 문재인 정부하에서의 부동산 가격 폭등과 이에 따른 세금 증가에 따른 영향으로 부동산 이슈가 주목받았다. 그리고 주요 후보자들 간의 경제 토론회 등에서 논쟁하였던 경제정책 중에서 가장 논란이 많았던 것은 부동산과 세금이었다. 연구에서는 이를 하나로 그룹화하여 경제 이슈로 재구분하였다.

셋째, 여성정책 이슈이다. 사실 20대 대선과정에서 여성정책을 주관하는 여성가족부 해체와 존치 문제는 중요한 선거 쟁점이기도 했다. 사회 분야 정책 중에서 가장 논쟁적이고 뜨거운 이슈이기도 했다. 이미 국민의힘에서는 2021년부터 지속적으로 여성가족부 해체를 주장했고 이것이 대선 과정에서 구체화된 것이다. 특히 선거운동 기간 소셜미디어와 각종 토론회에서 윤석열 후보가 여성가족부 폐지를 주장하면서 상당한 논란이 되었고 선거기간 동안 주요한 이슈로 부각되어 이를 선정하였다.

마지막으로, 네거티브 이슈이다. 앞서 제시한 바와 같이 20대 대선을 역대급 비호감 대선이라고 부를 정도로 더불어민주당과 국민의힘 후보자들의 본인과 가족, 주변 인사의 비리 문제가 많았다. 네거티브 이슈에 대한 유권자의 선택과 반응도는 중요한 관심 사항 중의 하나일 것이다. 이를 반영하여 정치적으로 큰 쟁점이 되었던 대장동 의혹과 후보 능력과 자질 이슈를 선정하였다.

〈표 7-1〉 선거 이슈 및 측정 지표

분야	주요 선거 이슈	측정 지표
정치 이슈	정권 교체	- 리커트 척도(5=매우 중요했다)
	통합 정치	- 리커트 척도(5=매우 중요했다)
	단일화(윤석열-안철수)	- 리커트 척도(5=매우 중요했다)
경제 이슈	부동산, 세금 등 경제문제	- 리커트 척도(5=매우 중요했다)
여성 정책 이슈	여성가족부 폐지	- 리커트 척도(5=매우 중요했다)
네거티브 이슈	대장동 의혹	- 리커트 척도(5=매우 중요했다)
	후보(또는 가족)의 비리	- 리커트 척도(5=매우 중요했다)

이상의 선거 이슈는 설문조사에서 다음과 같이 측정하였다. 설문은 공통적으로 "다음은 이번 대통령선거에서 부각되었던 주요 정책공약 또는 이슈입니다. 선생님께서 지지 후보를 선택하는데 다음 내용이 어느 정도 중요했다고 생각하십니까?"로 하여 주요 선거 이슈별로 측정하였다. 측정은 개인의 생각과 태도를 측정하는 지표인 리커트 척도(Likert scale)를 적용하였다(5척도).

이상 조작화된 선거 이슈 변인별로 성, 세대, 학력, 소득 등의 한국 선거에서 큰 영향을 주는 사회경제적 변인을 투입하였다. 알려져 있다시피, 시민의식과 정치 행위를 평가하는 데 있어 사회경제적 요인은 중요한 변인이다(Lipset 1960; 최장집 2010; 송경재 2017). 사회경제적 변인은 가설별로 먼저, 선거 이슈 인식 차이는 성, 세대, 학력, 소득 변인만을 투입했다. 사회경제 변인만을 투입하여 선거 이슈에 대한 투표 참여 유권자의 인식 차이를 파악하고자 했다(가설 1). 그리고 지지 후보 선택에서 선거 이슈의 영향(가설 2, 3)은 기존 선거 이슈 변인과 함께 사회경제 변인과 이념과 지역 변인을 추가로 투입했다. 지역은 도시와 농촌 등의 지역을 구분하였고, 이념은 자기기입식으로 5척도로 측정했다. 지역 규모와 이념 변인은 전통적인 유권자의 후보 지지의 중요 변인이다(서현진·이수정 2020; 이갑윤 외 2014). 연구에서는 지역 규모와 이념이란 추가 변인 투입을 통해 기존 선거 이슈만의 단독효과와 사회경제 변인 지역적 차이, 그리고 이념과 결합하여 이번 대선에서 유권자들의 선택이 어떤 차이가 발생했는지를 파악하고자 했다. 이를 바탕으로 설계한 연구가설과 모델은 다음과 같다.

가설 1 : 투표 참여 유권자들은 성, 세대, 학력, 소득에 따라 선거 이슈에 대한 인식차이가 있을 것이다.

가설 2 : 국민의힘 윤석열 후보 지지 유권자들의 선거 이슈 인식 차이는 있을 것이다.

가설 3 : 더불어민주당 이재명 후보 지지 유권자들의 선거 이슈 인식 차이는 있을 것이다.

[그림 7-1] 분석 모델

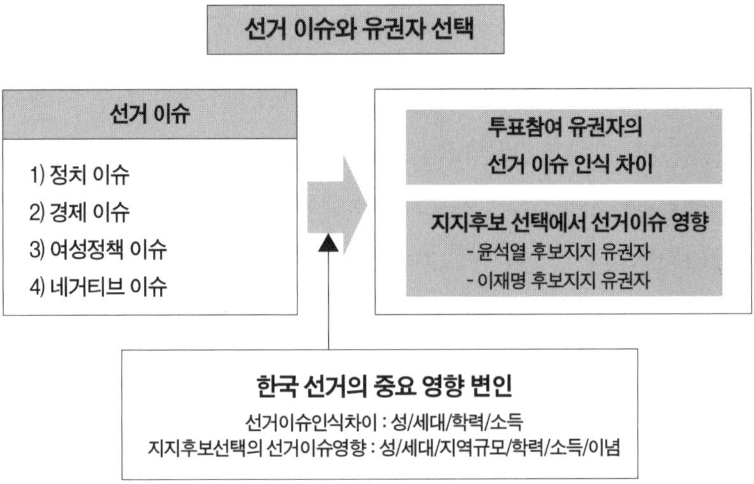

선거 이슈와 유권자 선택

선거 이슈
1) 정치 이슈
2) 경제 이슈
3) 여성정책 이슈
4) 네거티브 이슈

투표참여 유권자의 선거 이슈 인식 차이

지지후보 선택에서 선거이슈 영향
- 윤석열 후보지지 유권자
- 이재명 후보지지 유권자

한국 선거의 중요 영향 변인
선거이슈인식차이 : 성/세대/학력/소득
지지후보선택의 선거이슈영향 : 성/세대/지역규모/학력/소득/이념

Ⅳ. 분석

1. 표본의 개요

추출된 전체 표본은 1,000명이다. 이 중에서 성별로는 남성 511명 (51.1%), 여성 489명(48.9%)이다. 세대 구분은 선거권이 있는 만 18~29 세 189명(18.9%), 30대 175명(17.5%), 40대 218명(21.8%), 50대 229명 (22.9%), 60세 이상 189명(18.9%)이다. 학력별은 중졸 이하 5명(0.5%), 고 졸 197명(19.7%), 대재 또는 대졸(전문대 포함) 693명(69.3%), 대학원 재학 이상은 105명(10.5%)이다. 가구 소득별로는 200만원 이하 81명(8.1%), 201~400만원 322명(32.2%), 401~600만원 292명(29.2%), 601~800만원 157명(15.7%), 801만원 이상 148명(14.8%)이다. 지역 규모는 농어촌 60 명(6.0%), 중소도시 382명(38.2%), 대도시 558명(55.8%)이다.

〈표 7-2〉표본 개요

구 분		빈 도	비 율(%)	비고
합 계		1,000	100.0	
성	남성	511	51.1	평균 1.49 표준편차 0.500
	여성	489	48.9	
연령	만18-29세	189	18.9	평균 3.05 표준편차 1.384
	30대	175	17.5	
	40대	218	21.8	
	50대	229	22.9	
	60대 이상	189	18.9	

학력	중졸 이하	5	0.5	평균 2.90 표준편차 .558
	고졸	197	19.7	
	대재/대졸	693	69.3	
	대학원재 이상	105	10.5	
소득	200만 원 이하	81	8.1	평균 2.97 표준편차 1.181
	201~400만원	322	32.2	
	401~600만원	292	29.2	
	601~800만원	157	15.7	
	801만원 이상	148	14.8	
지역 규모	농어촌	60	6.0	평균 2.50 표준편차 .609
	중소도시	382	38.2	
	대도시	558	55.8	

2. 분석

1) 투표 참여 유권자들의 선거 이슈 인식

먼저, 투표 참여 유권자들의 선거 이슈에 관한 인식을 분석하기 위하여 통계기법 중 투입 다변량 변인의 평균 차이를 비교한 일원분산분석(F 검정)을 실시했다. 분석을 통해 유권자들의 선거 이슈별 인식에서 많은 차이가 있는 것으로 확인되었다.

첫째, 정치 이슈에서 정권 교체 이슈는 세대($p < .001$) 변인이 통계적으로 유의했다. 20대(18~19세 포함)가 정권 교체 변인을 가장 중요하다고 평가했고($M = 3.40$), 40대가 중요하지 않다고 평가했다($M = 2.90$). 그리고 성, 학력, 소득 변인은 기각되었다. 그리고 통합 정치 이슈 역시 세대($p < .001$)

가 통계적으로 유의했다. 통합 정치 이슈는 고연령일수록 중요하다고 평가했고 특히 50대 이상이 중요하다고 평가했다. 하지만 다른 세대는 상대적으로 중요하지 않다고 생각했다. 그리고 성, 학력, 소득 변인은 기각되었다. 단일화 변인은 소득 변인을 제외하고 성(p<.1), 세대(p<.001), 학력(p<.1) 변인이 통계적으로 유의한 것으로 도출되었다. 성별로는 여성이 단일화가 중요했다고 평가했다. 그리고 세대는 20대(18~19세 포함)가 가장 중요하다고 평가했고(M=3.40) 다음으로 60대 이상이 높은 수준이었다(M=2.87). 학력별로는 고등학교 졸업 집단에서 가장 중요하다고 평가했다(M=2.73).

둘째, 경제 이슈인 부동산, 세금 등 경제문제는 세대(p<.05) 변인만이 유의한 것으로 나타났고, 성, 학력, 소득 변인은 기각되었다. 통계적으로 유의한 세대를 세부적으로 살펴보면, 예상했던 것과 같이 경제문제에 민감하게 반응하는 고연령일수록 부동산과 세금이 중요하다고 평가했다. 그리고 특히 30대(M=4.18), 60대 이상(M=4.12)이 중요하다고 생각했다.

〈표 7-3〉 투표 참여 유권자들의 선거 이슈 인식 차이 일원분산분석 요약

주요 이슈		구분	F (p)	해석 요약
정치 이슈	정권 교체	성	.478	20대(18~19세 포함)가 가장 중요하다고 평가(M=3.40). 40대가 가장 중요하지 않다고 평가(M=2.90). 성, 학력, 소득 변인은 기각.
		세대	6.581 ***	
		학력	.448	
		소득	1.332	
	통합 정치	성	.181	고연령일수록 중요하다고 응답했고 특히 50대 이상이 중요하다고 평가. 성, 학력, 소득 변인은 기각.
		세대	9.493 ***	
		학력	.455	
		소득	1.389	

정치 이슈	단일화(윤석열-안철수)	성	3.126 †	여성이 단일화가 중요했다고 평가. 20대가 가장 중요하다고 평가(M=3.40). 다음으로 60대 이상이 높은 비중(M=2.87). 고등학교 졸업 집단에서 가장 중요하다고 평가(M=2.73).
		세대	6.775 ***	
		학력	2.208 †	
		소득	1.591	
경제 이슈	부동산, 세금 등 경제문제	성	.112	고연령일수록 중요하다고 평가. 30대(M=4.18), 60대 이상(M=4.12)이 중요하다고 평가. 성, 학력, 소득 변인은 기각.
		세대	3.121 *	
		학력	.922	
		소득	.775	
여성 정책 이슈	여성가족부 폐지	성	17.213 ***	남성이 여가부 폐지가 중요하다고 평가(남성 3.35 > 여성 3.01). 세대는 저연령일수록 중요하다고 평가함. 20대(18~19세 포함)가 가장 중요하다고 평가(M=3.66). 학력, 소득 변인은 기각.
		세대	10.092 ***	
		학력	.939	
		소득	.531	
네거티브 이슈	대장동 의혹	성	3.265 †	성별로는 여성이 대장동 의혹이 중요했다고 평가함. 고연령일수록 중요하다고 평가. 60대 이상이 가장 중요하다고 평가(M=3.89). 학력, 소득 변인은 기각.
		세대	10.411 ***	
		학력	.730	
		소득	1.538	
	후보(또는 가족)의 비리	성	2.461	고연령일수록 중요하다고 평가. 50대가 가장 중요하다고 평가(M=4.33). 성, 학력, 소득 변인은 기각.
		세대	10.105 ***	
		학력	.331	
		소득	.319	

$+ < .1, * < .05, ** < .01, *** < .001$

셋째, 여성 정책 이슈는 성($p < .001$)과 세대($p < .001$) 변인이 통계적으로 유의한 것으로 나타났다. 특히 성 변인이 유의한 것으로 나타나 이번 대선에서 여성 정책이 중요한 선거 이슈임을 확인해 주었다. 남성이 여성보다 강하게 여가부 폐지가 중요하다고 평가했다(남성 3.35>여성 3.01). 그리고 세대 변인은 저연령일수록 중요하다고 평가해서 20대(18~19세 포함)가 가장 중요하다고 평가했다(M=3.66). 그러나 학력, 소득 변인은 기각되었다.

넷째, 네거티브 이슈 중에서 대장동 의혹은 성(p<.1)과 세대(p<.001) 변인이 통계적으로 유의했다. 통계적인 유의성은 낮지만, 남성보다 여성이 대장동 의혹이 중요했다고 평가했다. 그리고 세대는 고연령일수록 중요하다고 평가했는데, 60대 이상이 가장 중요하다고 응답했다(M=3.89). 그리고 후보(또는 가족)의 비리 이슈는 세대(p<.001) 변인만이 통계적으로 유의한 것으로 나타났다. 고연령일수록 중요하다고 평가했으며 50대가 가장 중요하다고 응답했다(M=4.33). 그리고 성, 학력, 소득 변인은 기각되었다.

2) 선거 이슈와 후보자 지지

먼저, 이번 대선에서 당선한 국민의힘 윤석열 후보를 지지한 유권자의 선거 이슈별 특성 차이와 통제 변인으로서 사회경제적 변인의 차이가 존재하는지를 살펴보았다. 이러한 차이가 통계적으로 유의미한지 알아보기 위해, SPSS를 이용하여 로지스틱 회귀분석(logistic regression analysis)을 실시했다. 사회경제적 변인은 성, 세대, 학력, 소득, 지역 규모, 이념 변인을 투입했다. 종속 변인은 국민의힘 윤석열 후보에게 투표한 유권자의 더미를 설정했다(1=윤석열 후보 투표).

로지스틱 회귀분석 결과, 첫째, 호스머(Hosmer)와 레미쇼(Lemeshow) 검정의 카이제곱 값은 로지스틱 회귀모형의 적합도(fit)를 나타낸다. 이는 종속변수의 실제치와 모형의 예측치 간의 일치 정도를 나타내는데, 값이 작을수록 모형의 적합노는 높다. 카이제곱 값은 6.993이고 유의확률은

.537로 유의하지 않은 것으로 나타났다. 이는 실제치와 예측치 간의 차이가 작으며 모형이 수용할 만하다는 것을 의미한다.[3]

둘째, 분류 정확도는 88.9%이며, 투입된 독립변인 중에서 선거 이슈 변인군은 5개의 변인이 통계적으로 유의하고 사회경제적 변인은 3개의 변인이 통계적으로 유의하다. 모형에서 기각된 변인은 다른 독립변인이 존재할 때 분류 예측력이 낮다고 할 수 있다. B의 부호가 +이면 변수 값이 클수록 윤석열 후보 투표 집단에 포함될 가능성이 커지기 때문에, 정권교체(p<.001), 통합 정치(p<.01), 단일화(윤석열-안철수)(p<.001), 대장동 의혹(p<.01)이 중요하다고 생각할수록, 그리고 후보(또는 가족)의 비리(p<.001)가 중요하지 않다고 생각할수록 윤석열 후보를 지지한 것으로 나타났다. 그리고 남성(p<.01), 고연령 세대(p<.05), 보수이념(p<.001)을 가진 유권자가 윤석열 후보를 지지할 가능성이 큰 것으로 나타났다.

셋째, 추가적으로 Exp(B)는 각 변인이 1만큼 증가할 경우 내부값이 0인 집단에 속할 확률보다 1인 집단에 속할 확률이 몇 배인가를 나타난다. 여기서 본다면, 선거 이슈 중에서 정권교체 변인의 값이 1만큼 커지면 집단 0보다 집단 1에 속할 확률이 3.884배 커진다는 것을 의미한다. 그다음으로 Exp(B)의 값이 큰 변인은 이념 변인으로 집단 1보다 1에 속할 확률이 2.532배로 나타나 윤석열 후보(더미)를 지지하는 것으로 나타났다.

다음으로 더불어민주당 이재명 후보 지지 유권자의 선거 이슈별 그리고 통제변인으로서 사회경제 변인의 차이를 살펴보았다. 투입 변인은

---

3   카이제곱이 유의적이면, 모형의 적합도가 낮다는 것을 의미한다.

앞서 윤석열 후보와 같고, 종속 변인은 이재명 후보에게 투표한 유권자의 더미를 설정했다.

분석 결과, 첫째, 로지스틱 회귀모형의 적합도(fit)를 나타내는 Hosmer-Lemeshow) 검정의 카이제곱 값은 37.549로 나타났다. 그리고 분류 정확도는 88.0%이다.

〈표 7-4〉 선거 이슈 인식도와 윤석열 후보 지지자들의 특성

	B	Wald	유의수준	Exp(B)
선거 이슈				
정권 교체	1.357	98.348	.000 ***	3.884
통합 정치	-.445	6.971	.008 **	.641
단일화(윤석열-안철수)	.36	13.896	.000 ***	1.444
부동산, 세금 등 경제문제	-.032	.035	.852	.969
여성가족부 폐지	.119	1.159	.282	1.126
대장동 의혹	.405	9.743	.002 **	1.500
후보(또는 가족)의 비리	-.824	33.902	.000 ***	.438
사회경제적 변인				
성별	-.599	6.735	.009 **	.549
세대	.178	4.135	.042 *	1.194
학력	.098	.246	.620	1.103
소득	.050	1.382	.240	1.051
지역 규모	.119	1.276	.259	1.126
이념	.929	27.367	.000 ***	2.532

Hosmer-Lemeshow 검정 : 카이제곱 6.993
$+ p < .1, * p < .05, ** p < .01, *** p < .001$

둘째, 투입된 독립변인 중에서 선거 이슈 중 4개의 변인이 통계적으로 유의하고, 사회경제적 변인은 2개의 변인이 통계적으로 유의했다. 역시 회귀방정식에서 부호가 +이면 변수 값이 클수록 이재명 후보 투표 집단에 포함될 가능성이 커지기 때문에, 통합 정치(p<.01), 후보(또는 가족)의 비리(p<.001)가 중요하다고 생각할수록, 정권 교체(p<.001), 대장동 의혹(p

⟨.001)이 중요하지 않다고 생각할수록 이재명 후보를 지지한 것으로 나타났다. 그리고 저학력(p⟨.05), 진보이념(p⟨.001)을 가진 유권자가 이재명 후보를 지지한 것으로 분석되었다.

셋째, Exp(B)는 후보(또는 가족)의 비리가 1만큼 커지면 집단 1(이재명 후보 지지)에 속할 확률이 2.466배가 증가한 것으로 나타났다. 그리고 통합 정치에 대한 중요도가 1만큼 커지면 집단 1에 속할 확률이 1.602배가 증가한다. 그리고 이념 변인이 2.335배 증가하는 것으로 나타났다.

⟨표 7-5⟩ 선거 이슈 인식도와 이재명 후보 지지자들의 특성

	B	Wald	유의수준	Exp(B)
선거 이슈				
정권 교체	-1.081	95.954	.000 ***	.339
통합 정치	.471	9.916	.002 **	1.602
단일화(윤석열-안철수)	-.129	1.988	.159	.879
부동산, 세금 등 경제문제	.148	.938	.333	1.159
여성가족부 폐지	-.017	.029	.866	.983
대장동 의혹	-.665	32.849	.000 ***	.514
후보(또는 가족)의 비리	.902	46.934	.000 ***	2.466
사회경제적 변인				
성별	.340	2.513	.113	1.402
세대	.091	1.245	.265	1.095
학력	-.381	3.866	.049 *	.683
소득	-.011	.074	.785	.989
지역 규모	-.112	1.278	.258	.894
이념	-1.093	43.110	.000 ***	2.335

Hosmer-Lemeshow 검정 : 카이제곱 37.549
$+ p⟨.1, * p⟨.05, ** p⟨.01, *** p⟨.001$

V. 결론에 대신하여

이상 분석을 통해서 선거 이슈가 20대 대선에서 어떤 영향이 있었는지를 심층적으로 파악했다. 분석에서 확인된 바와 같이, 선거 이슈는 투표 참여 유권자들의 인식에서 중요한 변인이 되었으며, 특히 지지 후보를 선택하는 데 있어 분명한 차이가 존재하는 것으로 나타났다. 국민의힘 윤석열 후보 지지 유권자와 더불어민주당 이재명 후보 지지 유권자의 선거 이슈에 대한 의견도 큰 차이가 발견되었다.

첫째, 정치 이슈 중에서 정권 교체, 통합 정치, 단일화 이슈는 세대 변인이 중요한 차이가 있는 것으로 나타났다. 둘째, 경제 이슈 역시 세대 변인의 인식 차이가 나타났다. 셋째, 여성 정책 이슈는 특성상 성과 세대 변인이 중요하다고 평가했다. 넷째, 네거티브 이슈는 세대별로 중요한 인식 차이가 나타났다. 다섯째, 선거 이슈에 따른 후보 지지 역시 차이가 확인된다. 윤석열 후보는 정권 교체($p<.001$), 통합 정치($p<.01$), 단일화(윤석열-안철수)($p<.001$), 대장동 의혹($p<.01$)이 중요하다고 생각할수록, 이재명 후보는 통합 정치($p<.01$), 후보(또는 가족)의 비리($p<.001$)가 중요하다고 생각할수록 지지한 것으로 나타났다. 그리고 이념적으로도 보수는 윤석열 후보, 진보는 이재명 후보로 구분되었다.

연구내용을 바탕으로 확인할 수 있는 함의는 다양하다. 첫 번째 함의는, 정치, 경제, 여성 정책, 네거티브 등 선거 이슈가 20대 대선에서 유권자 선택에 어떤 영향이 있었는지를 분석한 결과, 세대별 차이가 가장 큰 것으로 니타났다. 물론 여성징책과 같은 득성한 선거 이슈에서는 성별 차이도 통계적으로 확인되었지만, 연구에서 설정한 선거 이슈 모두에서 세대별 차이가 가장 확연하게 나타난다. 이는 세부적으로 두 가지 차원에서 한국 정치에 주는 함의가 있다고 할 수 있다.

무엇보다. 첫째, 한국 선거에서 이제 세대는 단순한 변인이 아니라 주요하게 고찰해야 할 변인이 된 것으로 평가할 수 있다. 사실 한국 대선에서 이러한 세대 변인의 중요성은 이미 2002년 대선에서 나타났고, 2012년(18대)과 2017년(19대) 대선에서도 나타났다(강원택 2004; 송경재 2017). 실제 2012년 이후 대선에서 이긴 후보와 패배한 후보는 세대 결집투표가 나타났다. 2002년은 2030세대의 지지 결집(노무현 후보), 2012년은 2040세대와 5070세대의 세대 간 결집(문재인, 박근혜후보)과 양극화, 2017년은 2050세대 결집(문재인 후보)에 따라 대통령이 결정되었다. 이러한 세대의 지지 집단화 현상은 앞으로도 나타날 가능성이 크다.

다음으로, 세대가 한국 정치 특히 선거에서 중요해짐에 따른 세대 갈등의 우려감도 증가하고 있다. 연구에서 중요한 선거 이슈별로 세대 간의 중요도 인식 차이가 확연하다는 것은, 앞으로 세대 간 갈등 문제가 전면에 등장할 수도 있다. 특히 세대 간의 인식 차이, 정치적 선호도 등의 차이가 자칫 커다란 사회갈등과 분열로 치달을 수 있다. 이미 세대 간의 차이는 연구자들이 한국 정치의 불안정한 요인이라는 지적도 많다(김무경·이갑윤 2005; 송경재 2017; 정한울 외 2019). 따라서 선거에서의 세대 이반과 갈등에 관한 후속 연구가 필요할 것이다.

두 번째 함의는 20대 대선에서 제기된 선거 이슈에 따른 후보 지지가 분명하다는 점이다. 윤석열 후보 지지 유권자는 정권 교체, 통합 정치, 단일화(윤석열-안철수), 대장동 의혹이, 이재명 후보 지지 유권자는 통합 정치, 후보(또는 가족)의 비리가 중요한 선거 이슈라고 인식했다는 점이다. 즉 각각 지지 유권자 간의 선호하는 선거 이슈가 분명한 차이가 나타난 것이다. 그러나 두 지지 유권자 집단에서 공통적인 것은 '통합 정치'이다. 즉 당선과 탈락 후보 지지를 막론하고 통합 정치가 중요한 선거쟁점이 되었다는 것은 한국 정치에서의 과제를 잘 보여주는 것이라 해석할 수 있다. 즉 유권자들이 이번 대통령선거에서 각각 지지하는 후보는 다르지만, 통합 정치를 지향하고 있다는 점에서 향후 대통령 당선인의 정치적 방향을 제시하고 있다. 그런 맥락에서 선거 이슈 분석은 특정 선거 이슈가 후보별 지지성향을 보여주는 것과 함께, 두 지지집단 간의 공통적인 지향가치도 보여준다는 점에서 의미있는 분석기법이라 할 수 있다. 물론 세부적으로 통합 정치의 맥락과 해석은 다를 수 있지만, 선거 이후의 대통령 당선인의 정책 방향성을 정립하기에 중요한 선거 이슈였음을 확인했다.

세 번째 함의는 이념 변인의 양극화도 지적해야 할 것이다. 세대가 20대 대선에서 중요한 차이가 있었듯이 이념 차이에 따라서 지지 후보자별 차이가 발견되기 때문이다. 이념이 진보적일수록 이재명 후보, 보수적일수록 윤석열 후보를 지지함으로 지나치게 이념적 양극화가 확대되고 있다. 물론 연구에서는 이념 변인을 측정하는 데 있어서 지나치게 단순화하였기 때문에 엄밀성을 가진 이념 변인 측정법도 개발되어야 할 것이다. 그런데도 연구 결과는 이념적 양극화의 정치문제는 차기 정부가 통치성(governmentality) 강화를 위해 사회통합과 협치의 노력이 필요함을 알려준다. 전반적으로 진보와 보수의 양극화가 한국 정치의 안정성을 위협하는 요인으로 남아있음을 이번 연구에서도 확인했다.

하지만 연구의 함의와 함께 한계점도 분명히 존재한다. 무엇보다 첫째, 조작적으로 선정한 선거 이슈의 대표성 문제는 보완해야 할 과제일 것이다. 향후 후속 연구가 진행된다면, 연구자들의 토론과 함께 선거운동 기간 빅데이터(big data) 분석을 통해 언론에 가장 많이 언급된 선거 이슈를 선정하는 것도 하나의 대안이 될 수 있을 것이다. 둘째, 다양한 선거 이슈를 도출하였지만, 역시 이들 선거 이슈가 유권자 선택이 절대적인 영향을 미칠 수는 없을 것이다. 유권자들이 후보자를 선택하는데 또 다른 변인의 영향력도 있기 때문이다. 따라서 통합모델로서의 선거 이슈와 기존 변인 간의 관계 등에 관한 종합 연구도 필요할 것이다.

이상 몇 가지 문제점에도 불구하고, 이번 20대 대선의 주요한 선거 이슈가 유권자들의 인식과 투표 참여, 후보자 지지에 중요한 변인이 되었음을 알 수 있었다. 선거 이슈의 인식 정도에 따라 분명한 후보 지지의 차이가 발생했다는 것은 향후 대선이나 총선에서 선거 이슈가 중요하고, 이를 활용하는 선거전략을 준비해야 함을 알 수 있다. 또 선거 이슈 분석의 적실성을 파악하여 향후 지방선거, 총선 등의 연구로 확대하는 것이 요구된다. 기존 연구가 유권자의 성, 세대, 소득, 지역 규모, 이념 등의 변수만을 분석하는 한계를 넘어 이를 선거 이슈와 연결하여 구체적인 이슈별 영향도를 파악하는 모델링(modeling) 가능성도 확인했다. 그런 차원에서 이번 연구를 통해 더욱 발전된 후속 연구가 나오기를 기대한다.

강원택. 2004. "탄핵정국과 17대 총선." 2004년 한국정치학회 총선분석
　　특별학술회의. 서울. 4월.

김무경·이갑윤. 2005. "한국인의 이념정향과 갈등."『사회과학연구』13
　　집 2호, 6-31.

박선경. 2017. "자신의 상대적 소득수준에 대한 오인과 재분배 선호."『한
　　국정당학회보』16권 1호, 71-100.

박선경. 2019. "경제투표이론의 한국적 적용에 대한 고찰."『현대정치연
　　구』12권 1호, 5-37.

서복경·한영빈. 2014. "계층인식이 정책선호 및 투표선택에 미치는 영
　　향." 이갑윤·이현우 편.『한국의 정치균열 구조: 지역, 계층, 세대
　　및 이념』. 서울: 오름.

서현진·이수정. 2020.『민주정치와 시민교육』. 서울: 백산서당.

성승훈·박윤균. 2022. "코로나에도 역대급 사전투표율…25년만에 '꿈의
　　80%' 넘어설까."『매일경제』(3월 8일).

송경재. 2017. "변화하는 유권자: 세대의 정치참여." 대한정치학회 2017
　　년 특별학술회의. 서울. 5월.

윤종빈. 2004. "17대 총선과 탄핵쟁점." 한국선거학회 연례학술회의.

이갑윤·이현우·김세걸·박경미·박정석·서복경·이정진·이지호·한영빈·
　　한정택. 2014.『한국의 정치균열 구조: 지역, 계층, 세대 및 이념』.
　　서울: 오름.

이지호. 2013. "제18대 대통령선거에서 선거 이슈가 투표행태에 미친 영향: 긍정적·부정적 이슈를 중심으로." 『한국과 국제정치』 29권 2호, 37-72.

정봉성·송근원. 2006. "대통령 선거 이슈와 후보 지지율의 변화 -제16대 대통령 선거를 중심으로-." 『21세기정치학회보』 16집 3호, 119-150.

정한울·송경재·허석재. 2019. 『사회적 갈등의 경로 분석과 사전 예방에 관한 연구』. 세종: 행정안전부.

조성대. 2004. "정치이벤트, 정당지지도, 그리고 17대 총선." 『21세기정치학회보』 14집 3호, 63-82.

최장집. 2010. 『민주화 이후의 민주주의』. 서울: 후마니타스.

Coser, Lewis A. 1967. *Continuities in the Study of Social Conflict.* New York: Free Press.

Diamond, Larry. 1999. *Developing Democracy: Toward Consolidation.* Baltimore and London: The Johns Hopkins University Press.

Downs, Anthony. 1967. *An Economic Theory of Democracy.* New York: Harper & Row.

Duch, Raymond. 2008. *The Economic Vote: How Political and Economic Institutions Condition Election Results.* Cambridge, UK: Cambridge University Press.

Heywood, Andrew 저·조현수 역. 2014. 『정치학: 현대정치의 이론과 실천』. 서울: 성균관대학교 출판부.

Jacoby, William. 2006. "Ideology in the 2004 Election." Paper presented at the Conference on "The Wartime Election of 2004." in The Mershon Center, The Ohio State University, Columbus, Ohio, U.S.A. January.

Lazarsfeld, Paul F., Bernard Berelson, and Hazel Gaudet. 1948. *The People's Choice: how the voter makes up his mind in a presidential campaign.* New York: Columbia University Press.

Lipset, Seymour M. 1960. *Political Man: The Social Bases of Politics.* New York: Doubleday.

Rabinowitz, George and Stuart Elaine Macdonald. 1989. "A Directional Theory of Issue Voting." *The American Political Science Review* 83(1): 93-121.

Tufte, Edward R. 1978. *Political Control of the Economy.* Princeton, NJ: Princeton University Press.

8장 인공지능(AI)은 통치수단일 수 있는가: 인간의 자율성과 기계의 자율성*

고선규

I. 시작하며

2023년 최대의 사회적 화두는 챗 GPT의 일상화이다. 챗 GPT의 기술적 수준이 통상적인 대화처럼 진행되면서 다양한 분야로 확대되고 있다. 정당, 국회, 행정부처, 지방자치단체, 지방의회에서도 예외는 아니다. 이처럼 인공지능(AI) 기술이 발달하고 그 기능이 확장되면서 정치의 영역에서도 'AI에 의한 정치의 대체' 문제가 부각되고 있다. 아리스토텔레스

---

*   이 글은 2021년 6월 『정치와 공론』 28집에 게재된 "인공지능(AI)과 정치의 관계 맺기: AI는 통치수난일 수 있는가?"를 수정·보완한 것이다.

는 인간은 '정치적 동물'이라고 표현하였다. 이러한 인식은 인간이 다른 존재와는 달리 고차원의 자율성을 가진 존재라고 생각하였기 때문일 것이다. 그러므로 AI 기술이 발달하여도 종교, 예술 등과 같이 정치의 영역도 인간만이 영위하는 독자적인 분야로 인식되어 왔다.

그러나 최근 인공지능(AI)이나 로봇이 선거에 출마하고 정책 결정에 참여하는 등 정치의 영역에서도 활용이 증가하고 있다. 국회에서 챗 GPT를 활용한 국정 질의가 진행되었다. 정부의 정례 브리핑에 대한 기자들의 질의에서도 챗 GPT가 활용된다. 챗 GPT 기술은 지방자치단체에서 일상적으로 진행되는 정보가공 작업의 비율을 급속도로 감소시킬 것이다. 그리고 각 정부 부처 고위관료가 담당하는 정책 결정 과정, 국회 관련 업무에서도 활용되고 있다.

현재 상황에서 인공지능(AI)은 인간의 정치 활동이나 통치기능을 보조하는 수단으로 활용되고 있는 수준이라고 볼 수 있다. 그러나 한편에서는 AI가 인간이 수행하는 정치나 통치기능을 대체할 수 있다는 논의가 제기되고 있다. 2018년 일본 타마시(多摩市) 시장선거에서 AI 로봇이 선거운동을 전개하였다. 현행 공직선거법상 인공지능 로봇은 후보자가 될 수 없다. 이러한 제한 때문에 사람이 무소속으로 후보자 등록을 하였으며 선거운동은 인공지능 로봇이 진행하였다. 그리고 자신이 당선되면, 시장의 역할을 인간이 아니라 AI 로봇에게 대행시키겠다는 공약을 제시하였다. 선거 결과, AI 후보자가 낙선하면서 우려하는 상황이 현실화되지 못했다. 이 당시 AI 후보자의 공약에 따르면, 현행 인간이 수행하는 시장의 역할 중에서 AI 로봇이 대체할 수 있는 업무 비율은 80% 이상이라고 주장하였다(松田道人 2020).

일본뿐만 아니라 뉴질랜드에서도 인공지능(AI) SAM이 정치활동을 전개하고 있다. SAM은 소프트웨어 개발자 닉 게릭센(Nick Gerritsen)이 개발한 인공지능이다. 2017년 11월, 언론에 처음 공개되었으며 페이스북(Facebook) 메신저와 연결되어 유권자들과 대화를 나누고 다양한 정치 이슈에 대해서 자신의 의견을 피력하고 있다. 뉴질랜드 국내 정치와 관련한 복지문제, 인구구조의 변화 등 다양한 이슈에 대하여 자동으로 응답한다.

2016년 11월, 세계적인 AI 기술자이며 연구자인 벤 괴르첼(Ben Goerzel) 박사가 중심이 된 'AI 정치가'(ROBAMA: Robotic Analysis of Multiple Agents) 프로젝트가 발표되었다. 이 프로젝트는 현재 우리가 직면한 정치적 과제와 정체해 있는 민주주의를 혁신시키기 위한 목적에서 진행되고 있다. AI 정치가의 개발 목적은 AI 기술로 최적의 예산 배분을 통해 효과적인 정책실현과 정치의 효율성 증대에 있다. 정치인이나 관료의 부정부패, 편파적인 정책 결정을 극복하여 자원감소 시대의 정치적 효율성 추구, 공정한 배분, 투명한 정치적 의사결정수단으로 활용하기 위해서이다.

이러한 상황을 고려할 때, 인공지능(AI)의 정치참여는 점차 현실적인 문제로 등장하고 있다. 그렇다면, 우리들은 AI에게 '정치'라는 인간 고유의 영역 또는 역할을 맡겨도 된다고 생각하고 있을까. AI에게 정치적 역할을 맡기기 위한 조건은 무엇일까. 인간이 AI에게 요구하는 조건은 과연 합리적인 조건인가. AI에게 정치적 권리를 부여하는 문제는 인간의 정치적 권리에 대한 근본적인 성찰임과 동시에 AI와 관계 맺기를 위한 논의의 출발점이기도 하다.

근대 이후, 인간에게 부여된 법적, 도덕적, 정치적 권리의 자격조건은 합리적이고 이성적인가. 지금까지 이러한 질문에 대한 답은 당연시되어

왔다. 그러나 최근 4차 산업혁명사회가 도래하기 시작하면서 인간과 유사한 역할이 가능한 존재가 나타나기 시작하였다. 이러한 새로운 존재의 출현은 인간 본질에 대한 새로운 정의를 요구한다. 여기에서는 '인공지능에게 정치적 권리부여 또는 통치의 수단으로 활용할 수 있는가'라는 문제를 논의해 보고자 한다.

현재 우리 앞에 나타난 인공지능(AI)은 인간과 어떻게 다른지, 또한 AI에게 정치적 권리를 부여하거나 통치의 수단으로 활용하는 것이 가능한지를 고찰해 본다. 인공지능(AI)은 기계학습/딥러닝을 통해서 학습하는 존재로 변화하고 있다. 그러므로 인간의 존재성을 규정하는 '자율성'이란 개념을 소재로 이러한 논의를 진행하기로 한다. 즉 인간의 자율성과 기계(AI)의 자율성이 가지는 본질적 차이와 유사성[1]에 주목해서 분석한다.

---

1   필자는 근대적 인식체계, 예를 들면, 인간-자연, 인간-물건, 인위적 문화-자연 구성물, 인간-비인간(기계), 주체-대상, 근대-전근대, 이성-비이성과 같은 이원론적 사고, 그리고 사회-자연의 분단(배제)에서 보는 바와 같은 인간중심적 인식에서 벗어나야 할 필요가 있다고 주장하고 있다. 또한 절대자인 신을 정점으로 〈신→인간→기계〉가 주종관계로 존재한다는 인식에 대한 재고이다. 인간과 인공지능, 로봇이 계급사회의 상하관계로 존재한다는 사회적 관계에 대한 재검토가 필요하다. 인간-인공지능, 인간-로봇의 관계가 일방적으로 지시, 복종의 권력관계가 아니라 인간⇔인공지능, 인간⇔로봇, 인간⇔기계, 인간⇔인공물들이 자율성을 가진 존재로 변해가고 있음을 인식하는 사고의 전환이 필요하다. 그럼에도 불구하고 참정권, 자율성의 논의에서도 '인간-기계'라는 이분법적 인식 틀에서 논의를 시작하고 있다는 점은 논의의 한계로 지적하지 않을 수 없다. 인간-물건, 인간-기계라는 이분법적 인식체계의 재편에 대해서는 다른 기회에 논의하기로 한다.

II. 인공지능(AI)의 정치참여에 대한 이론적 논의

1. AI는 도덕적, 법적 권리의 주체인가

정치의 기능을 AI에게 맡기는 일은 다름 아닌 통치기능을 AI에게 맡기는 것을 의미할 수도 있다. 이것은 인간이 인간에게 통치받는 기존의 정치와는 달리 인간이 AI에 의하여 통치받게 되는 것을 의미한다. 현재로서 인간이 AI에게 지배받는 현실은 SF영화 〈터미네이터〉, 〈매트릭스〉 등에서 접할 수 있는 영역일 것이다.

그러나 현실적으로 이 문제는 이미 AI 무기가 개발되고 일부가 전장에서 활용되기 시작하면서 AI 무기가 인간을 살해하는 문제가 제기되고 있다. AI 무기는 킬러 로봇(Killer Robot) 또는 자율형 살상무기시스템(LAWS: Lethal Autonomous Weapon System)으로 구체화되면서 국제사회에서도 이를 둘러싼 논의와 거버넌스 문제가 이슈로 등장하고 있다. 이와 관련하여 2019년 8월, 자율형 살상무기시스템(LAWS)에 대한 국제적 합의가 이루어졌다. 이 합의에서는 AI 무기와 관련하여 '유의미한 인간의 관리'(meaningful human control), '유의미한 인간의 판단'(meaningful human judgement) 하에 둔다는 원칙에 국제사회가 합의하였다. 즉, 자율형 살상무기시스템(LAWS)을 인간의 관리하에 둔다고 합의한 것이다. 그러나 AI 기술의 실제적인 측면을 고려하면, 이러한 합의는 인간이 윤리성을 강조하는 일시적인 조치에 불과할 수도 있다는 견해도 적지 않다(佐藤丙午 2018; 福井康人 2019; 栗原聡 2019).

인공지능(AI)의 정치참여는 세 가지 측면에서 논의할 수 있을 것이다. 첫째, AI에게 정치 참여하는 권리를 인정하는 문제이다. 즉 이것은 AI에게 참정권을 인정할 것인가 하는 논의와 결부된다. 또한 이 문제는 AI(로봇)에게 법적 권리, 도덕적 권리를 인정할 것인가 논의와 연결된다.

이미 이러한 논의는 법학분야에서 논의가 상당 부분 진행되고 있기도 하다. 최근 로봇윤리학, 로봇 법학 등에서 논의가 활발하게 진행되고 있으며 현실적으로 2017년 1월, EU 의회에서는 로봇에 대한 법적 권리 부여 문제가 법안으로 제출되어 논의가 진행되었다. 로봇에게 '도덕적 권리'나 '민사 청구권'에 관련해서는 선행연구가 적지 않다(Wallach and Allen 2009; Gunkel 2012; Turner 2018; Pagallo 2013).

둘째, AI를 통치의 수단으로 활용할 것인가 문제이다. 이 문제는 참정권과는 다른 관점에서 접근한다. 즉 인공지능(AI)이나 로봇에게 법적 권리, 도덕적 권리를 인정하고 부여할 것인가라는 문제와는 달리, AI를 단지 통치의 수단으로 활용하는 문제에 국한된다. AI가 통치의 유용한 수단이 될 수 있다면, 정치과정에서 적극적으로 활용하자는 의견이다(太田勝造 2020). 그렇다면, AI를 통치의 수단으로 이용할 때, 제기되는 문제점은 무엇일까. AI가 통치의 수단으로 활용될 때 제기되는 문제점은 이미 다양한 형태로 제기되었다. 예를 들면, 재판과정에서 AI가 활용되면서 AI가 인간에게 사형을 선고하는 문제, AI 무기 사용으로 인해 인간이 AI에게 살해되는 문제 등이 전형적인 사례가 될 것이다. 무엇보다도 AI 무기의 전형적인 사용사례는 2020년 1월 미국의 이란 혁명수비대 최고 사령관 솔레이마니 제거 작전일 것이다. 2022년 2월 러시아가 우크라이나를 침공한 전쟁에서도 드론 공격은 전쟁의 주요한 형태가 되고 있다.

결국 AI가 통치수단으로 활용된다면, 인간의 행동이나 판단이 AI에 의해서 규정되어 질 위험성이 존재할 수 있다. 그렇다면 AI에 의해서 인간의 행동이나 판단이 규정되어진다고 한다면, 이러한 위험성은 AI에 의해서 처음으로 제기되는 문제인가. 예를 들어, 근대적 관료조직이 등장하면서 제기된 인간의 소외와 부품화 문제와는 다른 맥락의 문제인가. 이러한 기술적 변화 또는 역사적 맥락에서 논의할 필요가 있을 것이다.

셋째, 정치의 영역에서 AI에게 부여할 수 있는 역할이 '도덕적 조언자' 정도는 가능할 수 있다는 관점이다. 이러한 관점은 참정권 또는 법적, 도덕적 권리 인정이나 통치의 수단으로 활용하는 것이 정치적, 윤리적으로 문제점을 내포하고 있다고 한다면, '도덕적 조언자'라는 최소한의 역할은 부여할 수 있다는 주장이다(Giubilini and Savulescu 2018; Kawall 2013). 이러한 주장은 지금처럼 인간이 정책결정이나 통치행위를 수행하는 과정에서 참고자료로 활용한다는 관점이다. AI를 도덕적 조언자로 활용한다고 할 때, AI의 특성상 제기되는 문제점은 없는 것일까.

2022년 11월 이후, 챗 GPT 등장은 정치적으로도 다양한 논쟁거리를 제공하고 있다. 챗 GPT의 등장과 AI 기술의 비약적인 발전은 정치영역에서 활용도를 높이고 있다. 챗 GPT는 대량언어모델에 기반하고 있어서 인간과 유사한 언어 구조를 가진다. 이것은 인간과 유사한 언어를 구사하고, 학습하는 예측 알고리즘 기술을 가진 존재임을 의미한다. 챗 GPT가 학습하는 정보가 늘어나면서 사용자들의 효용성이 높아지고 있다. 각국 정부는 챗 GPT를 업무에 도입하고 있다. 그리고 지방자치단체 차원에서도 다양한 형태로 도입이 증가하고 있다. 지방자치단체가 추진하는 사업 계획이나 정책적 아이디어 도출 등 다방면에서 활용하고 있다.

2023년 5월, 일본 고베시(神戶市)는 챗 GPT를 업무에 활용하기 위한 조례를 제정하였다. 챗 GPT 등장 이후, 정치영역에서 AI 도입은 확대될 것이다.

AI가 정치과정이나 통치의 수단으로 활용될 경우, 제기될 수 있는 문제에 대해서 정치학에서 거의 논의되지 않았다. AI의 정치적 권리부여 문제는 AI가 통치의 수단으로 활용된다는 점에서 정치학의 본질인 권력문제와도 연결된다. 결국 AI의 참정권문제는 통치의 문제이며 정치의 본질과도 연결된다.

2. 인공지능(AI)은 참정권을 가질 수 있는가

근대국가에서 참정권은 국민에게 부여하는 법적이며 도덕적인 권리이다. 근대국가에서 국민에게 참정권을 부여하듯 AI에게 권리를 부여하는 것이 타당한 것인가. 인간에게만 법적, 도덕적 권리를 인정하는 인식은 자본주의가 발달하게 되면서 변화하기 시작하였다. 자본주의가 성장함에 따라서 회사 조직이 일반화되고 단체가 늘어나면서 이러한 조직이나 단체에게 '법인'이라는 형태의 권리주체의 자격을 부여하였다. 그리고 20세기에 접어들어 생명윤리학과 환경윤리학 등이 발전하게 되면서 권리의 주체는 인간 이외의 존재로 확대되기 시작하였다. 최근에는 동물권리를 부정하는 사람들이 소수일 정도로 동물에 대한 권리인정이 확대되고 있다. 심지어 식물이나 수목과 같은 생태계를 구성하는 존재에도 인간과 같이 법적권리를 인정해야 한다는 논의가 확대되고 있다(稻葉振一郎 他

2020).

그리고 최근 자율형 인공지능 로봇이 등장하게 되면서 이들에 대한 법적 지위가 새롭게 논의되기 시작하였다. 기존의 인식에서 로봇의 행위는 프로그래밍에 따라서 정해진 행동만을 하는 존재로 인식되었다. 그러나 프로그래머의 의지도 아니고 로봇을 조종하는 파일럿의 의지도 아닌 로봇 자신의 의지로 불법행위를 저지른다면, 이에 대한 책임이 누구에게 있는가라는 법적인, 정치적인 책임문제가 제기되기 시작하였다. 즉 인공지능(AI)이 사고나 범죄를 일으킨다면, 그 책임을 누구에게 물을 것인가? 라는 현실적인 문제가 제기되고 있다. 이러한 문제는 자율주행자동차, AI 의료, AI 예술 등 새로운 분야에서 현실적인 문제로 등장하고 있기도 하다.

지금까지 법적인 책임 주체, 권리 주체의 확대과정을 살펴보면, 천부인권사상이나 자연법 논자들은 인격이라는 개념을 사법상의 권리라고 이해하기보다는 가지고 태어나는 인간의 자연적 권리로 인식하였다. 이러한 인식에 기초하여 자연인에게 법적인 책임 주체로서 권리를 인정하였다(고선규 2019). 그러나 자본주의 경제가 발달하면서 기업이 성장하고 기업이 스스로의 행위에 책임을 져야 하는 사회적 요구에 따라 인격을 부여하였다. 결국 기업은 법인으로서 법적인 책임 주체가 되었다.

그리고 동물권이 제3의 법적 지위를 인정받아가고 있다. 동물은 생명윤리 또는 감정을 가진 존재라는 점에서 권리의 주체로 인식되고 있다. 동물권은 어디까지나 인간과 관계 속에서 파생되는 권리라는 측면이 강하다.

동물의 권리와 법적 지위에 대한 주장은 동물의 가치를 보호하고 인격의 범위에 대한 논의와 함께 사람도 물건도 아닌 제3의 지위를 부여하는 새로운 법률적 논의이다. 동물권이 확장된 배경에는 인간이 보유한 감정과 같이 동물도 감정을 보유하고 있다는 점이 그 근거이다. 동물은 고통과 같은 감정을 느끼며 생각할 수 있다는 점에서 보호의 대상이 되어야 한다는 논리이다(稲葉振一郎他 2020). 즉 감정이라는 부분에 주목한다면, 동물은 인간과 같이 행복, 슬픔, 고통의 감정을 느끼기에 동물의 권리를 보호해야 한다는 것이다. 일부에서 동물은 인간과 달리 고유한 감정을 가지고 있으며 권리도 보유하고 있다고 주장하는 학자들도 있다(Regan and Singer 1976).

전통적인 민법에서는 사람과 물건으로 양분하고 있다. 그러므로 사람(법인)은 권리의 주체가 되고 물건은 권리의 객체가 된다. 동물은 물건에 포함된다. 동물은 법적 지위가 물건이기 때문에 형법에서는 동물은 범죄의 주체로서 인정하지 않는다. 한국에서는 동물은 동물보호법에 따라서 보호 대상이다.

동물권의 연장선상에서 인공지능(AI)/로봇에 대한 권리나 인격 문제도 제기되고 있다. 법인의 탄생은 자본주의 발달에 따른 현실적인 필요성 때문에 회사에게 법인이라는 법적 권리를 부여한 것에서 비롯되었다. 법인의제설의 관점에서 인공지능 로봇에도 법적 권리를 부여할 수 있다는 주장이 제기되고 있다.

인공지능 로봇의 법적 지위나 권리문제는 인격권과 결부된 문제이기도 하다. 인격권은 그 의미가 포괄적인 성격을 가지지만 일반적으로 생명권, 신체권, 건강권, 자유권과 같은 신체적 권리와 초상권, 사생활 보호 권리와 같은 정신적 권리를 포괄한다. 대한민국 헌법에서도 "모든 국민은 인간으로서 존엄과 가치를 가진다"라고 규정하고 있다(제10조). 즉 인간으로서 존엄과 가치는 인격권으로서 가지는 포괄적 권리의 기반이 되고 있다. 인간만이 스스로 판단하고 결정하는 이성적인 존재이며, 독립적으로 스스로의 삶을 자유롭게 형성하고 완성하는 존재라는 관점에서 자연인·인간에게는 법적, 도덕적 권리 주체로서 지위가 부여된 것이다.

법인은 민법 제34조에서 권리능력을 취득하기 위해서는 입법에 의해 법인격을 부여받을 필요가 있음을 명시하고 있다. 법인은 법률의 규정에 따라 정관으로 정한 목적 범위 내에서 권리와 의무의 주체가 될 수 있다. 그리고 법인에는 재산권, 생명권, 명예권 등 지위가 인정된다. 법인을 인정하는 이론적 관점은 대체로 법인의제설과 법인실재설이다. 법인의제설은 원칙적으로 자연인만이 권리와 의무의 주체가 될 수 있지만, 사람들의 사회적 필요성에 따라서 일정한 단체나 조직에도 법률로 명시하여 권리와 의무의 주체로 인정한다는 관점이다. 즉, 회사와 같은 단체를 자연인과 같은 존재로 인정한다는 것이다. 법인실재설의 입장에서는 회사와 같은 단체는 사회에서 독립한 존재로서 활동하고 있기 때문에 법인 또는 권리주체의 대상으로 볼 필요가 있다는 관점이다. 즉 법인도 인간과 같이 생각하는 유기체로 간주해야 한다는 입장이다.

인공지능이나 AI 로봇에게 '전자인간'이라는 새로운 법인격을 부여하자는 논의가 2016년 EU 의회에서 진행되었다. 2017년 1월, EU 의회에서는 인공지능(AI) 로봇에게 '전자인간'이라는 새로운 법인격을 부여하게 되었다. 이로써 세계 최초로 인공지능(AI) 로봇에게 법인격이 부여되는 사례가 만들어졌다. EU에서 로봇에게 법인격이 부여되었어도 권리가 부여된 것은 아니다.

Ⅲ. AI는 통치수단이 될 수 있는가: 노예로서 AI와 제도로서 AI

AI가 참정권을 가진 주체가 아니라 인간 통치자를 지원하는 수단으로 정치나 통치과정에 참가할 수 있는 여지는 남아 있을 것이다. 지금까지 살펴본 바와 같이 AI에게 법적 권리는 물론 도덕적 권리마저도 인정해서는 안 된다고 주장하는 학자들이 대부분이다. 이러한 의견을 인정하면서도 최근 기술의 발달로 AI 능력이 인간과 비슷한 수준으로 높아지면서 그 능력을 활용하자는 논의도 적극적으로 제기되고 있다.

세계사에서 참정권의 확대과정을 살펴보면, 참정권의 확대는 인간이 가지는 사회경제적 속성을 기준으로 제한 또는 확대되었다. 대표적인 기준이 연령, 성별, 인종, 거주지역(도시), 국적이며. 경제적 속성은 납세, 토지 보유와 같은 조건들이었다. 그러나 이러한 기준과 관계없이 미국에서와 같이 노예는 같은 인간이지만 정치참여가 원천적으로 봉쇄되었다. 노예는 법적, 도덕적 권리를 가지는 인간과 동일한 능력을 가지고 있지만 이들에게 권리는 부정되었다. 노예는 보통 선거권을 가진 인간과는 달리 소유의 대상에 불과하였다. 그리고 노예 중에서는 통치에 활용, 동원된 경우도 적지 않았다.

AI의 권리부여에 가장 적극적으로 반대하는 대표적 학자인 조안나 브리슨(Bryson 2010)이 주장하는 것처럼 "장래 아무리 자율적인 AI가 개발되어 우리들의 반려로서 인간과 함께 생활하는 로봇이 탄생하여도 그러한 로봇이나 AI에게 법적, 도덕적 권리를 인정해서는 안 된다"고 주장한다. 그 이유는 AI에게 권리부여의 근거로서 지적되는 언어, 의식, 혼 등과 같은 개념은 인간을 분석하기 위하여 만들어진 개념이며, 이러한 개념을 AI에게 적용하는 것은 혼란을 초래하는 결과가 되기 때문이라고 본다. 앞으로 로봇 기술이 발달하고 기능이 향상되어도 로봇의 역할은 '반려'가 아니라 '노예'라고 보았다. 그러므로 AI는 인간의 편리나 이익을 위한 수단으로 활용되어야 하며 그 이상을 넘어 권리의 주체로 언급되어서는 안 된다고 주장한다(Bryson 2010).

물론 조안나 브리슨이 자신의 주장에서 사용하는 개념인 노예는 비인도적인 차별에 대한 긍정이나 제도적 필요성을 인정하는 것도 아니다. 또한 인류 역사에서 제도적 실체로서 노예제도나 존재에 대한 긍정을 의미하지는 않는다. 그녀가 언급한 노예는 비인도적인(inhuman) 존재로서 노예가 아니라 인간에 의해 소유된 인간(people you own)이며, 하인(servant)이라는 의미에서 사용하고 있다. 결국 AI를 하인처럼 이용하는 것은 긍정적이고, 경제적인 측면에서도 이익이라는 주장이다. 그러면서도 그녀는 AI를 마치 인간인 것처럼 주장하고 설득하는 것은 부당하다고 본다.

조안나 브리슨이 AI에게 법적, 도덕적 권리부여를 부정하는 이유는 비용이 증가하고 하인으로 부리는 장점이 없어지기 때문이라고 주장한다. 구체적으로 AI에게 도덕적 배려가 인정되는 사회에서는 AI를 하인으로 활용하는 사회보다도 그들에게 투자하는 시간과 자원의 절대량이 증가하게 된다. 이렇게 AI에게 투자하는 시간과 자원의 양이 증가하게 되면, 인간 상호 간에 이루어질 배려가 줄어들게 된다는 것이다. 이러한 주장은 현실적 사회제도와 연계시켜 생각한다면, 이해하기 쉬울 것이다.

현재 사회석으로 컴퓨터나 AI와 같은 IT 기기를 사용하는 과정에서 발생한 손해의 책임은 그 시스템이 정상적으로 작동한 상황에서는 사용자에게 있다고 본다. 아무리 AI가 자율적이라고 하더라도 책임은 언제나 인간에게 부과된다. 그러므로 AI에게 권리를 부여하고 책임을 물을 필요가 없다. 만약 AI에게 권리를 인정한다면, 오히려 인격성에 대한 지나친 관대함 때문에 도덕적 해이가 발생할 수 있다.

결국 AI는 우리가 스스로의 능력을 신장시키고 목표 달성을 위한 수단으로 인식할 필요가 있다. 자율적 로봇은 내적 동기구조와 의사결정시스템을 가지고 있는 존재이다. 그러나 실제로 로봇은 스스로 내적 동기와 의사결정시스템을 창출, 유지, 재생산하는 것이 아니라 어디까지나 인간에 의해서 설계, 부여된다. 그리고 로봇이 가지는 목표도 전부 인간이 설정하는 것이다. 결국 로봇은 인간에 의해서 유래되는 것이다(Bryson 2010).

이러한 주장은 일견 타당한 것처럼 보이지만 현실적으로 다양한 형태의 모순이 발생하고 있는 점 또한 현실이다. 조안나 브리슨은 AI에 의해 발생하는 손해에 대한 책임은 전부 인간에게 귀착된다고 보고 있지만 현실적으로 누가 얼마만큼 책임을 질 것인가는 여전히 명확하지 않다. 현실적으로 자율주행자동차가 도로에서 사망사고를 일으킨 경우, 누구의 책임으로 귀착될 것인가라는 점에서 여전히 논쟁적이다. 최근 기계학습이 정착되면서 타율성이나 자율성을 기준으로 권리부여를 결정하자는 주장에도 한계가 지적되고 있다. 이러한 측면에서 근대적 이원론적 인식으로부터 탈각을 주장하는 논의도 적지 않다(Giubilini and Savulescu 2018; 고선규 2019).

결국 AI는 통치의 주체나 정치참여에 대한 권리라는 측면에서는 부정적인 인식이 우세하다. 권리부여의 주체가 아니라 통치의 수단 또는 도구로써 활용한다는 측면에서도 대체로 긍정적인 입장이다. 더구나 AI 활용이 인간사회에 유익하다는 관점에서는 이용에 긍정적이다. 그러나 현실적으로 정책결정이나 보다 효율적인 입법안 마련 수단으로 AI를 활용하는 것은 현재에도 가능하다. 재판과정에서도 AI를 활용하여 재범률을 예측하는 데 활용하고 있다. 이러한 특정 분야에 특화한 인공지능(AI)을 만들고 활용하는 측면에서는 AI가 권리를 요구하거나 우리들이 권리를 부여해야 한다고 요구할 상황도 아니다. 이러한 수준에서 AI 활용은 인격적 존재일 필요가 없다.

IV. 자율성의 개념과 인공지능(AI)의 자율성

1. 자율성의 의미와 성격

정치학에서 자율성이란 개념은 이미 오래전부터 사용되어 왔다. 자율성은 그리스·로마시대에는 자기통치의 의미로 사용되었다. 자기(auto) + 규범·제어(nomos)가 합쳐진 말이다. 그리스·로마시대에서 자율성은 시민에 의한 '정치적 자치'를 의미하였다. 이후, 중세시대가 열리면서 종교개혁시대에 자율성은 '종교의 자유'를 실현하는 정당성으로 사용되었다. 그러나 중세에는 아직 자립한 개인이 존재하지 않는 사회였으므로 개인의 존엄을 상징하는 의미로 사용되기 시작한 것은 근대 이후였다(河島茂生 2019; 2020). 근대 이후, 개인의 존엄을 보장하는 근거로 사용되기 시작한 것은 칸트의 도덕철학에서부터이다. 인간은 이성에 근거해 도덕률을 결정하는 자율적 존재이다(稻葉振一郎他 2020). 그의 주장은 인간 존엄성의 철학적 기반이 되었다.

이성적 존재로서 인간은 근대사회를 구성하는 근본적인 원리를 제공하고 있다. 이성적, 합리적, 자율적 존재로서 인간, 반대로 비이성적, 감정적, 타율적 존재로서 자연, 동물, 식물, 기계 등으로 양분하여 왔다. 그러나 이러한 칸트의 이성적 자율성을 가진 존재로서 인간관이 현재까지도 여전히 건재한다고 보기는 어렵다. 19세기 말부터 20세기 초에 걸쳐서 정신분석을 시도한 프로이드는 인간의 마음은 무의식으로 이루어졌다고 주장하였다(稻葉振一郎他 2020). 또한 1960년대 이후, 푸코와 같은 포스트모더니스트들은 이성적 존재로서 인간의 소멸을 주장하였다. 이들이 주장한 이성적 존재로서 인간의 사멸은 생물학적인 사멸이 아니라 이성적 인간의 종언을 주장한 것이다. 이성적 존재로서 인간을 규정하는 논리적 모순은 다양한 형태로 제기되고 있다.

하지만 여기에서는 인간의 자율성과 기계의 자율성을 비교, 차별화하는 것이 목적이므로 논의의 기준점으로 근대의 이성적 자율성을 중심으로 논의하고자 한다. 칸트는 이성에 근거하여 스스로가 생각한 도덕규칙에 따라 살아가는 것을 자율(autonomy)이라고 보았다. 이러한 인간의 이성에 근거한 자율성의 반대어는 타율(heteronomy)이라고 보고, 타율은 이성이 아니라 태어나면서부터 가지게 된 욕구, 타자의 지시, 자연법칙에 순응하는 것이라고 보았다. 즉 높은 사람의 지시에 따르는 행위, 자신의 감정이나 욕망에 따라 행동하는 것도 타율이라고 보았다.

인간의 자율성은 정치적 자치를 의미하는 것에서 출발하여 인간의 존엄을 보장하는 철학적 기반으로 확장되어 왔다. 인간의 자율성은 자유의지(free will)에 기반하고 있다. 즉, 다른 사람으로부터 구속되지 않고 스스로의 의지에 따라 의사결정을 하는 것이다. 그러나 인간이 자유의지에 기반 한 자율성을 가진 존재라고 해서 우리들의 모든 일상적인 행동이 이러한 자율성에 근거하여 이루어진다는 것은 아니다. 예를 들어, 마트에서 물건을 구입하는 경우, 상품의 진열 위치나 방법에 따라 인간의 구매행위는 영향을 받고 있다. 또한 도시나 공원을 산책하는 경우에도 도시계획을 설계한 디자이너의 설계에 따라 우리들은 걷거나 이동한다(河島茂生 2019). 이러한 측면은 타율적인 존재로서 인간의 모습을 보여주고 있다. 결국 인간은 자율성과 타율성을 동시에 가진 하이브리드 존재라고 볼 수 있다.

뿐만아니라 최근 행동경제학, 뇌신경과학, 심리학의 발달로 이성적 의식에 기반 한 인간의 자율성 개념은 새로운 형태로 도전받고 있다. 신경생리학자 벤자민 리베트(Benjamin Libet)의 실험결과를 보면, 예를 들어, 사람들이 손가락을 움직이려고 하는 경우, 움직인다는 결정 이전에 이미 뇌에는 준비 전위가 발생한다는 사실을 발견하였다. 이러한 결과는 뇌에서 특정 행위에 대한 프로세스가 먼저 진행되고 이후에 의식적 작용이 발생하고 있다는 점을 보여주고 있다(Libet et al. 1979). 이러한 발견에 따르면, 인간의 행동을 결정하는 것은 의식(의지)이 아니라 뇌의 활동이다. 이렇듯 자기결정에 대한 허구성은 다양한 형태로 노정되고 있다.

그러나 인간의 도덕, 사회적 윤리, 공공적 의사결정의 주체로서 인간은 여전히 이성에 기반 한 근대적 자율성을 가진 존재임에 틀림없다. 의사결성에 주목해 본다면, 인간 이외에도 인공지능(AI)은 스스로가 의사결정을 한다는 점에서 자율성을 가진 존재라고 볼 수도 있다. 최근에는 인공지능(AI)의 등장으로 이러한 인간의 자율성이 새로운 도전에 직면하게 되었다. 자율성을 가진 기계의 등장, 적을 향해서 스스로 발사하는 인공지능(AI) 무기 등과 같이 자율적인 결정이 이루어지는 인공물(agent)의 등장으로 자율성이 기계나 로봇으로까지 확장되는 현상이 증가하고 있다.

2. 인공지능(AI)의 자율성

인간은 도구를 사용하는 존재이다. 도구의 사용은 기계를 만들고 기계의 자동화를 가져왔다. 기계가 기계를 컨트롤하는 상황이 진전되면서 기계의 자율성 개념이 등장하게 되었다. 이러한 기계의 자율성은 인간의 그것과 어떻게 다른지 또는 같은지에 대한 논의가 진행되고 있다. 대표적인 것이 자율주행자동차, 자율살상무기 등이다. 전자·전기분야의 국제규격의 표준화를 담당하는 기구인 IEEE(Institute of Electrical and Electronics Engineers)는 인공지능(AI)설계 가이드라인으로 알려진 '윤리적이고 조화된 디자인'(Ethically Aligned Design)에서 AI는 자율적이고 지적인 시스템(Autonomous and Intelligent System)으로 규정하였다(IEEE 2019). 역시 인공지능(AI)은 자율성을 가진 존재라는 점을 강조하고 있다.

로봇의 경우도 자신을 둘러싸고 있는 환경을 인식하고 그 속에서 지속적으로 활동하는 것을 목표로 설계된다. EU 위원회가 추진한 로봇법(Robot Law) 프로젝트는 로봇 기술과 법률의 관계를 검토한 프로젝트이다. 이 프로젝트의 결과물인 '로봇규제를 위한 가이드라인'(Guidelines on

Regulating Robotics, RoboLaw 2014)을 보면, 로봇은 '인간과 같은 행동이 가능한 자율적 머신'으로 규정한다. EU 위원회의 로봇가이드라인에서는 로봇은 물리적 신체를 가지며 자율적인 인간과 유사한 기계라고 규정하고 있다. 여기에서 말하는 자율성은 인간의 개입 없이 자력으로 행동하는 능력을 가진 존재라는 것이다. 또한 EU 위원회의 로봇가이드라인에서는 로봇의 분류기준을 제시하였다. 로봇의 분류기준 중 하나가 자율성이다.

로봇의 자율성 문제는 생활지원로봇의 안전성 문제에 관한 국제규격(ISO13482)에서 기준 중 하나로 채택하고 있다. 그리고 자율성은 범용로봇을 규정하는 하나의 기준이다. 특정한 업무에 특화된 로봇과는 달리 다양한 업무를 다양한 상황에서 수행하는 범용로봇의 가장 중요한 조건이 자율성이다(栗原聡 外 2017). 윤리적인 가이드라인에 따라 도덕적으로 업무를 수행하는 로봇(artificial moral agent)을 설계하는 기계 윤리(machine ethics) 영역에서도 자율성은 중요한 척도가 되고 있다. 즉, 기술적 객체가 도덕적 행위자(moral agent)로 되기 위한 조건 중 하나도 역시 자율성이다(Floridi and Sanders 2004). 여기에서 도덕적 행위자는 생물시스템이 가지는 자율성과 같이 외부와 상호작용 없이도 내부의 상태를 유지, 변화시키는 것을 의미한다. 로봇이 도덕적 행위자가 되는 조건은 자율성과 더불어 의도나 책임성을 갖추어야 한다고 주장하는 학자도 있다(Sullins 2006). 여기서 말하는 자율성도 역시 기계가 외부의 직접적인 컨트롤 없이도 움직이는 것을 의미한다.

실제로 2016년 EU 의회는 인공지능(AI) 로봇에 대하여 전자인간(electronic person)의 지위를 부여할 것인가를 논의하였다. 고도로 자율성을 가진 로봇은 특정한 권리, 의무, 그리고 어떤 대상에게 손해를 입혔다면,

그것에 대하여 보상하는 전자인간의 지위를 부여하는 제도설계를 제안하였다(European Parliament Committee on Legal Affairs 2016).

EU 의회에서 논의된 로봇의 자율성은 어떤 내용일까. 로봇이나 기계의 자율성을 논의할 때, 자주 대비되는 단어가 '자동'이다. 지금까지 논의되는 자율성은 자동과는 본질적으로 다른 것일까. '자동'을 자율성으로 인식하고 그것에 근거하여 마치 로봇의 행동이나 의사결정을 사람이 하는 것처럼 의인화 또는 유사 생명시스템으로 인식하는 것은 아닌지 정밀하게 분석할 필요가 있다.

영국의 하원 과학기술위원회가 출판한 보고서(robotics and artificial intelligence)에서는 기계의 자동화가 적절함에도 불구하고 '자율적'이라고 표현한 사례가 지나치게 많다고 지적하고 있다(House of Commons Science and Technology Committee 2016). 이 보고서에서 자동화(automated)는 산업용 로봇에 사용하는 것이 적절하며 정형적인 작업을 반복하는 경우나 예측이 능한 작업을 진행하는 기계에 사용해야 한다고 설명하고 있다, 반대로 자율적(autonomous)이라는 말은 미지의 환경에서 상호작용이 가능한 기계에 사용해야 한다고 주장한다.

아울러 유럽 과학·신기술그룹에서도 자율성에 대한 성명을 발표하였다(European Group on Ethics in Science and New Technologies 2018). 여기에서 자율성은 규범, 룰, 법을 만드는 인간의 능력으로 보고 있다. 특히 자율성은 자기 스스로가 도덕규범을 설정하고, 스스로가 인생의 목적이나 목표를 선택하는 권리라고 본다. 여기에서 자율성은 '자기결정'의 의미로 정의되고 있다. 이러한 인간의 능력이나 권리에는 자기형성, 자기의식, 자기 신념이나 가치를 반드시 필요로 한다. 그러므로 자율성은 윤리적인 의미에서 인간에게만 적용되는 개념이라고 본다. 이러한 관점에 따르면, 아무리 인공지능이나 로봇이 고도로 지능화되고 자율성을 가진 것처럼 보인다고 할지라도 자율적이라는 개념을 기계와 같은 인공물에 사용하는 것은 개념의 남용이라고 볼 수 있을 것이다.

지금까지 살펴본 바와 같이 자율성은 로봇을 도덕적 행위자로 규정하는 중요한 상수가 되고 있다. 더군다나 최근 일련의 상황을 살펴보면, 인간 존엄의 본질을 구성하는 자율성에 다양한 형태로 모순적 상황이 발생하고 있다. 반대로 고도로 발전된 인공지능(AI) 기술의 발달로 인해 로봇이나 기계의 자율성이 고도화되고 있다. 로봇의 자율성 증대는 사회에 긍정적인 영향만을 주지는 않는다. 오히려 부정적인 견해가 더 확산되고 있다. 앞으로 다가올 포스트 휴먼사회의 모습은 때로는 로봇에게 인간이 지배당하는 디스토피아로 그려지기도 한다. 로봇이 인간의 직업(업무)을 대체하고, 실업이 증가하는 현상이 현실이 되고 있다.

챗 GPT 등장으로 AI는 업무의 자동화, 효율화, 예측 수단으로 활용성이 확대되고 있다. 일상적인 업무에서 챗 GPT 활용이 가능하게 되면서 노동자의 기능, 능력 향상에도 기여할 수 있다는 낙관적인 전망이 존재한다. 전문가집단의 지식에도 접근이 쉬워지면서 노동의 효율성 증대에 기여할 것으로 기대한다. 챗 GPT가 노동에 미치는 영향을 분석한 연구 결과(펜실베이니아 대학 연구결과 2022; Eloundou et al. 2023)를 보면, 미국 노동자의 80%에 영향을 준다고 분석한다. 그리고 미국에서 전체 직종의 19%에 영향을 주고, 이들의 50% 정도가 대체 가능성이 있다고 분석한다. 구체적으로 작가, 웹 디자이너, 디지털 디자이너, 금융전문가, 회계사 등 전문가집단의 업무도 위험직종으로 분류하고 있다.

그렇다면 로봇의 자율성은 무엇인가. 인간의 자율성과 비교하면서 살펴볼 필요가 있다.

V. 인간 자율성과 기계의 자율성

그렇다면 AI 로봇의 자율성에 대해서 구체적으로 살펴볼 필요가 있다. AI 로봇의 자율성을 이해하기 위하여 인간의 자율성과 비교하면서 살펴보자. 여기에서는 자율성 개념을 네오사이버네틱스(Neo-cybernetics) 이론에 주목하여 살펴본다. 네오사이버네틱스 이론에서는 자율성을 가진 생물적 자율시스템(autopoeisis system)에 주목하여 파악한다(Maturana and Varela 1980, 78-79; 1992, 70-91; Varela 1979). 생물적 자율시스템은 자율성, 개체성, 경계의 자기결정, 그리고 입력/출력의 부재 등을 조건으로 하고 있다. 이와 반대로 자율성이 결여된 것은 타율적 시스템(allopoietic system)으로 인식한다.

생명시스템의 자율성(radical autonomy)은 적어도 다음과 같은 4가지 조건을 만족시켜야 한다(Maturana and Varela 1980). 첫째, 자기 스스로가 자신을 생성해야 한다. 둘째, 자기를 생성하는 시스템은 폐쇄적인 구조를 가지고 있으며, 폐쇄적 프로세스 속에 내부 메커니즘이 작동한다. 셋째, 자신을 만들면서 내부와 외부를 형성하고, 또는 내부와 외부의 경계를 형성하고 내부의 메커니즘에서 외부환경을 인지하고 적응한다, 넷째, 자기 스스로가 자신을 생성하면서 지속성을 확보한다. 이러한 생명시스템의 자율성은 인간의 육체를 구성하는 세포나 생물체의 생성, 성장, 복제, 소멸 등 생명과정을 생각하면 어렵지 않게 이해될 것이다.

이와는 반대로 기계의 자율성에 대해서 최근 다양한 정의가 진행되고 있다. 기계의 자율성은 최근 이슈가 되고 있는 기계 윤리(machine ethics)의 조건으로 인식하고 있다. 그리고 생명시스템의 자율성과 유사한 관점에서 보면, 기계의 자율성도 외부와 상호작용 없이도 내부의 상태를 변화시킬 수 있는 것을 의미한다(Floridi and Sanders 2004). 이러한 측면에서 기계가 도덕적 행위자가 되기 위해서는 의도, 책임, 자율성을 조건으로 요구한다(Sullins 2006). 여기에서 자율성은 기계 외부로부터 직접적인 컨트롤 없이도 작동하는 것을 요구조건으로 본다. 결국 인간의 행동을 대신하는 것이 가능한 자율적 머신이다(RoboLaw 2014).

그러나 기계의 자율성을 고려할 때, 최근 딥러닝, 기계학습, 강화학습 등에서 볼 수 있는 바와 같이 인공지능(AI) 스스로가 학습하는 것을 고려할 필요가 있다. 즉 인간의 개입 없이도 AI가 자동으로 계산, 통계처리, 동작하는 정도를 고려해야 한다. 현재 운행되고 있는 자율주행자동차는 인간이 감각을 이용하여 판단하는 동작을 자동화하고 있다. 이러한 상황을 고려하면, 자율주행자동차가 타율적 시스템(allopoietic system)이라는 것만으로 타율적인 존재로 규정하는 것은 문제가 있을 수밖에 없다. 그러므로 기계의 자율성 평가는 자신이 스스로를 제작하는 생물적 자율시스템의 기준과 더불어 '인간의 개입, 조작 없이도 자동으로 계산, 통계처리, 동작하는 정도(레벨)'를 동시에 고려해야 한다고 주장한다(河島茂生 2019).

'인간의 개입, 조작 없이도 자동으로 계산, 통계처리, 동작하는 정도(레벨)'를 고려한다면, 최근 급격하게 발달하고 있는 인공지능(AI), 로봇의 자율성을 새로운 시각에서 볼 수 있게 될 것이다. 이미 시각, 청각, 촉각을 복합적으로 융합하는 멀티모드 정보를 자동으로 계산하여 분류·그룹화하는 로봇이 개발되었다(長井·中村 2012). 이 로봇은 카메라, 마이크, 촉각 센서를 이용하여 데이터를 계산하고 클러스터링하여 물체를 분류한다. 이러한 로봇은 실질적인 개념형성단계에까지 도달한 것은 아니지만 부분적으로는 물체를 식별하는 개념형성이 이루어지고 있다.

개별 시스템은 생물적 자율시스템일지라도 모든 시스템이 네트워크로 연결됨으로써 자율성이 제고되는 경우도 있다. 2010년 5월 6일 발생한 주가폭락사건이 대표적인 사례이다. 컴퓨터 프로그램으로 거래되는 개별 거래가 네트워크로 연결됨으로써 주가가 폭락하는 사태가 발생하였다. 주가 하락이 예상되는 상황에서 개별 시스템은 스스로가 관리하는 자산을 지키려는 결정을 동시에 하게 된다. 결국, 개별 시스템은 순식간에 주식을 동시에 팔게 되면서 주가폭락이 발생하였다. 개별 시스템은 다른 기술과 결합됨으로써 자율성이 만들어질 수도 있다.

현재 인공지능(AI)의 등장이 우리에게 던지는 문제제기는 '인간을 규정하는 본질은 무엇인가'라는 근원적인 질문이다. 인간을 포함한 생물은 탄소와 수소를 주요 원소로 구성된 유기화합물이다. 특히, 핵산, 단백질, 지방, 당이라는 고분자를 소재로 구성되어 있다. 이러한 유기화합물이라는 특징은 인간의 고유성이라고 볼 수 있다. 그러나 유기화합물도 물질 중의 하나일 뿐이다. 최근에는 생명공학의 발달로 자동차 부속품 등을 단백질로 만들기도 한다.

그리고 DNA를 강조하는 연구자들은 DNA가 우리들 인간을 규정한다는 측면에서 인간의 고유성을 DNA에서 찾으려고 한다. 그러나

DNA도 인간의 몸을 구성하는 체내에 존재하는 물질에 불과하다는 의견도 존재한다. 단백질로 구성되었다는 구성적 특징도 마찬가지이다. 일각에서는 외견상 생김새에 고유성을 찾기도 한다. 최근에는 인간의 모습을 한 안드로이드 로봇의 등장으로 고유성이 사라지게 되었다. '소피아'와 같은 안드로이드 로봇은 외견상 모습에 주목한다면, 단지 정교한 인형에 불과하다. 인간의 동작이나 움직임에 착목하는 로봇도 존재한다. 헤엄치는 로봇, 인간과 같이 두 발로 걸어가는 로봇 등이다. 그러나 이러한 로봇들은 그러한 동작이 가능하도록 설계한 전동 인형에 불과하다. 아직도 인간과 같이 자유자재로 그리고 정교한 동작이 가능한 안드로이드 로봇은 존재하지 않는다.

최근 딥러닝에 기반한 뉴럴 네트워크(neural network)방식을 모방한 기계학습방법이 주목받고 있다. 이러한 방식은 신경계 구성단위인 뉴런(신경세포)의 활동을 논리적으로 모델화하였으며 형식 뉴런을 다층적으로 조합하였다. 이러한 연구에 주목하는 사람들은 형식 뉴런의 수가 인간과 같은 정도의 인공지능을 개발한다면, 인간과 같이 학습하는 존재의 재현이 가능하다고 본다(西田洋平 2019). 그러나 실제로 뉴런의 수에 주목해 본다면, 코끼리나 고래가 더 많다.

인공지능(AI)이나 로봇이 수행할 수 있는 기능에 주목해 본다면, 로봇의 기능이 괄목할 만하게 증가하고 있다. 인공지능(AI)이 소설을 쓰고, 작곡을 하고, 그림을 그리기도 한다. 의료분야에서는 의사들의 정진율보다도 높은 성과를 나타내기도 한다. 그러나 이러한 기능은 빅 데이터에 의존하는 통계적 처리에 불과하다. 통계적 추정의 결과라는 측면에서 인공지능의 기능은 지적 활동이나 결과라 보기에는 무리가 있다. 최근 급승하고 있는 챗 GPT 인기는 이미지, 화상 자동생성 AI인 'Stable Diffusion', 'Midjourney'와 관계가 깊다. 2022년 여름, 이미지 자동생성 AI가 공개된 이후, SNS상에는 AI가 그린 그림이 빠르게 공유, 확산되었다. AI가 그림뿐만 아니라 예술적인 창작활동도 가능하게 되었다는 인식이 빠르게 확산되었다. 결국, AI가 무엇인가 만들고, 구체적인 형태를 제시하는 것에 대한 심리적 거부감이 감소하는 계기가 되었다(고선규 2023). 인간 고유의 영역으로 간주되어 온 예술, 의사결정 영역에서도 AI 활용이 증가하고 있다.

　이러한 의미에서 최근 언론이나 학술적 논의에서 '자율적'이라고 평가하는 현상 또는 기능에 대해서 심도 있는 논의가 필요하다. 근대 이후 인간의 고유성에 대한 규정은 자율성에 근거해 왔다는 점에서 이에 대한 논의는 매우 중요하다. 현재 인공지능(AI)의 등장으로 인간 고유의 영역에 새로운 도전과 위협요인이 증가하고 있다. 인간이 직면한 위협의 본질은 어쩌면, 지금까지 우리 인간이 접하지 못한 새로운 형태일 수도 있다. 새로운 형태의 위협은 다음 두 가지 중 하나일 수도 있다(西田洋平 2019, 48).

　하나는 우리 인간과 같은 자율적인 기계의 출현으로 인간의 고유성으로 간주되어 온 자율성이 부정되는 형태이다. 다른 하나는 자율적이라고 간주되어 온 인공지능(AI)이 실제로는 타율적인 존재임이 밝혀지면서 우리 인간도 타율적인 존재로 의심받는 상황이다.

　이러한 두 가지 상황은 모두 인공지능과 인간이 동일한 존재로 인식되고 있다는 점에서 인공지능이 탄생한 이전 시기와는 전적으로 다르다. 인공지능과 인간이 동일하게 인식되는 것은 둘 다 '제어메커니즘'을 가진 존재라는 점이다. 제어메커니즘에 주목해 본다면, 양자의 자율성을 비교하는 것도 가능하다.

이러한 '제어메커니즘'적 접근법을 통하여 인간은 인공적인 기계론적 메커니즘과 다른지, 또는 같은지, 다르다면 무엇이 어떻게 다른지를 구별할 수 있다. 즉, 인간과 인공지능 로봇은 다른 형태의 기계(제어메커니즘)라는 점을 제시하는 것이다.

VI. 마치면서: 인공지능(AI)이 정치에 참여할 수 있는 논리

최근 딥 러닝을 기반으로 한 뉴럴 네트워크방식을 모방한 기계학습 방법이 주목받고 있다. 이러한 방식은 신경계 구성단위인 뉴론(신경세포)의 활동을 논리적으로 모델화하고, 형식 뉴론을 다층적으로 조합하는 방법으로 지능을 실현하는 시도이다. 즉 기계학습이 가능해지게 되었다(한국지능정보사회진흥원 2021). 그리고 기계의 자율성과 인간의 자율성을 논의하는 기준에도 적지 않은 변화가 보이기 시작하였다. 인간의 개입, 조작 없이도 자동으로 계산, 통계처리, 동작이 가능한 범위가 확장되고 있다. 인간의 자율성과 기계의 자율성이 가지는 공통점이 확장되고 있는 상황에서 자율성 유무만으로 자율적 존재인지 아닌지 구별하는 것은 설득력을 잃어가고 있다.

그렇다면, 인간이 통치의 수단으로 인공지능(AI)을 활용할 수 있는 가? 활용의 여지가 있다고 한다면, 그러한 논리는 어디에서 구할 것인가.

최근 아리스토텔레스에 대한 재해석이 활발하게 진행되고 있다. 우리는 아리스토텔레스에게서 그러한 논리를 찾을 수 있을지도 모르겠다. 아리스토텔레스는 고대 그리스인이다. 시기적으로 크리스트교가 탄생하기 이전 시기 인물이며, 근대 시민혁명 이전에 존재한 사상가이자 정치철학자이다. 아리스토텔레스는 알레스데어 매킨타이어(MacIntyre 1999)가 *Dependent Rational Animals*에서 주장하는 것처럼 동물과 인간의 연속성을 강조하였다. 즉 인간은 어디까지나 동물의 일종이며, 인간이 동물과 다른 점은 '폴리스적 동물'이라는 점이다.

아리스토텔레스는 인간과 동물의 구별을 마음(心), 의식, 지능과 같은 이성적 기준의 유무로 구별하고 있지 않다. 이러한 인식은 데카르트 이후 근대철학, 다윈의 진화론 이전, 근대서양사회에 유포된 동물, 생명을 단순히 기계로 인식하고 인간과 동물의 차이, 인간과 물건(미생물 포함)으로 구분하는 기준을 의식, 마음 또는 이성의 유무로 판가름하는 철학적 주장과는 다르다. 근대적 휴머니즘은 인간의 보편적 평등성을 동물과 차별화 방법으로 강조하였다.

아리스토텔레스는 인간과 동물을 구별함에 있어서 근대적 인식론과는 다른 입장을 취하고 있다. 즉 동물과 인간 사이에는 명확한 구별이 존재하지 않고 연속선상에서 인식한다. 그러나 아리스토텔레스가 동물과 인간을 구분하지 않고 연속선 상에서 위치 지우고 있다고 해서 두 존재를 대등하게 인식하는 것은 아니다. 물론 인간과 동물은 서열, 상하가 존재하는 계층구조(hierarchy) 상에 존재한다. 이러한 계층구조 속에서 인간은 동물 중에서 고등한 존재로 본다. 동시에 인간 중에서도 덕(德)이 높고 현명한 고등적 존재와 덕이 낮은 하등의 존재로 구별한다(MacIntyre 1999).

고대 노예제 사회에서 노예는 인간이면서도 덕이 낮은 존재로 인식하였다.

진화론적 관점에서 인간은 이성적인 존재로서 태어나는 것이 아니라 진화하는 존재이다. 인류의 역사는 진화의 역사이다. 아리스토텔레스나 진화론적 입장에서 보면, 인간과 동물을 의식, 마음 또는 이성의 소유 유무로 나누지 않는다. 인간과 동물은 같은 종에 속하는 존재이다.

인공지능과 인간의 관계도 생명시스템의 기준에서 폐쇄적 자기 생성 시스템을 가지고 있는지 여부로 구분할 것이 아니라 기계학습에서 비롯하는 학습이나 사고하는 기계로 인식하는 것도 가능하다. 제어메커니즘 접근법에서 본다면, 같은 기능을 가졌지만, 기능의 수준이 서로 다른 존재로 인식할 수도 있다. 즉 자율성의 존재 유무로 인식하는 것 아니라 자율성의 정도로 인식할 필요가 있다.

인공지능은 스스로 자기의 성장, 활동, 반응에 필요한 알고리즘을 생성하지 못한다. 인간에 의해서 인공지능의 작동 원리는 이식되고 부여된다. 이러한 점에서는 자율성을 가지지 못한 존재이다. 그러나 인공지능의 기능이라는 측면에서 본다면, 인간과 유사한 수준의 역할을 수행하고 있다. 이러한 기능은 앞으로 더 확장될 것으로 전망되기도 한다. 그렇다고 한다면, 태생적 존재성에 기반한 구별과 배제보다는 기능에 착목하는 새로운 발상의 전환이 필요할 수도 있다.

지금까지 의식을 가지고 학습하는 존재는 인간이 유일무이하였다. 그러나 학습하는 인공지능의 탄생과 역할의 확대는 학습하는 종(種)으로서 인식하고 구별할 필요성을 요구하고 있다. 아리스토텔레스와 같은 인식체계 속에서는 인공지능에, 정치영역에서 일정한 역할을 부여할 수 있을 것이다. 어떠한 역할을 인공지능에 부여할 것인가는 인간의 몫이다. 그렇지만 인간과 인공지능은 근본적인 차이는 인간은 덕을 가진 존재라는 점이다.

인공지능과 관계 속에서 인간 본질에 대한 이해는 챗 GPT 등장으로 새로운 국면으로 접어들고 있다. 챗 GPT 기술의 등장으로 AI와 인간의 대화가 점차 자연스러워지고 있다. 그러나 챗 GPT는 인간의 언어를 이해하고 있지 못하다고 주장한다. 그럼에도 불구하고 AI와 인간의 대화가 성립되고 있다고 가정한다면, AI는 인간과 다른 방식으로 '이해' 과정을 진행하고 있는지도 모른다. 기계는 기계의 방식으로 이해하고 있을 수도 있다. 인간의 무의식적 인지와 유사한지도 모른다.

결국, 인간의 '이해'라는 지적 활동에 대한 재정의가 요구되고 있다. 이러한 인간의 지적 활동에 대한 재인식은 현재 다양한 국면에서 제기되는 하나의 단면에 불과하다. 챗 GPT의 등장은 여러 가지 측면에서 지금까지 고정화된 인간의 본질, 이성, 학습 등 제반 인식에 대한 재검토가 필요하다. 이러한 지적 작업은 인간과 AI가 상호공존하는 사회적 관계 맺기의 시작이라고 본다.

참고문헌

고선규. 2019. 『인공지능과 어떻게 공존할 것인가: 인간 + AI를 위한 새로운 플랫폼을 생각한다』. 서울: 타커스.

고선규·河村和德(가와무라 가즈노리). 2020. "인공지능(AI)시대의 지방정치와 정책결정과정의 변화." 『지역과 정치』 3권 2호, 5-38.

고선규. 2023. "챗-GPT 등장과 '교양'의 패러다임 전환: 데이터와 학습의 진화." 제4회 KNU 교양교육 혁신포럼. 강릉. 5월.

신상규·이상욱·이영의·김애령·구본권·김재희·하대청·송은주. 2020. 『포스트 휴먼이 몰려온다: AI시대, 다시 인간의 길을 여는 키워드 8』. 파주: 아카넷.

한국지능정보사회진흥원. 2021. "주목받는 인공지능(AI): 9대 핵심 기술 분석 및 주요 시사점." 『IT & Future Strategy』 1호.

Alberts, Bruce, Alexander Johnson, Julian Lewis, David Morgan, Martin Raff, Keith Roberts, and Peter Walter. 2014. *Molecular Biology of the Cell, 6th Edition.* New York, NY: W. W. Norton & Company.

Bryson, Joanna J. 2010. "Robots Should be Slaves." In *Close Engagements with Artificial Companions: Key Social, Psychological, Ethical and Design Issues,* edited by Yorick Wilks, 63-74. Philadelphia, PA: John Benjamins.

Dennett, Denial C. 1996. *Kinds of Minds: Toward an Understanding of Consciousness.* New York, NY: Basic Books.

Dignum, Virginia. 2017. "Responsible Autonomy." In *Proceedings of the Twenty-Sixth International Joint Conference on Artificial Intelligence* (AI and Autonomy Track), edited by Carles Sierra and IIIA-CSIC, 4698-4704. Melbourne: International Joint Conferences on Artificial Intelligence.

Eloundou, Tyna, Sam Manning, Pamela Mishkin, and Daniel Rock. 2023. *GPTs are GPTs: An Early Look at the Labor Market Impact Potential of Large Language Models.* University of Pennsylvania.

Epley, Nicholas, Adam Waytz, and John T. Cacioppo. 2007. "On Seeing Human: A Three-Factor Theory of Anthropomorphism." *Psychological Review* 114(4): 864-886.

European Group on Ethics in Science and New Technologies. 2018. *Artificial Intelligence. Robotics and 'Autonomous' Systems.*

European Parliament Committee on Legal Affairs. 2016. *Draft Report with Recommendation to the Commission on Civil Law Rules on Robotics.*

Firth, Roderick. 1952. "Ethical Absolutism and the Ideal Observer." *Philosophy and Phenomenological Research* 12(3): 317-345.

Floridi, Luciano and Jeff W. Sanders. 2004. "On the Morality of Artificial Agents." *Minds and Machines* 14(3): 349-379.

Giubilini, Alberto and Julian Savulescu. 2018. "The Artificial Moral Advisor: The "Ideal Observer" Meets Artificial Intelligence." *Philosophy & technology* 31(2): 169-188.

Gunkel, David J. 2012. *The Machine Question: Critical Perspectives on AI,*

Robots, and Ethics. Cambridge, Massachusetts: MIT Press.

Gunkel, David J. 2018. *Robot Rights.* Cambridge: MIT Press.

Hills, Alison. 2009. "Moral Testimony and Moral Epistemology." *Ethics* 120(1): 94-127.

House of Commons Science and Technology Committee. 2016. *Robotics and Artificial Intelligence.*

IEEE. 2019. *Ethically Aligned Design First Edition.*

Jensen, Casper B. and Anders Block. 2013. "Techno-Animism in Japan: Shinto Cosmograms, Actor-Network Theory, and the Enabling Powers of Non-Human Agencies." *Theory, Culture & Society* 30(2): 84-115.

Kawall, Jakson. 2013. "Ideal Observer Theories." In *The International Encyclopedia of Ethics,* edited by Hugh LaFollette, 2523-2530. Malden, MA: Wiley-Blackwell.

Latour, Bruno. 1993. *We Have Never Been Modern.* Cambridge, Mass.: Harvard University Press.

Libet, Benjamin, Elwood W. Wright Jr., Bertram Feinstein, and Dennis K. Pearl. 1979. "Subjective Referral of the Timing for a Conscious Sensory Experience - A Functional Role for the Somatosensory Specific Projection System in Man." *Brain* 102(1): 193-224.

MacIntyre, Alasdair. 1999. *Dependent Rational Animals: Why Human Beings Need the Virtues.* Chicago, IL: Open Court.

Maturana, Humberto R. and Francisco J. Varela. 1980. *Autopoiesis and Cog-*

nition: The Realization of the Living. Dordrecht: Springer Netherlands.

Maturana, Humberto R. and Francisco J. Varela. 1992. *The Tree of Knowledge: The Biological Roots of Human Understanding*. Boston and London: Shambhala.

Maturana, Humberto R. and Gerda Verden-Zöller. 2009. *The Origin of Humanness in the Biology of Love,* edited by Pille Bunnell. U.K.: Imprint Academic.

NHK. 2017.『人工知能の最適解と人間の選択』東京: NHK出版新書.

O'Neil, Cathy. 2016. *Weapons of Math Destruction: How Big Data Increases Inequality and Threatens Democracy*. New York: Crown Publishers.

Osaba, Osonde A. and William Welser IV. 2017. *An Intelligence in Our Image: The Risks of Bias and Errors in Artificial Intelligence*. Santa Monica: RAND Corporation.

Pagallo, Ugo. 2013. *The Laws of Robots: Crimes, Contracts, and Torts*. Dordrecht: Springer Netherlands.

Regan, Tom and Peter Singer. 1976. *Animal Rights and Human Obligations*. New Jersey: Prentice Hall.

RoboLaw. 2014. *Guidelines on Regulating Robotics*.

Singer, Peter. 2009. *Animal Liberation: The Definitive Classic of the Animal Movement*. New York: Harper Perennial.

Sullins, John P. 2006. "When Is a Robot a Moral Agent?." *International Review of Information Ethics* 6: 23-30.

Turner, Jacob. 2018. *Robot Rules: Regulating Artificial Intelligence*. Palgrave Macmillan.

Varela, Francisco J. 1979. *Principles of Biological Autonomy*. New York: North Holland.

Varela, Francisco J. 1981. "Describing the Logic of the Living: The Adequacy and Limitations of the Idea of Autopoiesis." In *Autopoiesis: A Theory of the Living Organization*, edited by Milan Zeleny, 36-48. New York: North Holland.

Varela, Francisco J. 1992. "Autopoiesis and a Biology of Intentionality." In *Autopoiesis and Perception: A Workshop with ESPRIT BRA 3352*, edited by Barry McMullin and Noel Murphy, 4-14. Dublin: Dublin City University.

Varela, Francisco J., Evan Thompson, and Eleanor Rosch. 1991. *The Embodied Mind: Cognitive Science and Human Experience*. Cambridge, Mass.: MIT Press.

Wallach, Wendell and Colin Allen. 2009. *Moral Machines: Teaching Robots Right from Wrong*. Oxford and New York: Oxford University Press.

White, Trevor N. and Seth D. Baum. 2017. "Liability for Present and Future Robotics Technology." In *Robot Ethics 2.0.: From Autonomous Cars to Artificial Intelligence*, edited by Patrick Lin, Keith Abney, and Ryan Jenkins, 126-146. Oxford and New York: Oxford University Press.

Wiener, Norbert. 1948. *Cybernetics: Or Control and Communication in the Animal and the Machine*. New York: John Wiley

Wiener, Norbert. 1964. *God and Golem, Inc.: A Comment on Certain Points where Cybernetics Impinges on Religion*. Cambridge, Massachusetts: The MIT Press.

稲葉振一郎(이나바 신이치로). 2020.『AI時代の労働哲学』. 講談社.

稲葉振一郎他(이나바 신이치로 외). 2020.『人工知能と人間·社会』. 勁草書房.

栗原聡(쿠리하라 사토시)·高屋英知(타카야 에이치)·高橋良暢(타카하시 요시노부)·芦原祐太(아시하라 유타). 2017. "汎用AI実現のためのカキとなる自律性." 人工知能学会発表論文.

栗原聡(쿠리하라 사토시). 2019.『AI兵器と未来社会』. 東京: 朝日新書.

福田雅樹他(후쿠다 마사키 외). 2017.『AIがつなげる社会: AIネットワーク時代の法·政治』. 東京: 弘文堂.

福井康人(후쿠이 야스히토). 2019. "自律型 殺傷武器システム(LAWS)をめぐる現状と課題." 政策討論会報告論文.

西垣通(니시가키 도루)·河島茂生(카와시마 시게오). 2019.『AI倫理』. 東京: 中央新書.

西田洋平(니시다 요헤이). 2019. "生命の自津性と機械の自津性."『AI時代の自律性』, 45-68. 東京: 勁草書房.

松尾豊(마츠오 유타카). 2017.『人工知能は人間を超えるか』. 東京: 角川新書.

松田道人(마츠다 미치히토). 2020.『日本のAI政党と新しい民主主義』. 大邱大學校講義資料.

長井隆行(나가이 타카유키)·中村友昭(나카무라 토모아키). 2012.

"Multi-modal Categorization." 『人工知能学会誌』27券 6號, 555-562.

田中潤(타나카 준)·松本健太郎(마츠모토 켄타로). 2018.『誤解だらけの人工知能』. 東京: 光文社新書.

佐藤丙午(사토 헤이고). 2018. "自律型 殺傷武器システム(LAWS)." 『國際問題』No. 672.

中島秀之(나카지마 히데유키)·丸山宏(마루야마 히로시). 2018.『人工知能- その到達点と未来』. 東京: 小学舘.

太田勝造(오타 쇼조). 2020.『AI時代の法学入門』. 弘文堂.

河島茂生(카와시마 시게오). 2019.『AI時代の自律性』. 東京: 勁草書房

河島茂生(카와시마 시게오). 2020.『未來技術の倫理』. 東京: 勁草書房.

저자 소개

이동수

서울대학교 정치학과에서 학사와 석사학위를 받았고, 미국 밴더빌트대학교 (Vanderbilt University)에서 정치학 박사학위를 취득하였다. 대통령직속 녹색성장위원회 위원, 대통령실 정책자문위원, 경희대학교 공공대학원장과 교무처장을 역임하였고, 현재 경희대학교 공공대학원 교수로 재직 중이다. 『시민은 누구인가』(편저), 『한국의 정치와 정치이념』(공저), *Political Phenomenology* (공저), "지구시민의 정체성과 횡단성", "그리스 비극에 나타난 민주주의 정신", "공화주의적 통치성" 등의 저서와 논문이 있다.

김태영

경희대학교 정치외교학과를 졸업하고, 서울대학교와 시라큐스대학교에서 각각 정책학 전공, 행정학 전공으로 석사학위를, 코넬대학교에서 도시행정학 전공으로 박사학위를 받았다. 대통령소속 자치분권위원회 위원 및 경희대학교 공공대학원 원장을 역임했으며, 현재 행정안전부 자체평가위원회 위원장, 지방자치단체합동평가위원회 위원장, 서울시 지속가능발전위원회 위원장을 맡고 있고, 경희대학교 행정학과 교수로 재직 중이다. 주요 저서로는 『정책학의 주요이론』(공저), 『지배에서 통치로: 근대적 통치성의 탄생』(공저), 주요 논문으로는 "자치권의 확대에 대한 이해와 오해", "재정분권에 대한 이해와 오해", "자치권의 주체에 대한 이해와 오해", "주민자치에 대한 이해와 오해" 등이 있다.

김정부

서울대학교 정치학과를 졸업하고, 서울대학교에서 행정학 석사학위를, Georgia Institute of Technology 및 Georgia State University에서 정책학 박사학위를 받았다. 산업통상자원부 지방투자촉진보조금심의위원회 위원, 국가

고시 출제·선정위원 등을 역임하고 있으며, 현재 경희대학교 행정학과 교수로 재직 중이다. 주요 논문으로는 "다층적 통치성, 재정·예산제도, 그리고 영원한 감옥: 재정투명성 및 조세윤리에 대한 시론적 분석을 중심으로", "Local Elected Administrators' Career Characteristics and Revenue Diversification as a Managerial Strategy", "Rethinking Public Administration and the State: A Governmentality Perspective" 등이 있다.

조석주

서울대학교 정치학과를 졸업하고, 동 대학원에서 정치학 석사학위를, 로체스터대학교에서 정치학 박사학위를 받았다. 예일대학교 정치학과 조교수 및 성균관대학교 경제학과 부교수를 역임했으며, 현재 경희대학교 경제학과 부교수로 재직 중이다. 주요 논문으로는 "Voting Equilibria Under Proportional Representation", "Retrospective Voting and Political Representation", "Bargaining Foundations of the Median Voter Theorem"(공저), "The Dynamics of Parliamentary Bargaining and the Vote of Confidence" 등이 있다.

임상헌

연세대학교 독어독문학과를 졸업하고, 서울대학교에서 정치학 석사학위를, 옥스퍼드대학교에서 사회정책학 박사학위를 받았다. 현재 경희대학교 공공대학원 원장으로 재직 중이다. 주요 저서와 논문으로는 『복지국가 쟁점 2』(공저), 『시민사회 파트너십과 공공성』(공저), "Look Up Rather Than Down: Karl Polanyi's Fascism and Radical Right-Wing 'Populism'", "Welfare State and the Social Economy in Compressed Development: Self-Sufficiency Organizations in South Korea", "Policy Entrepreneurship within the Advocacy Coalition Framework"(공저) 등이 있다.

채진원

경희대학교에서 정치학 박사학위를 받았다. 경희대학교 후마니타스칼리지 교수로 〈시민교육〉, 〈NGO와 정부관계론〉, 〈정당과 선거〉 등을 강의했으며, 현재는 경희대학교 공공거버넌스연구소 학술연구교수로 재직 중이다. 주요 논문으로는 "시민정치의 흐름과 네트워크정당모델의 과제", "시민권 보장의 차이로서 공화주의 논의: 민주주의, 민족(국가)주의, 세계시민주의와의 비교" 등이 있고, 주요 저서로는 『무엇이 우리정치를 위협하는가』, 『공화주의와 경쟁하는 적들』, 『제왕적 대통령제와 정당』 외 다수가 있다.

한준성

한국외국어대학교 영어과를 졸업하고, 서울대학교에서 정치학 석사학위와 박사학위를 받았다. 한양대학교 평화연구소 연구교수와 경희대학교 공공거버넌스연구소 학술연구교수를 역임했으며, 현재 강릉원주대학교 다문화학과 조교수로 재직 중이다. 주요 저서와 논문으로는 『이주와 정치: 다문화사회의 이민정치와 이주평화학의 모색』, "평화의 시선에서 바라본 이주정치: '이주-평화 연계'에 기반한 이주정치의 모색", "통치성 관점에서 본 글로벌 난민정치: '국민국가 주권'에 포획된 '국가들의 사회'", "이민행정과 이민윤리의 간극 줄이기: '공동의 차별화된 책임'에 따른 다부처 협력과 체류 안정화 정책" 등이 있다.

송경재

경기대학교 경제학과를 졸업하고, 경기대학교에서 경제학(경제정책) 석사학위를, 경희대학교에서 정치학 박사학위를 받았다. 신문발전위원회 연구위원 및 중앙선거관리위원회 홍보정책자문위원회 위원을 역임했으며, 현재 상지대학교 사회적경제학과 교수로 재직 중이다. 주요 저서와 논문으로는 『20개의 핵심 개념으로 읽는 디지털 기술사회』(공저), "디지털 시민 정치참여의 강화

와 과잉의 딜레마: 정치 팬클럽을 중심으로", "정치 유튜브 이용자의 정치참여 의식에 관한 연구: ICT의 정치참여 효과를 중심으로", "한국의 소셜미디어 사용과 다층적 참여 시민에 관한 연구" 등이 있다.

고선규

단국대학교 정치외교학과를 졸업하고, 일본 토호쿠(東北)대학교에서 정보과학 석사, 박사학위를 받았다. 중앙선거관리위원회 선거연수원 전임교수, 서울특별시 민주시민교육 자문위원회 위원장을 역임했으며, 현재 일본 와세다대학교 시스템경쟁력연구소 연구위원으로 재직 중이다. 주요 저서와 논문으로는 『인공지능과 어떻게 공존할 것인가』, 『알고리즘 정치학』, "인공지능(AI)시대의 지방정치와 정책결정과정의 변화", "챗 GPT 등장과 '교양'의 패러다임 전환" 등이 있다.

근대적 통치성을 넘어서: 정책적 측면

발행일 1쇄 2023년 9월 20일

지은이 이동수 편
펴낸이 여국동

펴낸곳 도서출판 인간사랑
출판등록 1983. 1. 26. 제일-3호
주소 경기도 고양시 일산동구 백석로 108번길 60-5 2층
물류센타 경기도 고양시 일산동구 문원길 13-34(문봉동)
전화 031)901-8144(대표) | 031)907-2003(영업부)
팩스 031)905-5815
전자우편 igsr@naver.com
페이스북 http://www.facebook.com/igsrpub
블로그 http://blog.naver.com/igsr
인쇄 인성인쇄 **출력** 현대미디어 **종이** 세원지업사

ISBN 978-89-7418-441-4 93340